금융상품에
사인하기 전에
알아야 할
모든 것

금융상품에 사인하기 전에 알아야 할 모든 것

초판 1쇄 발행 2014년 5월 1일
초판 2쇄 발행 2014년 6월 13일

지은이 송승용·이영희

펴낸이 손은주 **편집주간** 이선화 **마케팅** 손은숙
경영자문 권미숙 **본문디자인** 김경진

주소 서울시 마포구 공덕동 105-74 서부법조빌딩 6층
문의전화 070-8835-1021(편집) **주문전화** 02-394-1027(마케팅)
팩스 02-394-1023
이메일 bookaltus@hanmail.net

발행처 (주) 도서출판 알투스
출판신고 2011년 10월 19일 제25100-2011-300호

ⓒ 송승용·이영희, 2014
ISBN 978-89-968088-8-6 03320

이 도서의 국립중앙도서관 출판시 도서목록(CIP)은 서지정보유통지원시스템(http://seoji.nl.go.kr)과
국가자료공동목록시스템(http://www.nl.go.kr/kolisnet)에서 이용하실 수 있습니다.
(CIP제어번호: CIP2014010387)

금융상품에 **사인**하기 전에

알아야 할 모든 것

송승용 · 이영희 지음

알**투스**

"당신은 지금,

돈 벌어 금융회사 좋은 일만

시키고 있지 않나요?"

사인하기 전, 이것만 확인하면
절대 금융회사에 당할 일 없습니다

2013년 가을, 동양그룹 사태가 발생하자마자 저희 회사에도 수많은 분들이 상담 신청을 해왔습니다. 자녀 학자금으로, 은퇴 후 노후자금으로 쓰려고 10년 넘게 모은 돈을 투자했는데 하루아침에 날벼락 맞은 것 같다면서 어떻게 해야 하냐고 하소연하셨습니다.

"한 가지만 확인하고 사인하셨더라면……."

저는 이렇게 혼잣말하며 가슴을 쳤습니다. 그 고객 한 분 한 분 붙잡고 말해주고 싶었습니다. 동양그룹 채권에 가입할 때 딱 한 가지만 더 체크하고 사인했더라면, 어렵게 모은 돈을 그렇게 허무하게 날리지는 않으셨을 거라고요. 그래서 이 책을 쓰게 되었습니다.

7년 전《금융회사가 당신에게 알려주지 않는 진실》을 쓸 때도 이런 안타까운 마음을 갖고 시작했습니다. 30만 부가 넘게 팔린 그 책의 여파로 수많은 유사 책들도 출간되었습니다. 이후 금융회사들은 소비자들의 눈치를 보면서 조금은 변화하는 듯해 보였습니다. 적어도 겉으로는 그래 보였습니다.

그러나 지난 7년간 실제로 변한 건 별로 없습니다. 금융환경은 소비자들에게 더욱 어렵게 바뀌었고 금융회사는 더욱 교묘해졌습니다. 그런데 더 안타까운 점은 금융소비자들도 크게 변하지 않았다는 사실입니다. 2011년 부산저축은행을 비롯한 저축은행 사태와 2013년 가을 온 나라를 떠들썩하게 만든 동양그룹 사태가 이를 증명해 보였으니까요. 수년간 피땀 흘려 모은 내 아이의 학자금, 우리 부부의 노후자금을 '높은 이자를 준다'는 한 마디 말만 믿고 선뜻 맡겼다가 허무하게 날리는 사례가 심심치 않게 일어나고 있습니다. 앞으로도 이런 일은 끊이지 않을 것입니다. 어느 금융회사가 언제 부실해질지, 어떤 상품이 불완전하게 판매되어 고객들의 피 같은 돈을 앗아갈지 모릅니다.

그래서 이번에는 금융회사의 나쁜 관행을 알리는 데 그치지 않고, 날로 교묘해지는 그들에게 대항할 수 있는 '금융소비자 위기관리 매뉴얼'을 만들어드려야겠다고 생각했습니다. 물론 금융회사 직원들 중에도 고객을 진심으로 대하며, 책임의식을 갖고 상품을 파는 이들도 많습니다. 하지만 대개는 고객보다는 회사의 이익과 지침을 중시하는 경향이 강합니다. 그래서 우리 스스로 똑똑해지기 위한 방법을 찾아야 합니다.

이 책에는 은행, 증권사, 보험사 등 우리가 자주 이용하는 금융회사와 그 상품별로 어떤 위험이 있는지, 그리고 만약 내가 이용하는 금융회사가 부실해질 조짐이 보이거나 부실해지면 어떻게 대처해야 하는지 그 방법을 담았습니다. 마치 전쟁이나 재난에 대비해 대피훈련을 하듯이 매뉴얼을 읽어보시면 적절한 대처방법이 머리에 그려지실 겁니다. 이 매뉴얼만 제대로 알고 있어도 최소한 호락호락하게 당하지는 않을 것이고, 위기가 발생해도 당황하지 않고 대응할 수 있을 것이라 믿습니다.

그런데 금융회사는 왜 이렇게 돈벌이에 혈안이 되었으며, 고객들을 대하는 마음도 점점 더 영악해지는 걸까요? 이 책에서는 그 배경에 대해서도 살펴봤습니다. 그들의 상황과 의도를 제대로 파악해야만 금융회사가 만든 투자상품의 특성도 알 수 있기 때문입니다. 그래야만 금융상품에 가입하기 전에 알아두어야 할 사항들을 체계적으로 이해하고 기억할 수 있을 것입니다.

이는 보험상품에 대한 부분에도 똑같이 적용됩니다. 이 책은 누구나 한두 개쯤은 가지고 있는 보험을 그동안 얼마나 바보같이 이용하고 있었는지, 그 결과 얼마나 많은 돈을 보험회사에 기부해왔는지에 대해서도 알려드릴 것입니다. 이 책을 끝까지 다 읽고 나면 최소한 보험을 어떻게 활용해야 하는지, 그리고 절대 가입해서는 안 되는 보험상품이 무엇인지 알게 될 것입니다.

2008년에 발생한 금융위기를 예측해 명성을 얻은 하버드대학교의 니얼 퍼거슨 교수는 《금융의 지배》에서 다음과 같이 말했습니다.

금융은 재수 좋고 똑똑한 사람에게는 부를 안겨주고, 운 없고 그다지 명석하지 못한 자에게는 가난을 안겨주는 등 사람들 사이에 격차를 조장하기도 한다. 300년 이상 격차를 낳았던 금융세계화는 이제 세상이 더 이상 부유한 선진국과 가난한 저개발 국가로 뚜렷이 나뉘지 않음을 보여준다. 전세계 금융시장 통합이 더욱 진척될수록 금융지식이 풍부한 사람에게는 어디서나 기회가 더 많이 보장되며, 금융적으로 무지한 사람은 사회적으로 낙오될 위험이 더욱 높아진다. 전반적인 소득 분배 상황을 볼 때 세상은 결코 공평하지 않다. 미숙련 노동과 반숙련 노동의 대가에 비해 자본 이득이 상대적으로 월등히 높기 때문이다. '정통함(getting it)'에 대한 보상의 격차가 이렇게까지 벌어진 적은 없었다. 게다가 금융적 무지에 대한 불이익은 너무나 가혹하다.

　　니얼 퍼거슨 교수의 말처럼 금융을 알아야 낙오되지 않습니다. 같은 맥락에서 우리는 금융회사와 그 시스템을 알지 못하면 부자가 될 수 없는 시대에 살고 있습니다. 앞으로는 자식들에게 재산을 물려주는 데 급급해서는 안 됩니다. 내 돈을 지키는 방법을 알려줘야 합니다. 큰 부자는 하늘이 만든다지만 부자아빠는 금융지식이 만듭니다. 이 책의 내용만 잘 이해하고 '금융상품에 사인한다면' 최소한 금융회사에 허무하게 당하는 일은 없을 것입니다. 아직도 금융회사가 '돈을 벌게 해주는 곳'이라고 착각하고 계신다면 생각을 바꿔야 합니다. 그들이 바뀌기를 기다리기보다는 우리가 똑똑해지는 게 훨씬 현실적이며 빠르기 때문입니다. 우리가 똑똑해져야 금융회사도 변화하기 위해 노력할 것입니다. 이 책이 그 변화를 향해 내딛는 첫걸음이 되길 기대해봅니다.

2014년 3월
우재 송승용

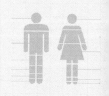

2 Chapter 돈 벌어 금융회사 좋은 일만 시키지 않기 위해 알아야 할 것들

3 Chapter 부자들이 금융상품에 사인하기 전에
반드시 확인하는 것들

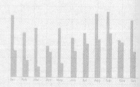

4 Chapter

보험금, 꼭 필요할 때 제대로 받기 위해 알아야 할 것들

1
Chapter

금융회사는
절대 알려주지 않는
내 돈 지키는 법

잠자고 있는 당신의 돈은
안녕하십니까?

은행·증권사·자산운용사·보험사의 차이

적과 아군의 실정을 잘 비교 검토한 후 승산이 있을 때 싸운다면 백 번을 싸워도 결코 위태롭지 않다(知彼知己 百戰不殆). 적의 실정을 모른 채 아군의 전력만 알고 싸운다면 승패의 확률은 반반이다(不知彼而知己 一勝一負). 적의 실정은 물론 아군의 전력까지 모르고 싸운다면 싸울 때마다 반드시 패한다(不知彼不知己 每戰必敗).

《손자병법》'모공(謀攻)편'에 나오는 말이다. 전쟁에서 승리하기 위한 이 전략은, 오늘날 내 돈을 지키기 위한 방법에도 적용할 수 있을 듯하다. 상대방을 알아야 전쟁에서 지지 않듯이 평소 거래하는 금융회사에 대해 잘 알고 있어야 위급한 순간에 지혜롭게 대처할 수 있는 것이다.

어느 날 거래하고 있는 은행, 증권사, 보험사가 위험하다는 신문 기사를 접했을 때 당신의 반응은 어떠했는가? '어? 나도 저 은행 거래하고 있는데?', '저 증권사 CMA에 넣어둔 돈 있는데 빼야 하나?', '보험사가 망하면 내 보험은 어떻게 되지?' 하며 불안감에 휩싸여 걱정만 하지 않았는가?

이때 은행이 어떻게 굴러가는지, 그리고 내가 가입한 상품은 어떤 성격인지에 대해 모르는 상태라면 허둥댈 수밖에 없다. 그러다 보면 섣불리 대처하다 금전적 손실을 입기도 한다. 증권사나 보험사의 경우에도 마찬가지다. 그러니 내 돈을 지키기 위해서는 금융회사별 특성과 위기 발생시 대처법을 알아두는 것이 기본이라 하겠다. 이제 그 기본을 다져보자.

은행은 무엇으로, 어떻게 수익을 내는가

•••

오늘날 은행을 이용하지 않는 사람이 얼마나 될까? 은행은 우리와 참 가까운 금융회사다. 그런데 우리는 은행에 대해 얼마나 알고 있을까? 일단 은행은 우리가 맡긴 돈으로 수익을 낸다. 우리는 적금이나 예금에 가입해 돈을 맡기고 이자를 받는다. 은행은 고객이 맡긴 돈을 또 다른 고객에게 더 높은 이자를 받고 대출해주면서 이익을 챙긴다.

예금고객에게 주는 예금이자와 대출고객에게서 받는 대출이자 사이에서 생기는 이득을 '예대마진'이라고 하는데, 이 예대마진이 은행 수익에서 가장 큰 비중을 차지한다.

그런데 빌려준 돈, 즉 대출에 문제가 생기면 은행 경영은 힘들어진다. 대출자(개인, 기업 포함)가 이자를 못 내거나 원금을 갚기 어려운 상황에 처하면 은행은 돈이 묶이고 손해가 발생하기 시작한다. 대출해주고 받아야 할 이자는 못 받는 대신 예금에 대한 이자는 꼬박꼬박 줘야 하기 때문이다. 이처럼 대출자산의 부실이 늘어나면 은행은 순식간에 재무 상태가 안 좋아지고 최악의 경우 예금을 돌려주지 못할 수도 있다. 1998년 외환위기 이후 문을 닫은 은행들, 2011년 문을 닫은 저축은행들이 이런 상황이었다. 가장 안전하다고 여겨지는 은행도 무조건 안심하고 돈을 맡길 수 있는 곳이 아닌 것이다.

이제는 은행에서도 펀드나 보험을 판매한다. 은행은 이 상품들을 판매한 후 수수료 수익을 얻는다. 하지만 판매한 펀드나 보험에 대해서는 그 어떤 책임도 지지 않는다. 은행의 고유 업무는 예금과 대출이다. 즉, 은행은 예금 및 대출상품의 제조와 판매를 모두 담당하기 때문에 이에 대해서는 최종적인 책임을 진다. 역으로 은행이 잘못되었을 때도 이들 상품은 은행과 운명을 같이한다.

하지만 펀드나 보험은 다르다. 은행은 펀드의 판매처일 뿐이고, 펀드의 운용은 '자산운용사'에서 한다. 보험도 은행은 판매만 하고 보험상품을 운용하고 관리하는 주체는 '보험사'다. 즉, 제조사와 판매사가 다른 것이다. 새우깡은 농심에서 만들지만 판매는 편의점, 동네 슈퍼,

마트 등에서 하는 것과 마찬가지다. 따라서 이들 상품이 잘못되면 최종 책임은 은행이 아닌 자산운용사나 보험사가 지게 된다. 그러니 이 상품들에 대해 은행은 아무런 조치를 취하지 않는다는 것이다.

결국 은행 입장에서는 펀드나 보험은 팔면 그만인 상품이다. 가입한 펀드의 실적이 나쁘거나 가입한 보험이 내가 원하던 상품이 아니어도 은행은 아무런 책임도 지지 않는다. 물론 은행이 부실해져 문을 닫아도 펀드나 보험은 문제가 없다. 새우깡을 판 마트가 망해도 새우깡을 만드는 농심은 까딱없지 않은가.

은행은 신탁 업무도 한다. 신탁이란 고객들이 맡긴 돈을 전문가인 신탁회사가 관리, 운용하는 것을 말한다. 즉, 은행의 신탁상품은 고객의 돈을 은행이 대신 투자해주는 간접투자상품이다. 단, 펀드는 자산운용사가 운용하지만 은행의 신탁상품은 은행이 직접 운용하고 관리한다는 차이가 있다.

은행의 신탁상품들은 주로 채권에 투자하는 안정적인 상품들이 많지만 원칙적으로 신탁상품의 투자대상은 주식, 채권, 부동산 등 매우 다양하다. 중요한 것은 신탁상품은 투자상품인 관계로 예금자보호가 되지 않는다는 점이다. 이 신탁자산은 은행의 고유자산과 구분해서 '신탁자산'이라는 계정을 따로 만들어 관리한다. 따라서 은행이 망하더라도 신탁자산은 별도의 계정에서 안전하게 보관된다는 장점이 있다.

사실 은행이 하는 일은 이 외에도 많다. 무역과 관련한 신용장도 개설하고, 해외 투자 등 다양한 해외 업무도 한다. 하지만 우리의 실생활과 관련된 기본적인 업무만 이해해도 은행이 위험해졌을 때 충분히 대처할 수 있다.

자산운용사와 증권사의 차이는?

•••

증권사는 주식이나 채권과 같은 유가증권을 발행하거나 사고파는 일을 전문으로 하는 회사다. 증권사의 대표적인 업무는 증권거래소에서 거래되는 주식이나 채권을 중개하는 일이다. 예를 들어 현대차 주식을 사고 싶은 개인이나 법인이 있다면 증권사를 통해서 주식을 사야 하는데, 이때 증권사는 주식을 사고파는 일을 대행해주고 수수료를 받는다. 따라서 주식이나 채권을 사고팔려면 증권사에 계좌를 만들어야 한다.

증권사는 은행과 마찬가지로 펀드와 신탁상품도 판매한다. 하지만 은행과 달리 예금이나 대출 업무는 하지 않는다. 단, 주식을 담보로 하는 대출 업무(주식 신용융자 포함)와 자기자본으로 기업들에게 대출을 해주는 것은 가능하다. 하지만 은행처럼 고객들에게 돈을 받아 그 돈으로 대출을 하지는 않는다. 따라서 증권사는 자신들의 종잣돈인 자기자본으로 잘못된 투자를 하지 않는다면 은행처럼 부실이 발생할 우려가 적다. 단, 2013년 동양증권처럼 상품을 잘못 팔아 고객들로부터 소송을 당해 배상을 해야 한다면 자기자본을 까먹게 된다.

이 정도 설명을 듣고 나면 질문이 하나 떠오를 것이다. '증권사의 대표 상품인 CMA(Cash Management Account: 수시 입출금이 가능한 증권사의 자산관리계좌)는 예금상품이 아니었나?'

CMA는 입출금이 자유로우면서 하루만 맡겨도 이자를 주는 증권사의 대표 상품이다. 하지만 CMA는 예금상품이 아닌 투자상품이다. CMA에 돈을 맡기면 증권사는 안전한 국채나 채권에 투자해서 발생하는 이자나 수익을 고객들에게 돌려준다. 그러므로 CMA에 편입된 자산들은 안전하지만, 예금자보호가 되는 예금상품은 아니다.

메리츠종금증권 등 일부 증권사에서는 예금자보호가 되는 CMA를 판매하기도 한다. 이는 증권사 고유 상품이 아닌 종금사(종합금융회사)를 흡수합병하면서 예금자보호가 되는 기존 종금사의 CMA를 판매함으로써 가능해진 것이다. 한국증권금융의 예수금(한국증권금융에 맡겨놓은 현금)이 예금자보호가 되는 것을 이용해 동양증권과 NH농협증권에서도 예금자보호가 되는 CMA를 판매한다. 하지만 원칙적으로 증권사의 CMA는 예금자보호가 되는 예금상품이 아니다.

이처럼 증권사의 주업무는 주식과 채권을 중개하고, 펀드나 ELS(주가연계증권, 개별 주가나 지수의 움직임에 따라 수익 또는 손실이 결정되는 증권)와 같은 투자상품을 판매하는 일이다. 또한 증권사는 채권을 인수하거나 발행하는 일을 하기도 하며 자기자본으로 투자를 해서 수익을 내기도 한다. 이 외에 증권거래소에 기업을 상장시키는 IPO(기업공개 업무)를 진행하고, 주식이나 채권 투자자들을 위한 투자보고서를 만드는 일도 한다.

그렇다면 자산운용사는 어떤 일을 할까? 자산운용사는 펀드를 만

들고 운용하는 일을 한다. 펀드는 어디서 판매하느냐보다 '어디서 운용하는지'가 중요하다. 따라서 펀드를 선택할 때는 운용철학이 있고 검증된 자산운용사를 선택하는 것이 중요하다. 또한 펀드는 펀드매니저가 운용하므로 유능한 펀드매니저가 있는지도 살펴볼 요소다. 펀드 가입자들은 미래에셋자산운용이나 삼성자산운용과 같이 많이 알려진 자산운용사들을 선호하는 경향이 있다. 하지만 한국투자신탁운용이 이들보다 훨씬 오래된 자산운용사이며, 한국투자밸류자산운용이나 신영자산운용, 트러스톤자산운용 등도 규모는 작지만 알차고 실력 있는 운용사다.

생명보험사와 손해보험사는 서로 어떻게 다른가

•••

보험사는 보험상품을 만들고 판매하는 회사다. 금융소비자 입장에서는 은행이나 증권사에 비해 업무를 이해하기 쉬운 편이다. 보험사에 대해 가장 먼저 알아야 할 것은 보험사는 특화된 업무에 따라 크게 생명보험사와 손해보험사(또는 화재보험사)로 구분된다는 것이다. 생명보험사는 우리 인체와 관련된 사고나 질병에 관한 보험상품을 만들고 판매한다. 대표적인 상품으로는 종신보험이나 암보험 등이 있다. 보험증권에 '○○생명보험'이라고 적혀 있으면 생명보험사 상품이다. 이와 달리 손해보험사는 화재, 도난, 사고 등으로 인해 발생하는 재산상의 손실에 대비하는 보험상품을 만들고 판매한다. 대표적인 상품이 자동차보험, 화재보험, 실손의료보험 등이다. 보험증권에 '○○손해보험' 또는 '○○해상' 등이 적혀 있으면 손해보험사 상품이다.

그런데 손해보험사에서 인체와 관련된 사고나 질병에 관한 상품을 판매하기 시작하고, 생명보험사에서 실손의료보험을 판매하면서 최근에는 생명보험사와 손해보험사의 경계가 조금씩 허물어지고 있다. 생명보험사에서 실손의료보험을 판매하기 전에는 실손의료보험은 손해보험사 상품으로 가입하고 다른 의료비보장은 생명보험사 상품으로 보완하는 경우를 종종 볼 수 있었다. 정액형 상품은 생명보험사 상품을, 실손형 상품은 손해보험사 상품을 선택하는 식이었다. 하지만 지금은 양쪽 모두 정액형과 실손형 상품을 판매하고 있어서 굳이 보험사별로 나누어 가입할 필요는 없다. 자신에게 맞는 상품을 잘 선택하면 하나의 보험으로 질병부터 사고까지 충분히 대비할 수가 있기 때문이다.

단, 장기저축이 목적인 저축성보험 중 연금보험은 생명보험사와 손해보험사 상품 간에 차이가 있다. 아무래도 연금보험은 전통적으로 생명보험사에서 개발하고 판매해온 만큼 생명보험사 상품이 종류나 기능 면에서 다양하다. 예를 들면 변액연금과 같은 투자형 연금상품은 생명보험사에서만 판매하며, 연금 수령시 평생 연금을 받는 기능 역시 생명보험사의 연금상품에만 있다. 이런 몇 가지 차이점 외에는 기본적으로 큰 차이는 없다.

보험사도 은행과 마찬가지로 고객들에게 받은 돈(보험료)으로 수익을 낸다. 보험사는 자산운용을 매우 보수적으로 하는 편이라 주로 채권에 투자해 이익을 얻는다. 또는 고객들에게 해약환급금을 담보로 대출(약관대출)을 해주고 이자를 챙긴다.

그렇다면 보험사는 언제 부실해질까? 자산을 잘못 운용해서 대규모 손실이 발생하거나 보험 가입자들에게 지급해야 하는 이자보다 운용을 통해 얻는 수익이 적을 경우에 부실이 발생할 수 있다. 특히 저금리 시대에 자산운용을 통해 얻는 수익은 적어지고, 고객을 유치하기 위해 높은 이자의 상품을 많이 판매해 지급해야 할 이자가 더 많아지면 수익구조가 악화될 수 있다. 또는 신규 가입자 수가 급격히 줄어들어 매출이 떨어져도 재무 상태가 나빠진다. 이 외에 상품 설계 시 예측을 잘못해 가입자로부터 받는 보험료보다 지급하는 보험금이 많아져도 부실해진다. 보험업 특성상 신생 보험사보다는 오래된 보험사가 상대적으로 안정적인 수익구조를 가지고 있지만, 위와 같은 불안 요소는 언제 어디서든 발생할 수 있음에 유의해야 한다.

고령화 저금리 시대가 지속되는 동시에 세계적 금융위기의 주기가 짧아지고 있는 오늘날, 금융회사의 모습도 달라지고 있다. 우리가 가장 믿고 친근하게 생각하는 은행만 봐도 취급하는 상품이 많아졌고, 그들이 우리를 대하는 태도도 달라졌다. 금융권의 경쟁이 그만큼 치열해졌기 때문이다. 따라서 우리도 대응책을 마련해야 한다. 이는 금융회사별 특징과 그 차이점을 명확히 아는 것에서부터 시작해야 한다. 이제 어떤 금융회사도 100% 안전한 곳은 없다.

은행이 부실해져도
내 돈은 안전할까?
은행 위기관리 매뉴얼

돈 떼일 걱정 적은 '은행 후순위채' 인기.

보수 성향 투자자도 눈길, 금리 연 3.8~3.9%

2013년 9월 한 일간지의 경제면 헤드라인이다. 이런 기사를 보면 '은행이 발행한 채권이라…… 별 문제 없겠지?' 하는 생각이 들게 마련이다. 후순위채권은 은행이 돈이 필요해 발행한 채권의 일종이다. 그런데 주의할 점이 있다. 은행이 발행했다고 해서 예금자보호가 되는 것은 아니라는 것이다. 예금자보호가 되는 대상은 채권이 아닌 예금과 적금이다. 그렇다면 은행이 발행한 채권은 안전할까? 물론 은행이 망하지 않는 한 안전하다고 할 수 있다. 그렇다면 은행은 안전할까?

다른 금융회사에 비해 은행이 안전한 것은 사실이지만 항상 그런 것은 아니다. 이제는 시간이 꽤 흘러 기억에서 사라졌거나 당시 나이가 어려서 관심이 없었을 수도 있겠지만, 1997년 외환위기 당시 적지 않은 은행이 문을 닫았다. 취업 준비생들의 로망이었던 장기신용은행을 필두로 평화은행, 대동은행, 경기은행, 동남은행 등이 부실로 문을 닫고 다른 은행으로 흡수합병되었다.

이들은 그나마 중소형 은행이었다. 역사의 뒤안길로 사라진 은행 중에는 1990년대까지 막강한 힘을 발휘하던 은행들도 있었다. '5대 시중은행'이라고 불리던 제일은행, 상업은행, 조흥은행, 한일은행, 서울은행이 바로 그 주인공들이다. 지금은 국민은행, 신한은행, 하나은행 등이 주류 은행이지만, 당시만 해도 신한은행은 1982년에 설립된 신생 은행이었으며, 하나은행 역시 1991년에 투자금융회사에서 은행으로 전환한 소형 은행에 불과했다. 국민은행은 1995년 1월 민영화가 되기 전에는 서민들을 지원하기 위해 만든 특수은행 역할을 했기 때문에 일반 시중은행과는 그 성격이 달랐다.

외환위기가 닥치기 전, 1990년대 대한민국 대표 은행들이었던 제일·상업·조흥·한일·서울은행이 망할지도 모른다는 염려를 한 사람이 얼마나 될까? 그런데 이들 은행 중 지금까지 남아 있는 것은 제일은행뿐이다. 그것도 외국계인 스탠다드차타드가 인수해 SC제일은행으로 영업을 하다 현재는 한국스탠다드차타드은행으로 이름이 바뀌었다.

마찬가지로 지금 잘나가는 은행들이 10년 또는 20년 후에 살아남아 있을 거라고 장담하기란 어렵다. 그런 상황을 가정한다면 예금이 아닌 채권, 그것도 후순위채권이라면 은행이 부실해졌을 때 한 푼도 돌려받지 못할 가능성을 염두에 둬야 한다. 후순위채권이 왜 채권보다 위험한가 하면, 말 그대로 '선순위'가 아닌 '후순위'기 때문이다. 이를 이해하기 위해 채권에 대한 기본적인 사항을 잠깐 살펴보자.

은행이 망하면 채권은 어떻게 되나

•••

채권은 돈이 필요한 주체가 돈을 빌리면서 발행하는 증서다. 국가가 발행하면 국채, 회사가 발행하면 회사채, 은행이 발행하면 은행채라고 부른다. 돈을 빌려주고 채권을 받으면 채권을 발행한 주체가 망하지 않는 한, 약속된 이자를 받으며 만기 때 원금을 돌려받는다. 따라서 채권은 발행한 주체가 망하지 않는 것이 가장 중요하다. 만약 채권을 발행한 회사나 은행이 망하면 이들은 빚잔치를 한다. 빚잔치는 빚을 진 사람이 자산을 정리해서 돈을 빌려준 사람에게 최대한 갚고, 남은 빚을 청산하는 작업을 말한다.

은행이 망할 경우, 은행 역시 갖고 있는 자산을 팔아서 빚을 갚기 시작한다. 이때 은행은 채권의 종류에 따라 돈을 갚는 순서를 정하는데, 선순위채권을 먼저 갚고 그다음에 후순위채권을 갚는다. 즉, 선순위채권자들에게 돈을 갚은 다음 남은 돈이 있으면 후순위채권자들의 돈을 갚게 되므로, 후순위채권자들은 돈을 못 받을 가능성이 크다.

은행이 망하지 않는다면 선순위채권이든 후순위채권이든 상관이 없다. 하지만 은행이 망하는 최악의 사태가 발생하면 선순위냐 후순위냐에 따라 돌려받는 금액이 달라진다. 이런 이유로 후순위채권은 일반 채권보다 이자를 더 많이 준다. 게다가 후순위채권의 만기는 짧게는 5년 6개월부터 길게는 10년 정도로 매우 길다. 한마디로 후순위채권은 상환 순서에서 뒤로 밀리고 만기도 길어서 위험하므로 이자를 많이 주는 것이다. 투자의 세계에서 '설마'란 없다. 그런데도 미국의 양적완화 축소를 계기로 금리가 인상될 가능성이 높은 상황에서 낮은 금리로 '10년 만기' 후순위채권을 발행해도 투자자들이 몰리는 것은 은행의 안전함에 대한 맹신 탓이다. 만기가 10년 이상인 경우 분리과세 혜택을 볼 수 있어 부자들이 은행 후순위채권을 선호한다는 것은 절반만 진실이다. 똑같이 분리과세 혜택을 볼 수 있는 10년 만기 국채라는 더 든든하고 마음 편한 수단이 있기 때문이다.

은행들은 자신의 신용등급이 매우 높기 때문에 위험이 거의 없다고 고객을 안심시킨다. 실제 한국신용평가 등 국내 신용평가사들이 부여한 대부분의 은행 후순위채권 신용등급은 모두 AA+이다. 신용평가사들이 줄 수 있는 두 번째로 높은 등급이다. 하지만 국제 신용평가사의 생각은 다르다. 2013년 9월 초 무디스(Moody's)는 국내 은행들의 후순위채권 신용등급을 낮추었다. 그리고 하나은행과 신한은행 등 주요 은행들은 기존 A2에서 Baa1으로 각각 2단계씩 등급이 떨어졌다. 후순위채권의 경우 정부 지원 가능성이 낮아지거나 없어질 경우 투자자들의 손실 가능성이 높아질 수 있다고 판단한 것이다. 국내 신용등급 AA+와 해외 신용등급 Baa1은 무려 6단계나 차이가 난다. 국내 은행들이 발행한 후순위채권의 등급이 해외에서는 어떻게 평가받는지 냉정히 따져볼 필요가 있다.

막연히 은행이 안전할 거라고 생각하고 은행의 후순위채권에 투자하기보다는 감당해야 할 위험과 투자기간, 그리고 다른 대안들을 비교해 본 다음 투자 대상을 선택하는 냉정함이 필요하다. 최악의 경우 은행이 부실해져 다른 은행으로 인수될 경우 후순위채권은 인수 대상에서 제외된다. 부실 은행을 인수하는 매수자 입장에서는 상대적으로 이자가 높은 후순위채권을 인수할 이유가 전혀 없기 때문이다.

은행의 안전함도 위협받을 때가 있음을 인식했다면, 평상시에 안전한 은행을 선별하는 안목을 길러야 한다. 가장 중요한 것은 거래하는 은행의 재무 상태가 안전한지를 정기적으로 체크하는 것이다. 은행의 안전도는 무엇을 기준으로 따져봐야 할까? 크게 두 가지만 살펴보면 된다.

은행 안전진단 요령

•••

은행의 안전도를 살펴보는 기준으로는 BIS자기자본비율과 신용등급 두 가지를 꼽을 수 있다. BIS자기자본비율은 줄여서 BIS비율이라고도 하는데, 국제결제은행(Bank for International Settlements)이 제시한 은행의 자기자본비율을 의미한다. 이는 은행의 건전성과 안전성을 나타내는 지표로, 은행이 위험에 대비해 충분한 자본을 보유하고 있는지를 판단하는 기준이다. 거래하는 은행의 BIS비율이 최소 8% 이상인지를 안전도의 기준으로 삼아야 한다.

다행히 현재 국내 시중은행들의 BIS비율은 최소 기준인 8%를 훨씬 상회하고 있어 당분간 큰 걱정은 하지 않아도 된다. 하지만 은행의 자산이 허약해지거나 대규모 적자가 발생할 경우, 이 비율은 언제든 급격히 낮아질 수 있으므로 정기적으로 점검해보는 것이 좋다. 은행별 BIS비율은 금융감독원 홈페이지(www.fss.or.kr)의 보도자료를 통해 확인할 수 있고, 관련 정보 또한 신문이나 인터넷을 통해 분기별로 보도가 되며 해당 은행 홈페이지에도 게시된다. 따라서 관심만 있다면 다양한 경로를 통해 확인이 가능하다.

다음으로 신용등급에 대해 살펴보자. 모든 은행은 자신만의 신용등급을 갖고 있다. 신용등급은 국가나 기업, 또는 금융회사가 외부로부터 자금을 조달할 때 자금상환 능력을 평가받기 위해 부여받는 등급으로, 가장 높은 AAA부터 가장 낮은 D등급까지 18단계로 제시된다. 이 등급은 대외 신뢰도를 나타내는 상징적인 지표로 활용되는데, 등급이 높을수록 재무적 안전성이 높다고 볼 수 있다.

대부분의 은행은 국내외에서 각각 신용등급을 받는다. 국내 신용평가사로는 한국신용평가, 한국기업평가, NICE신용평가 등이 있고 국제 신용평가사로는 무디스, S&P(Standard & Poor's)와 피치

IBCA(Fitch IBCA) 등이 있다.

국내 신용등급과 해외 신용등급 간에는 많은 차이가 나는데, 대개 국내에서 받는 등급이 훨씬 높다. 국내 신용평가사들은 일부 지방은행을 제외한 대부분의 국내 은행들에게 최고 등급인 AAA를 부여하고 있다. 신용평가사들은 은행이나 기업으로부터 돈을 받고 평가를 하기 때문에 가급적 좋게 평가하려는 경향이 있다.

은행의 신용등급은 최소한 AA등급 이상을 유지해야 안전하다고 평가할 수 있다. 만약 거래하는 은행의 신용등급이 이보다 낮아진다면 거래 은행을 바꾸는 것이 좋다.

참고로 신용등급은 채권의 종류별로 조금씩 차이가 난다. 같은 은행이라도 후순위채권에 대한 등급과 회사채에 대한 등급, 그리고 만기가 짧은 기업어음에 대한 등급이 각각 다르다. 만기나 위험도(채권 상환의 우선순위)에 따라 등급이 달라진다고 보면 되는데, 아무래도 만기가 길고 상환 순서가 뒤로 밀리는 후순위채의 등급이 가장 낮고 그다음이 회사채, 그다음이 만기가 짧은 기업어음 등의 순서로 등급이 높아진다. 일반적으로 은행이나 기업의 신용등급을 말할 때는 회사채의 등급을 의미한다.

국제 신용평가사들은 국내 은행에 대해 회사채 기준으로 A~BBB 등급을 부여하고 있는데, 일부 지방 은행을 제외하면 대부분 A등급을 유지하고 있다(2013년 12월 말 현재). 국제 신용평가사들이 국내 신용평가사들에 비해서 등급 부여에 보수적이지만, BBB등급 이상은 안전도가 높은 투자 적격 등급임을 감안하면, 아직은 국내 은행들의 재무 상태가 국제 기준으로도 괜찮다고 볼 수 있다.

국내 은행들의 신용등급은 신용평가사의 홈페이지에서 확인할 수 있는데, 한국신용평가(www.kisrating.com), 한국기업평가(www.korea-ratings.com), NICE신용평가(www.nicerating.com) 등을 방문해서 검색창에 은행명을 입력하면 간단히 조회가 가능하며, 각 은행의 홈페이지에서도 확인할 수 있다.

문제는 신용등급 역시 BIS비율과 마찬가지로 언제든 급격히 떨어질 수 있다는 점이다. 안타깝게도 신용등급은 앞으로 발생할 위험까지 정확히 반영하지는 못한다. 이런 문제는 국내 신용평가사나 국제 신용평가사의 신용등급 모두 마찬가지다. 은행이나 기업들이 부실해지기 시작하면 그제야 신용평가사들이 신용등급을 낮추는 뒷북을 치기 때문에 이에 대한 맹신은 바람직하지 않다.

결국 은행과 거래하거나 후순위채권을 살 때는 항상 최악을 가정해보고 비상대피훈련을 할 필요가 있다. 지금은 괜찮지만 향후 내가 거래하는 은행에 위험한 징조가 보인다면 어떻게 대응해야 할까?

은행 위기관리 매뉴얼

•••

1 예금 잔액을 예금자보호 한도 이내로 줄이자

예금이나 적금을 포함해 모든 예금상품(외화예금 포함)은 1인당 원금과 이자를 합해 세전(이자소득세 15.4% 차감 전) 5,000만 원 이내여야 한다. 예금자보호는 만기 때 찾는 금액 기준으로 이자를 포함해 1인당 5,000만 원이 한도이므로 연이자율 3~5%를 가정해 대략 4,760~4,850만 원선으로 맡기는 것이 안전하다. 만약 거래 은행이 부실하다는 소문이 도는데 예금자보호 한도인 5,000만 원을 초과해서 돈을 넣어둔 상태라면 만기가 얼마나 남았느냐에 따라 달리 대응해야 한다.

만기 전에 예금이나 적금을 해지하면 가입 당시 약속받은 이자를 받지 못한다. 따라서 만기가 얼마 남지 않았다면 차라리 예금자보호 한도를 초과한 금액만큼 예금담보대출을 받아서 순예금 잔액을 줄여 놓는 방법을 활용하는 것이 좋다. 예를 들어, 만기가 한 달밖에 남지 않은 1억 원의 예금이 있다면, 담보대출을 5,500만 원 정도 받아서 대출을 빼고 남는 예금 잔액을 4,500만 원으로 줄여놓는 것이다. 이렇게 되면 예금 1억 원에서 대출 5,500만 원을 빼고 남는 잔액이 4,500만 원이 되어 예금자보호를 받을 수 있다.

하지만 만기가 얼마 남지 않은 경우를 제외하면 마음 편하게 해지하거나 예금 잔액을 예금자보호 한도인 1인당 5,000만 원 이내로 줄여놓는 것이 안전하다. 만기가 많이 남은 상태에서 예금담보대출을 받을 경우 대출이자율이 예적금이자율보다 1% 정도 높아 내야 할 이자가 더 많기 때문이다.

2 펀드나 보험, 신탁상품은 해지할 필요 없다

은행에서 가입한 펀드들은 전혀 걱정하지 않아도 된다. 은행은 펀드를 판매만 할 뿐이며, 펀드를 운용하는 자산운용사와 펀드의 자산을 관리하는 수탁은행은 각각 별도의 회사들이기 때문이다. 즉, 은행이 망해도 펀드의 자산은 정상적으로 운용되고 보관되므로 그냥 놔두면 된다. 만약 급하게 펀드를 환매해 돈을 써야 할 상황이라면 판매은행이 영업정지 중이라도 환매 처리를 해줄 가능성이 높으므로 은행에 환매를 요청하면 된다. 통상적으로 은행이 영업을 중지하더라도 기존에 해온 업무에 대해서는 관리를 한다.

은행에서 가입한 신탁상품들 역시 펀드와 마찬가지다. 신탁자산은 은행에서 신탁계정을 통해 별도로 관리한다. 신탁계정은 고객들의 자산만을 따로 관리하는 계정이므로 은행의 다른 자산과 달리 은행이나 관계자들이 함부로 손을 댈 수가 없다. 또한 은행의 신탁상품들은 대부분 채권형이어서 운용상의 문제도 크지 않다.

보험도 마찬가지다. 은행은 보험을 판매만 할 뿐이고 보험상품에 대한 운용과 관리는 모두 보험사가 한다. 따라서 은행에서 관리하기가 힘들 경우, 직접 보험사의 콜센터를 통해 정상적으로 필요한 업무 처리를 할 수 있다.

3 후순위채권이 있다면 손해를 보더라도 팔자

은행에 부실 징후가 보이면 가장 먼저 행동에 옮겨야 하는 것이 후순위채권을 파는 것이다. 후순위채권은 채권을 사고파는 유통시장에서 거래된다. 따라서 후순위채권이 있다면 증권사에 가서 채권을 사고팔 수 있는 위탁계좌를 만들어서 보유한 채권을 최대한 빨리 팔아야 한다. 만약 보유한 후순위채권이 거래가 잘 안 된다면 후순위채권을 발행한 은행이나 거래하는 증권사에 채권 매입을 요청하거나 장외에서라도 팔아버리는 것이 좋다.

은행에 대해 안 좋은 소문이 돌면 당연히 해당 은행이 발행한 채권의 가격은 많이 하락한다. 따라서 부실이 감지되면 뒤도 돌아보지 말고 빨리 처분해야 한다. 은행이 파산하거나 다른 은행에 흡수합병되면 후순위채권은 휴지가 될 가능성이 높기 때문이다. 선순위채권도 마찬가지다. 변제 순서에서 후순위채권보다는 앞서지만 언제든 손해를 볼 수 있으므로 부실 징후가 보이면 바로 팔아야 한다.

4 대출은 승계되므로 당연히 갚아야 한다

은행이 망하면 대출금은 갚지 않아도 될까? 아니다. 당연히 빌린 돈은 모두 갚아야 한다. 은행이 다른 곳으로 인수되면 인수한 은행이 대출을 승계받는다. 최악의 경우 파산하더라도 파산한 은행을 관리하는 파산관제인이 대출관리를 하게 된다. 따라서 대출이 있다면 기존 상환 스케줄대로 이자와 원금을 갚아나가야 한다.

그런데 주의할 점이 있다. 보통 마이너스대출이나 신용대출 등은 만기를 1년으로 정하고 1년마다 연장하는 경우가 많다. 따라서 인수한 은행의 대출정책이나 내부 기준 등에 따라 만기 연장이 안 될 수도 있고 또는 만기를 연장해주면서 은근슬쩍 대출금리를 올릴 수도 있다. 이럴 때는 당황하거나 기죽지 말고, 차라리 다른 은행의 대출조건을 알아보고 유리한 곳을 이용하는 것이 좋다. 대출자격만

된다면 다른 은행에서 기존 은행의 대출을 갈아타게 해주기 때문이다.

주택담보대출과 같은 담보대출은 큰 문제 없이 대출을 연장해줄 가능성이 높다. 담보가 있어 은행 입장에서는 밑질 게 없기 때문이다. 단, 주택가격 하락 등으로 담보가치가 대출금액에 비해 충분치 않을 경우에는 여지없이 담보 부족분만큼 상환을 요구하게 되므로 이에 대비해야 한다.

은행은 기업이나 가계에 자금을 공급하는 등 국가경제에 매우 중요한 역할을 한다. 따라서 은행이 부실해지면 정부는 최대한 다른 은행으로 하여금 부실 은행을 인수하도록 주선하여 기존 고객들의 불편을 최소화하려고 노력한다. 그러나 이때 다른 은행에서 인수하더라도 모든 자산이 다 인수되는 것은 절대 아니라는 점을 잊지 말아야 한다. 부실한 자산이나 예금자보호 한도를 넘는 자산들, 후순위채권 등은 인수 대상에서 제외된다. 반면 앞서 언급한 대로 은행 고유의 자산이 아닌 펀드와 신탁상품, 그리고 보험 등은 새로 인수한 은행에서 계속 관리를 하게 된다. 이 점을 파악하고 있으면 거래 은행의 위기 앞에서 내가 가입한 상품을 어떻게 해야 하는지 어렵지 않게 판단할 수 있다.

이처럼 대응을 잘하려면 본인이 가입한 상품의 특성을 정확히 알고 있어야 한다. 내가 은행에서 가입한 상품이 예금자보호가 되는 상품인지, 후순위채권인지 보험상품인지 펀드인지 아니면 신탁상품인지를 정확히 알고 있어야 한다는 의미다. 은행이 판매하는 모든 상품이 안전한 것은 아니고, 은행 역시 언제든 망할 수 있다는 것을 기억하자. 지금 만약 가입한 상품이 뭔지 모르고 있다면 당장 그 이름부터 확인하자.

저축은행·신협·새마을금고가
망하면 내 목돈은 어떻게 되나?
제2금융권 위기관리 매뉴얼

언제부턴가 사람들이 '저축은행'을 '은행'과 혼동하기 시작했다. 저축은행은 1972년 상호신용금고법에 의거해 설립된 서민 금융회사로, 원래 이름은 '상호신용금고'였다. 지역주민들이 편리하게 저축도 하고 돈이 필요하면 대출도 받을 수 있도록 만든 '지역주민을 위한 작은 금융회사'가 애초 저축은행의 설립 취지다. 동네에 있는 새마을금고나 농촌 지역에서 많이 볼 수 있는 단위농협과 규모도 비슷하고 설립 취지도 비슷한 소규모 지역 금융회사라고 보면 된다.

그러다가 1997년 외환위기 이후 위축된 서민 금융회사를 활성화하기 위해 2002년 3월 정부가 명칭도 바꾸고 자본금도 확대해주면서 상호신용금고의 운명이 바뀌기 시작했다. 일단 이름이 상호신용금고에서 '저축은행'으로 바뀌면서 상호신용금고 사장들은 한순간에 '은행장'으로 신분 상승했다. 이때부터 저축은행들은 은행들이 따라올 수 없는 높은 금리를 주면서 공격적인 영업을 시작했다.

사람들은 저축은행을 '작은 은행'으로 착각했다. 은행보다 높은 금리를 주는 저축은행에 돈을 맡기기 위해 지역주민들뿐 아니라 멀리 사는 이들도 일부러 찾아오기 시작했다. 예금이 몰리자 자신감이 붙은 저축은행들은 방만한 경영과 무분별한 자금운용으로 덩치를 키우며 부실도 함께 키워나갔다.

저축은행의 호시절은 그리 오래가지 않았다. 2008년 금융위기가 터지자 방만하게 운용했던 자산들이 부실화되면서 한순간에 자금난에 빠진 것이다. 이 과정에서 많은 문제가 드러났다. 가장 큰 문제는 고객이 맡긴 돈을 경영진과 대주주들이 마치 자기 돈처럼 쓰면서 회계장부까지 조작해 고객들을 속였다는 점이다. 제조회사뿐 아니라 금융회사들도 마음만 먹으면 언제든 재무제표와 손익계산서 등 회계를 조작할 수 있다.

예를 들어 이자를 받지 못하고 있어 부실 가능성이 큰 대출자산이 있다고 치자. 이런 자산에 대해서는 '대손충당금'을 쌓아서 손실에 대비해야 하는데, 대손충당금을 쌓으면 그만큼 이익이 줄어든다. 이를 막기 위해 저축은행들은 이자를 못 내는 대출자들에게 더 많은 돈을 대출해줘서 그 돈으로 이자를 내게 한다. 이렇게 되면 이자가 들어오는 것처럼 보여 부실 대출이 정상 대출로 둔갑하고 대손충당금을 쌓지 않아도 된다. 추가 대출은 이자수익으로 바뀐다. 이런 과정을 통해 부실 자산은 문제없는 자산이 되고, 이익이 발생하는 것처럼 회계장부를 조작할 수 있다.

당시 저축은행들은 이 외에도 다양한 방법으로 부실을 숨기고 이익을 늘리는 수법으로 회계를 조작해 재무 상태를 좋게 만들었다. 이렇게 버텨온 솔로몬저축은행, 한국저축은행, 부산저축은행 등 대형 저축은행들의 영업이 정지되고서야 고객들은 그들의 실상에 대해 알게 되었다. 애초에 저축은행들은 체계적으로 자산을 운용할 능력이 되지 않았고, 그 피해는 모두 고객들에게 넘어갔다.

저축은행의 부실에는 정부의 금융정책도 일조했다. '상호신용금고'의 이름을 '저축은행'으로 바꿔주지 않았다면 사람들은 금고를 은행으로 착각하지 않았을 것이다. 결과적으로 저축은행 사태로부터 얻은 교훈은, 은행보다 이자를 많이 주는 곳은 분명 위험이 있다는 점이다. 조금이라도 이자를 더 받으려고 저축은행과 거래를 하고 있다면 은행과 거래할 때보다 몇십 배는 더 주의를 기울여야 한다.

우량한 저축은행 선별법

•••

최근 저축은행과 은행 간의 금리 차이는 많이 줄었다. 저축은행이 예금이자를 적게 주면서부터다. 이렇게 된 이유는 크게 두 가지다. 첫째, 부실 저축은행들이 정리된 후 저축은행들이 과거에 비해 보수적으로 자산을 운용하고 있기 때문이다. 둘째, 시중금리가 낮다 보니 마땅히 자금을 운용할 곳을 찾기가 어려워서 높은 이자를 주고 예금을 유치할 필요성이 줄었기 때문이다.

그럼에도 약간의 이자라도 더 받기 위해 저축은행을 이용하고자 한다면, 우량한 저축은행을 선별해서 이용해야 한다. 우량한 저축은행을 고르려면 먼저 은행과 마찬가지로 BIS비율을 살펴봐야 한다. 이 비율은 8%가 마지노선이며 높을수록 좋은데, 저축은행의 경우 은행에 비해 회계의 투명성이 떨어지기 때문에 이 비율을 그대로 믿을 수가 없다는 점도 고려해야 한다. 따라서 가급적 BIS비율이 10% 이상인 곳을 선택하고, 8%도 안 되는 저축은행과는 아예 거래를 하지 않는 것이 안전하다.

저축은행은 고정이하여신비율도 확인해봐야 한다. 고정이하여신비율이란, 전체 대출 가운데 이자를 제때 내지 못해서 연체기간을 6개월 넘긴 대출의 비율을 의미한다. 고정이하여신비율은 낮을수록 좋으며, 최대 8%는 넘지 않아야 한다. 그리고 순이익이 나는지의 여부도 매우 중요한데, 설령 자기자본비율과 고정이하여신비율의 기준을 충족했다고 하더라도 적자가 발생하고 있다면 거래를 하지 말아야 한다.

이런 건전성 지표들은 저축은행중앙회 홈페이지(www.fsb.or.kr)를 방문해서 왼쪽의 '저축은행공시' 항목에 들어가 보면 각 저축은행별로 확인해볼 수 있다. 여기서 자기자본비율과 고정이하여신비율, 순이익 현황 등을 한눈에 살펴볼 수 있는데, 이때는 최근 1~2년 동안의 상황만 보지 말고 가급적 최근 5년 정도의 추세를 보고 꾸준히 기준에 부합해왔는지 확인해야 한다. 저축은행중앙회에 직접 전화를 걸어 문의하거나 해당 저축은행 홈페이지 또는 거래하는 저축은행 직원에게 직접 문의해서 확인할 수도 있다.

만약 거래하는 저축은행에 부실 징후가 보이면 어떻게 해야 할까? 기본적인 대처방법은 은행과 비슷하다.

저축은행 위기관리 매뉴얼

•••

1 예금자보호 한도 이내로 예금 잔액을 줄이자

은행과 마찬가지로, 예금자보호 한도인 1인당 5,000만 원이 넘는 금액을 넣어두었다면, 그만큼 대출을 받아서 순예금액을 줄여놓거나 상품을 해지해야 한다. 만약 영업정지가 걸린 상태에서 돈을 찾고자 한다면 1인당 최대 4,500만 원까지 맡겨둔 예금을 담보로 대출을 받을 수 있다. 이 대출 가능액은 예금 잔액의 95% 이내이며, 대출금리는 예금금리와 비슷한 수준이다. 저축은행에 예금이나 적금이 있다면 무조건 예금자보호 한도만은 칼같이 잘 지켜야 억울한 피해를 막을 수 있다.

2 가지급금 한도인 2,000만 원 이내로 넣어두면 더 안전하다

1인당 5,000만 원까지 예금자보호가 되더라도 저축은행의 영업이

정지되면 일정 기간(짧게는 2주, 최대 6개월) 돈을 인출할 수 없다. 하지만 영업정지 후 4영업일이 지나면 1인당 2,000만 원 한도로 예치해둔 돈 중 일부를 가지급금으로 받을 수 있다. 따라서 1인당 2,000만 원 이내로 돈을 넣어두면 저축은행이 영업정지가 되더라도 4영업일 후 바로 돈을 찾을 수 있어 불편을 최소화할 수 있다.

③ 저축은행 후순위채권은 아예 쳐다도 보지 마라

은행과 달리 저축은행은 부실 가능성이 훨씬 높으므로 후순위채권에 투자하는 것은 대단히 위험하다.

④ 대출이 있다면 갚아야 한다

은행과 마찬가지로 대출은 정상적으로 이자를 내야 하고, 만기가 되면 갚아야 한다. 저축은행이 파산하면 파산관제인이, 다른 곳이 인수하면 인수한 곳에서 대출이자와 원금을 관리하기 때문이다.

이자소득세 면제되는 새마을금고, 신협은 믿을 만할까?

...

저축은행 외에도 서민들이 많이 이용하는 곳이 새마을금고, 신협(신용협동조합), 그리고 농협과 수협의 단위조합 같은 상호금융회사(공동의 유대관계를 갖고 있는 사람들이 만든 기구라는 의미에서 '신용협동기구'라고도 부르며, 신협은 이 기구들 중 하나다)들이다. 이들은 조합의 형태를 띠는데, 조합원들이 맡긴 출자금이나 예금, 적금 등을 관리하고 조합원들에게 대출도 제공한다. 하지만 정식 조합원이 아니더라도 출자금 1만 원 정도만 내면 준조합원 자격을 얻게 되어 새마을금고, 신협 등에서 적금이나 예금에 가입할 수 있다.

상호금융회사를 이용하는 가장 큰 이유는 은행보다 이자를 많이 주는 데다 이자소득세를 떼지 않기 때문이다. 상호금융회사의 예적금은 1인당 3,000만 원 한도(원금 기준)로 이자에 발생하는 세금인 이자소득세 15.4%를 면제받는 대신 농어촌특별세 1.4%만 내면 된다. 또한 금리도 은행에 비해 조금 더 높다. 이런 절세 혜택으로 인해 최근 몇 년 동안 새마을금고나 신협을 이용하는 사람이 무척 많아졌다.

문제는 이런 작은 상호금융회사들이 안전하냐는 것이다. 절세 혜택으로 자금이 몰려들자 저축은행과 마찬가지로 자금을 방만하게 운용하는 사례가 적발되고 있는 일부 법인들은 부실에 대한 염려가 큰 것이 사실이다. 은행은 지점이 다르더라도 모두 한 은행에서 관리한다. 반면 새마을금고나 신협 등은 개별 사업체 단위로 독립적인 경영을 한다. 즉, 새마을금고나 신협 또는 단위농협은 명칭은 전국 어디서나 공동으로 ○○새마을금고, ○○신협, ○○농협 등으로 함께 쓰지만 각각 지역별로 다른 법인이라는 특징이 있다. 따라서 어떤 곳은 재무 상태가 좋고 어떤 곳은 아주 나쁠 수가 있다.

내가 거래하는 새마을금고나 신협의 경영 또는 재무 상태를 알고 싶다면, 신협의 경우 신협중앙회 홈페이지(www.cu.co.kr)를, 새마을금고의 경우 새마을금고중앙회 홈페이지(www.kfcc.co.kr)를 방문해보자.

신협중앙회의 경우 '경영공시'란을 통해 개별 신협의 재무 상황을 확인할 수 있고, 새마을금고중앙회의 경우 '금고 소개'의 '경영공시'란을 통해 개별 새마을금고의 재무 상황을 알 수 있다.

여기에서 앞서 은행, 저축은행의 경우와 마찬가지로 BIS비율이 8%가 넘는지와 고정이하여신비율이 8%를 넘지 않는지 확인해야 한다. 아울러 이익이 나고 있는지도 점검해야 한다. 자기자본비율은 높을수록 좋고, 고정이하여신비율은 낮을수록 좋다. 그리고 이익은 많을수록 좋고, 적더라도 최소한 적자는 나지 않아야 한다.

만약 거래하는 신협이나 새마을금고가 부실해지면 어떻게 해야 할까? 저축은행과 마찬가지로 1인당 원금과 이자를 합해 5,000만 원 이하로 넣어두면 예금자보호를 받을 수 있다(하지만 예금이나 적금이 아닌 출자금은 예금자보호 대상에서 제외된다). 새마을금고나 신협 등 상호금융회사들은 국가에서 예금자보호를 해주는 것이 아니고, 자체적으로 조성한 기금으로 예금자보호를 한다는 점에 유의해야 한다. 새마을금고는 새마을금고연합회에서, 신협은 신협중앙회에서 개별 법인들을 총괄해서 예금자보호에 대한 업무를 진행한다.

신협이나 새마을금고의 경우, 부실 사업체가 생기면 다른 법인이 인수합병해 고객들의 예금을 보호하는 방식을 취해왔다. 이런 이유로 부실 법인이 동시다발적으로 발생할 경우 과연 신협중앙회나 새마을금고연합회가 충분히 감당할 수 있을지에 대한 불안과 우려 또한 있다. 부실 사업체 증가로 거래 고객들의 심리가 불안해지면 수많은 신협이나 새마을금고에서 대규모 예금인출 사태가 발생할 수 있고, 이 경우 자금이 충분하지 못하면 문제가 생긴다. 이렇게 될 가능성이 크지는 않지만 만약 이때 정부가 나서지 않는다면 큰 혼란이 발생할 것이다.

새마을금고는 금융감독원이 직접 감독을 하지는 않지만 안전행정부에서 관리하므로 최악의 경우에는 안전행정부가 지원에 나설 수 있어 최후의 보루가 없지는 않다. 그렇더라도 금융감독원에 비해 전문성이 떨어지는 안전행정부가 1,400개(2013년 말 현재)나 되는 새마을금고를 관리하는 데는 한계가 있다. 신협 역시 내부적인 관리만으로는 949개(2013년 말 현재)나 되는 개별 조합을 꼼꼼히 감시하기가 어려운 것이 현실이다. 따라서 서민들이 이용하는 신협, 새마을금고, 단위농협과 단위수협 등은 경영관리를 보다 강화하는 방안을 도입하거나 금융감독원에서 직접 관리하는 것이 고객 보호 차원에서 가장 바람직하다.

금융소비자 입장에서는 비록 정부가 예금보험공사를 통해 직접 예금자보호를 해주지는 않지만, 금융시장 안정과 서민 보호를 위해 정부가 예금자보호를 외면할 가능성은 현실적으로 매우 낮으므로, 상호금융회사와 거래하고 있다면 일단 예금자보호 한도로만 안전하게 거래하는 것이 좋다. 그밖의 대처 방안들은 은행과 저축은행의 위기관리 매뉴얼을 참고하자.

증권사가 부실해지면
내 투자금은 어떻게 되나?

증권사 위기관리 매뉴얼

동양증권과 거래하는 차은아 씨는 최근 동양그룹이 어려움에 처하자 동양증권도 잘못되지 않을까 걱정이 되었다. 며칠 전 동양증권 지점을 방문했을 때 돈을 찾기 위해 길게 늘어선 대기줄을 보고는 불안한 마음이 더욱 커졌다. 차 씨의 남편은 동양증권에서 가입한 펀드와 CMA를 당장 다른 증권사나 은행으로 옮기라고 난리다.

차 씨의 남편처럼 많은 고객들이 동양증권이 잘못되면 투자한 돈을 날릴 수 있다고 생각해 펀드와 CMA를 해약했다. 이러한 불안감은 2011년 부산저축은행을 비롯해 여러 개의 저축은행이 문을 닫으면서 피해를 본 경험에서 비롯된 것이다. 만약 내가 거래하는 증권사가 부실해질 가능성이 있다면 어떻게 대응해야 할까?

대처법을 살펴보기에 앞서 증권사는 은행이나 저축은행과는 어떻게 다른지부터 이해할 필요가 있다. 증권사와 은행·저축은행은 돈을 버는 구조가 전혀 다르다. 우리가 은행이나 저축은행에 가는 이유는 예금이나 적금에 가입하거나 대출을 받기 위해서다. 은행이나 저축은행은 우리가 맡긴 예금이나 적금을 개인이나 기업에게 대출해주고 수익을 얻는다.

이 과정에서 대출해준 자산에 문제가 생기면 부실이 발생한다. 부실이 많이 발생하면 은행이나 저축은행은 돈이 부족해져서 우리가 맡긴 돈을 제때 돌려줄 수 없게 된다. 이런 이유로 은행이나 저축은행이 부실해질 가능성이 있다면 적금이나 예금에 넣어둔 돈을 인출하는 게 안전하다. 아니면 예금자보호 한도인 1인당 5,000만 원 이내로만 거래를 해야 한다. 그렇다면 증권사는 어떨까?

증권사와 은행의 가장 큰 차이는?

•••

우리가 증권사에 가는 이유는 주식이나 채권에 투자하거나 CMA나 펀드 등 투자상품에 가입하기 위해서다. 증권사는 우리가 사고파는 주식이나 채권을 중개해주고 수수료를 받는 중개상(브로커리지) 업무를 한다. 또한 펀드나 신탁상품 등 투자상품을 판매, 관리해주고 수수료를 받는다. 그런데 증권사는 은행이나 저축은행과 달리 우리가 맡긴 돈을 자신들 돈처럼 맘대로 빌려주거나 자신들의 이익을 위해 운용하지 못한다. 이것이 은행이나 저축은행과 증권사의 가장 큰 차이다.

또한 증권사는 은행이나 저축은행과 달리 대출 업무를 하지 않는다(단, 2013년 8월부터 자기자본 3조 원 이상인 증권사는 대출 업무가 가능해졌다. KDB대우증권, 우리투자증권, 한국투자증권, 삼성증권, 현대증권 등이 이 기준을 충족했지만 아직 본격적인 대출 업무는 하지 않고 있다). 대출 업무가 없다 보니 다른 곳에 돈을 빌려준 다음 돈을 떼일 염려가 없다. 이렇게 기본적인 업무가 다르기 때문에 증권사가 부실해진다 해도 고객들의 자산까지 부실해지는 직접적인 피해는 발생하지 않는다. 설령 대형 증권사들이 대출 업무를 시작하더라도 그 돈은 고객들의 돈이 아닌 증권사의 자기자본으로 하기 때문에 걱정할 일은 아니다.

2011년에 문제가 된 저축은행들은 고객들이 맡긴 돈을 위험한 곳에 대출해주고 돈을 회수하지 못해 피해가 발생했다. 저축은행의 부실은 바로 고객들의 피해로 이어지며, 은행이 부실해져도 마찬가지 피해가 발생한다. 하지만 증권사는 다르다. 어떻게 다른지 보다 구체적으로 이해하기 위해서는 증권사가 고객들의 자산을 어떻게 운용하고 관리하는지를 들여다볼 필요가 있다. 증권사가 고객의 돈을 어떻게 관리하는지 그 시스템을 이해한다면, 증권사에 대한 일각의 우려가 과장되어 있음을 알 수 있다.

고유계정, 위탁계정, 신탁계정부터 이해하자

•••

증권사는 자산을 크게 세 종류의 계정으로 구분해서 관리한다. 고유계정, 위탁계정, 그리고 신탁계정이다.

'고유계정'은 고객들의 돈이 아닌, 자기자본이라고 불리는 증권사 자체의 돈을 자신들의 방식으로 운용하는 계정이다. 즉, 증권사의 자체 자금을 운용하고 관리하는 계정인 것이다. 이 계정은 고객들의 자산과는 전혀 상관이 없다.

'위탁계정'은 고객들이 증권사를 통해 투자한 주식이나 채권이 관리되는 계정이다. 우리가 증권사에서 주식이나 채권에 투자하기 위해 만드는 계좌를 '위탁계좌'라고 부르는데, 위탁계좌를 통해 투자되는 자산들이 위탁계정에 속한다. 중요한 것은 이 계좌를 통해 투자한 주식이나 채권 등 실물자산은 증권사가 아닌 한국예탁결제원에 보관된다는 점이다. 그리고 위탁계좌의 현금은 한국증권금융에서 보관한다. 이런 이유로 증권사가 망해도 위탁계좌를 통해 투자되는 실물자산과 현금은 안전하다.

한국증권금융에서 보관하는 위탁계좌의 현금은 1인당 5,000만 원 한도로 예금자보호가 되는데, 설령 5,000만 원이 넘는 돈을 위탁계좌에 넣어두었어도 걱정할 필요는 없다. 한국증권금융은 한국거래소 등이 대주주로 있는 자기자본 1조 4,000억 원 규모의 우량 기업이며, 신용등급 또한 가장 높은 AAA를 유지하고 있다. 만약 거래하는 증권사의 CMA가 불안하게 느껴질 경우 위탁계좌로 현금을 이동시키면

보다 안심할 수 있다(뒤에서 설명하겠지만, CMA는 사실 매우 안전하게 운용된다). 하지만 위탁계좌에 넣어둔 현금에는 거의 이자가 붙지 않기 때문에 단기적인 피신처로만 이용하는 것이 적절하다. 증권회사의 위탁계좌에 돈을 넣어둘 경우, 당일이 아닌 다음 날 한국증권금융에 예탁되므로 최악의 경우 하루의 안전 공백기가 생길 수 있다는 점은 참고로 알아두자.

끝으로 '신탁계정'은 고객들의 실적상품을 관리하는 계정이다. 신탁계정에서 운용하는 신탁상품은 고객이 증권사에 돈을 위탁하고 운용을 맡기는 투자상품을 통칭하며, 이러한 신탁상품이 관리되는 계정이 신탁계정이다. 보통 상품명에 '신탁'이라는 단어가 붙으며, 앞서 설명한 증권사의 고유계정과는 엄격하게 분리된다. CMA 역시 신탁상품으로 볼 수 있고, 증권사의 돈이 아닌 고객들의 돈이기 때문에 신탁계정에 포함된다.

자, 이제 증권사의 계정별로 고객들의 자산이 관리되는 시스템을 정리해보자. 우리가 증권사를 통해 투자하는 주식이나 채권은 '위탁계정'에서, CMA를 포함해 고객들이 맡긴 돈을 증권사가 운용하는 상품들은 '신탁계정'에서 독립적으로 관리된다. 이런 구조적인 이유로 위탁계정과 신탁계정에 투자하는 모든 고객들이 한꺼번에 돈을 돌려달라고 요청하더라도, 증권사는 별도로 관리되고 있는 자산을 팔아서 돌려주면 된다.

그러니 거래하는 증권사가 문을 닫더라도, 내 자산을 돌려받지 못할 수 있다는 걱정은 할 필요가 없다. 물론 당장 돈을 인출하지 못하는 불편함은 생길 수 있지만 부실 저축은행에서와 같이 대규모 인출 사태가 발생했을 때 고객들에게 돈을 못 주는 상황은 발생하지 않는다.

동양그룹이 불안하다는 소식이 퍼진 후로 수많은 사람들이 동양증권에서 돈을 인출했다. 이 여파로 동양증권의 CMA 잔고는 동양그룹 사태가 발생하기 전에는 약 4조 원(2013년 8월 말 기준)이었으나, 사태 발생 후에는 1조 480억 원(2013년 10월 1일 기준)으로 3조 원 가까이 줄었다. 하지만 이로 인해 동양증권이 영업을 중지한 적은 없었고 고객들은 모두 돈을 찾을 수 있었다. 만약 저축은행이었다면 돈이 바닥나 여러 번 영업정지를 당했을 것이다.

동양그룹의 회사채에 문제가 생기자 불안한 나머지 동양증권의 CMA에 넣어둔 돈을 인출하거나 다른 금융회사로 옮긴 사례들도 많았다. 하지만 CMA에 있는 자산들은 대부분 안전한 국채나 우량한 회사채 등으로 구성되어 있고 별도로 관리되므로 걱정할 필요는 없다.

그러나 실물이 안전하게 보관된다고 하더라도 투자상품의 특성상 원금보장이나 예금자보호는 되지 않는다는 점을 알고 있어야 한다(예금자보호가 되는 CMA는 제외). 예를 들어 동양증권의 신탁상품 중에 동양그룹의 회사채나 CP(Commercial Paper, 기업어음)가 포함된 경우 관리상의 안전함을 떠나 원금 손실이 발생했다. 따라서 신탁상품은 가입 전에 반드시 어디에 투자되는지 확인해야 한다.

펀드는 판매·운용·보관이 분리된 모범적인 금융상품

●●●

그렇다면 펀드는 어떨까? 펀드야말로 가장 모범적으로 판매와 운용, 그리고 보관이 분리된 금융상품이다. 즉, 펀드의 판매는 은행과 증권회사 등에서 하지만 운용은 자산운용사가 하고, 펀드가 투자한 자산은 별도의 은행(수탁은행)에 보관된다. 따라서 판매사인 증권사는 물론이고 운용사(자산운용사)가 부실해지더라도 펀드가 투자하는 주식이나 채권 등 실물자산은 수탁은행이 안전하게 관리한다. 이런 구조를 알고 있었다면 동양증권에서 가입한 펀드를 번거롭게 다른 곳으로 옮기려 애쓰지는 않았을 것이다.

자산이 안전하게 관리되고 있더라도, 동양증권의 미래에 대해 불안할 수 있다. 동양그룹의 회생이 불가능해진다면 동양증권은 어떻게 될까? 이해를 돕기 위해 이전 사례를 참고해보자. IMF 외환위기 이후 대우그룹은 공중분해되었지만, 대우증권은 아직도 건재하다. 또한 솔로몬저축은행은 망했어도 솔로몬증권(현 아이엠투자증권)은 정상적으로 영업을 하고 있다. 결국 동양증권 역시 다른 곳으로 인수될 가능성이 높았던 상황에서 대만 최대 증권사인 유안타증권이 2014년 3월에 동양증권 주식의 27%를 취득하여 최대주주가 되었고, 금융위원회의 최종승인을 기다리고 있다. 큰 문제가 발생하지 않는 한 유안타증권은 동양증권의 새로운 주인이 될 것이다.

최악의 경우 IMF 외환위기 시절에 문을 닫은 동서증권이나 고려증권과 같이 부도가 날 수도 있다. 동서증권이나 고려증권은 계열사 지원 등으로 부실이 심해 영업정지 처분을 받았다. 이후 자본금 증자 등 경영개선 명령을 받았지만 자본금을 확충하지 못해 결국 부도 처리되었다. 은행이나 저축은행과 마찬가지로 증권사가 부실해지면 금융감독원은 해당 증권사에 영업정지 명령을 내린다. 반면 재무 상태가 양호하다면 계열사 부실과 상관없이 영업을 계속하게 된다. 실제 동양증권이 그랬다. 결국 영업정지 여부는 증권사의 재무건전성에 달려 있다. 그렇다면 내가 거래하는 증권사가 영업정지를 받을 정도로 불안한지 아닌지는 어떻게 감지할 수 있을까?

주거래 증권사 안전진단 요령

•••

은행의 재무건전성을 따질 때 국제결제은행(BIS)의 비율을 따지듯이 증권사도 재무건전성을 표시하는 지표가 있다. 증권사는 이 재무건전성이 좋지 않을 때 영업정지를 받는다. 증권사들의 재무건전성은 영업용순자본비율(NCR, Net Capital Ratio)로 판단하며, 공식으로는 (영업용순자본/총위험)×100(%)로 표시한다. 공식만 보면 복잡하게 느껴지지만, 한마디로 말하면 고객들에게 손실을 입히지 않도록 '위험 손실을 감안한 현금화 가능 자산의 규모'가 '갚아야 할 부채규모'보다 항상 크게 유지되도록 정해놓은 비율이다. 즉, 부채 빼고 당장 동원할 수 있는 돈이 어느 정도인지를 표시해주는 지표다.

금융감독원은 이 비율이 최소한 150% 이상 유지되도록 하고 있다.

이 비율이 120~150%일 때는 '경영개선 권고'를, 100~120% 미만이면 '경영개선 요구'를, 100% 미만이면 '경영개선 명령'을 내리고 일정 기간 내에 개선되지 않으면 문을 닫도록 한다.

과거 동서증권이나 고려증권이 부도가 난 이유는 영업용순자본비율이 기준에 미달했기 때문이다. 반면 동양증권은 이 비율이 386%(동양그룹 사태 직후인 2013년 9월 말 기준이며, 이후 2013년 12월 말에도 369%로 양호하게 유지됨)였다. 금융감독원에서 정한 정상적인 증권사의 기준인 150%를 훨씬 상회하고 있기 때문에 영업정지 가능성은 희박한 상태였다.

단, 향후 이익을 창출하지 못해 계속해서 적자가 발생해 자본금을 까먹거나 불완전판매(금융회사가 고객에게 금융상품을 판매할 때 상품에 대한 기본 내용 및 투자 위험성 등에 대한 안내 없이 판매하는 경우)로 인한 과다한 배상금 등으로 영업용순자본비율이 낮아지면 문제가 발생할 수 있다. 하지만 배상금 지급을 위한 소송이 끝날 때까지는 오랜 시간이 걸린다는 점을 감안할 때 당장 동양증권의 재무건전성이 악화될 가능성은 적다고 판단할 수 있다. 불안에 떨면서 무작정 돈을 빼야 할 상황은 아니라는 것이다.

증권사의 재무건전성 지표인 영업용순자본비율은 어떻게 확인할 수 있을까? 금융투자협회의 공시사이트(http://dis.kofia.or.kr)를 통해 간단히 체크해보거나 전화(02-2003-9000)를 걸어 확인할 수도 있다. 이 비율은 150%를 기준으로 높을수록 재무건전성이 좋다고 보면 된다. 소중한 내 돈을 증권사에 맡기고 있다면 거래하고 있는 증권사의 건전성 정도는 스스로 판단할 수 있어야 주변에서 하는 말에 부화뇌동하지 않을 수 있다.

동양증권의 경우에도 동양증권 홈페이지를 방문해 이 비율만 확인했다면 분위기에 휩싸여 불안해할 필요는 없었다. 지금껏 영업용순자본비율이 좋았는데 문을 닫은 증권사는 없었기 때문이다. 참고로 증권사의 영업용순자본비율이 최근 변화된 금융환경을 반영하지 못해 증권사의 영업활동에 제약을 준다는 의견이 많아 조만간 이에 대한 개선 방안이 마련될 것으로 보인다.

증권사 위기관리 매뉴얼

•••

① 위탁상품인지 신탁상품인지 확인하자

위탁계정에 있는 위탁자산과 신탁계정에 있는 신탁자산은 증권사가 망해도 안전하다. 따라서 내 자산이 위탁계좌에 있는 위탁상품인지, 또는 신탁계좌에 있는 신탁상품인지부터 정확히 알고 있어야 한다. 만약 스스로 확인하기 어렵다면 거래하는 증권사 직원에게 전화하거나 지점을 방문해서 직접 물어보면 알 수 있다. 위탁계좌에 있는 현금이나 실물자산은, 앞서 언급한 대로 한국예탁결제원(실물자산)과 한국증권금융(현금)에 별도로 보관되어 있어서 금액에 상관없이 안심해도 된다.

CMA를 포함한 신탁상품들도 안전하다. 단, 신탁상품을 통해 투자하는 자산들은 언제든 원금 손실이 발생할 수 있으므로 어디에 투자되는지는 정확히 알고 있어야 한다. CMA는 증권사에 따라 종류가 다르지만, 예금자보호가 되는 '종금형'과 예금자보호가 되지 않는 'RP(환매조건부채권)형'이나 'MMF(머니마켓펀드)형' 등이 있다. 예금자보호가 되지 않는 RP형이나 MMF형이라고 하더라도 국채나 우량한 회사채 중심으로 운용되기 때문에 문제는 없다.

과거 대우그룹이 망할 때만 해도 MMF에 대우그룹 관련 부실 채권이 편입되어 투자자들의 피해가 발생했다. 하지만 이후 증권사들은 CMA 운용시 '안전성'에 가장 중점을 두고 있으므로 걱정하지 않아도 된다. 국공채에만 투자하는 CMA도 있으므로 가입할 때 주로 어디에 투자하는지 확인하고 이용하자. CMA는 투자하는 자산만 안전하다면 증권사가 망해도 문제가 없으니 말이다. 요컨대 신탁상품에 가입한 경우도 채권에 투자하는지, 주식에 투자하는지 등을 반드시 확인해야 한다.

2 당장 써야 할 돈은 옮겨놓는 것이 안전하다

위탁계정이나 신탁계정에 있는 자산들은 기본적으로 안전하지만, 거래하는 증권사가 영업정지라도 당하면 한동안 돈을 인출하지 못할 수 있다. 이럴 경우에 대비해 몇 달 안에 써야 할 돈이라면 다른 곳으로 잠시 옮겨놓는 것이 좋다. 하지만 당장 써야 할 현금이나 급하게 처분해야 할 자산이 아니라면 크게 걱정하지 않아도 된다.

3 증권사가 발행한 회사채나 후순위채권은 가장 먼저 팔아야 한다

증권사의 회사채나 후순위채권은 증권사가 돈이 필요해 조달한 부채다. 따라서 증권사가 자체적으로 이자와 원금을 상환해야 한다. 만약 증권사가 부실해져서 돈이 없으면 빌린 돈을 갚을 수가 없게 되어 회사채나 후순위채권을 보유한 채권자들은 손해를 보게 된다. 특히 후순위채권을 보유한 채권자들은 타격이 더 크다. 일반 회사채에 비해 원리금을 상환할 때 우선순위에서 밀리기 때문이다. 즉, 증권사가 망해서 빚잔치를 하면 보유한 자산으로 부채를 갚게 되는데, 회사채부터 갚고 후순위채권은 나중에 갚는다.

상환 순서를 떠나 회사채나 후순위채권 모두 증권사가 부실해지면 돈을 못 받을 가능성이 높으므로 부실 징후가 발생하면 우선적으로 처분해야 한다. 위탁계좌를 만들어 채권시장에서 처분하거나 증권사에 매입을 요청할 수 있다.

4 ELS와 DLS는 위험하므로 환매해서 자금을 회수해야 한다

ELS와 DLS(파생연계증권)는 증권사가 발행한 무보증 무담보 채권이다. 주식을 기초자산으로 투자수익이 결정되는 ELS나 금리, 환율 등을 기초자산으로 투자수익이 결정되는 DLS는 증권사가 자체적인 신용으로 발행하는 파생결합증권(기초자산의 가격이나 지수 등의 변동과 연계해 정해진 조건에 따라 회수 금액이 결정되는 증권. 기초자산에는 주식, 주가지수, 통화, 원유, 금 등 실물자산과 이자율, 지표 등 다양한 평가 대상이 포함된다)이다. ELS나 DLS와 관련된 자산들은 기본적으로 국공채, 회사채, 예금, 파생상품, 주식 등으로 구성되어 있다. 그리고 이러한 운용자산들은 증권사에서 별도로 ELS나 DLS 전용 계좌나 펀드를 만들어서 관리한다. 이런 면에서는 앞서 설명한 신탁상품과 비슷하다.

증권사가 ELS나 DLS의 운용자산을 별도로 관리하더라도, 이는 증권사의 자체 신용으로 발행하는 무보증 무담보 채권이다. 따라서 증권사의 회사채와 마찬가지 성격이다. 즉, 증권사가 망할 경우 ELS나 DLS 투자자들은 증권사가 발행한 무담보 무보증 채권을 보유한 다른 채권자들과 동일한 지위를 갖는다. 이 채권은 담보를 가지고 있는 담보채권이나 보증채권에 비해 변제 순위에서 밀린다. 따라서 증권사가 부도가 나서 빚잔치를 할 경우, 담보를 가지고 있는 담보채권자의 빚부터 갚기 때문에, 이후 남은 자산이 있는 경우에 한해 자금을 회수할 수 있다. 단, 후순위채권 보유자보다는 순위가 앞선다.

결과적으로 ELS나 DLS는 위탁자산이나 신탁자산 그리고 펀드와 달리 증권사가 망하면 원금을 날릴 수 있는 위험 자산이다. 즉, ELS와 DLS 투자자는 증권사가 망하기 전에는 고객과 자산관리 및 운용회사의 관계지만, 증권사가 망하면 채권자(ELS, DLS 보유자)와 채무자(증권사)의 관계로 바뀐다.

따라서 증권사가 부도 위험이 있다면 ELS나 DLS는 환매하는 것이 안전하다. 이때 중도환매하면 원금이 아닌 환매 당시 자산의 평가금액만 돌려받는다는 점과 보유한 자산의 처분으로 인해 비용(대략 5% 내외)이 발생한다는 점에 유의하자.

특히 원금보장이 되는 ELS나 DLS도 일반 ELS나 DLS와 마찬가지로 무보증 무담보 채권이라는 점에 주의해야 한다. 원금보장을 정부(예금보험공사)가 아닌 증권사가 해주기 때문이다. 반면 은행에서 발행되는 ELD(주가연동예금)는 예금상품으로 정부가 원금 보장과 예금자보호를 해준다. 결국 증권사의 ELS나 DLS는 원금 보장이 된다 하더라도 증권사가 정상적으로 운영될 경우에 한해서이며, 정부가 책임지는 예금자보호 대상이 아니라는 점을 명확히 알고 있어야 한다. 결론적으로 ELS나 DLS는 우량한 증권사에서 발행되는 상품에 한해 투자하는 것이 안전하다.

정리하자면, 증권사의 부실이 염려될 때는 아래 두 가지만 조심하면 된다. 첫째 증권사가 발행한 채권(후순위채권 포함), 둘째 ELS와 DLS(원금보장형 포함)이다. 나머지 자산들은 증권사가 망해도 별도로 관리되므로 안전하다.

증권사의 계정별 자산

구분 (증권사 부실시 안전도)	계정별 설명
고유계정 (위험)	증권사가 자기자본으로 투자하는 계정으로, 고객들의 자산과는 무관하다. 증권사가 발행한 채권(후순위채권), 그리고 ELS와 DLS는 고유계정이므로 주의해야 한다.
위탁계정 (안전)	증권사의 위탁계좌를 통해 투자하는 자산을 관리하는 계정으로, 주식과 채권이 대표적인 위탁계정 상품이다. 실물자산은 한국예탁결제원에 현금은 한국증권금융에 따로 보관되어 안전하다.
신탁계정 (안전)	고객들의 실적상품을 관리하는 계정으로 CMA를 포함해 '신탁'이라는 명칭이 붙은 상품들을 관리한다. 증권사의 고유계정과는 분리되어 운용·관리되어 안전하다.

자산운용사도
망할 수 있다
자산운용사 위기관리 매뉴얼

'삼성증권'과 '삼성자산운용'은 분명 다른 회사다. 이 두 회사의 차이는 무엇일까? 또 '미래에셋증권'과 '미래에셋자산운용'은 어떻게 다를까? 증권사는 알고 있지만 자산운용사에 대해서는 잘 모르는 경우가 많다. 하지만 펀드에 투자하고 있다면, 증권사와 자산운용사는 분명 별개의 회사고 하는 일도 다르다는 걸 반드시 알고 있어야 한다.

자산운용사란 펀드를 만들고 운용하는 회사다. 반면 증권사는 펀드를 판매하는 회사다. 따라서 펀드에 가입해서 수익이 나느냐, 손실이 나느냐는 증권사가 아닌 자산운용사의 능력에 달려 있다. 자산운용 능력이 좋다면 그 운용사는 돈을 많이 벌어 재무 상태가 좋을 가능성이 높다. 하지만 잘나가는 자산운용사도 언제든 추락할 수 있기 때문에 정기적인 점검은 반드시 필요하다. 그렇다면 가입한 펀드를 운용하는 자산운용사에 부실 징후가 보이면 어떻게 해야 하나?

자산운용사가 부실해지면 해당 운용사가 관리하던 펀드는 다른 곳으로 인수되거나 청산된다. 부실해진 것은 아니지만 우리나라에서 별다른 실적을 내지 못하던 골드만삭스자산운용은 2012년 11월 한국에서 철수했다. 이후 관리하던 펀드들은 하나UBS자산운용이 인수해서 운용하고 있다. 이렇게 다른 곳에서 인수한다면 인수한 곳에서 기존의 펀드를 운용하게 되므로 크게 걱정할 필요는 없고, 인수한 곳의 운용 능력만 살펴보면 된다. 만약 마땅히 인수할 곳이 없다면 청산하기 전에 펀드투자자들이 모여서 '수익자총회'를 열고 최종적인 의사결정을 하게 된다. 수익자총회는 주식회사의 주주총회와 같은 성격의 모임으로, 수익자총회에서 펀드 운용사를 변경하거나 투자자산을 변경할 수 있고, 여의치 않을 경우 청산을 결정하고 펀드를 환매해 돈을 회수할 수도 있다.

자산운용사가 망해도 이런 과정이 자유롭게 진행될 수 있는 것은 펀드자산이 운용사와 상관없는 별도의 은행에 보관되기 때문이다. 참고로 펀드가 청산되는 주원인은 자산운용사가 부실해진 경우보다 수익률이 저조하거나 규모가 적어서인 경우가 훨씬 더 많다. 따라서 자산운용사가 망한다고 해도 펀드자산이 공중분해되어 사라지는 일은 발생하지 않는다. 이런 이유로 운용을 잘한다는 보장만 있다면 은행에 돈을 맡겨두는 것보다 펀드에 돈을 넣어두는 게 훨씬 안전하다.

같은 맥락에서 펀드에 투자할 때는 자산운용사의 재무 상태보다는 운용 능력을 살펴보는 것이 더 중요하다. 그렇더라도 펀드가 일관성 있게 운용되려면 한 운용사가 망하지 않고 끝까지 펀드를 책임지는 것이 좋다.

안정적인 수익을 내줄 자산운용사 고르는 법

•••

자산운용사가 끝까지 펀드를 책임지려면 다른 금융회사와 마찬가지로 재무건전성이 좋아야 한다. 자산운용사의 재무건전성은 증권사와 마찬가지로 영업용순자본비율로 표시된다. 금융감독원은 이 비율이 최소한 150% 이상 유지되도록 정해놓고 있는데, 이 비율은 높을수록 좋다. 2013년 12월 말 현재 국내에는 85개의 적지 않은 자산운용사가 있다. 이 중 2013년 6월 말 현재 25개사는 적자 상태이고, 33개사는 자본이 잠식되어 재무 상태가 좋지 않다. 이런 이유로 금융감독원은 50개 정도의 운용사만 남겨두고 나머지 부실 운용사는 퇴출시킬 계획이다.

다행히 은행이나 증권사에서 판매하는 펀드의 자산운용사들은 재무건전성이 전반적으로 양호하다. 퇴출 대상인 곳들은 운용사 자체 자금을 주로 운용하거나 이해관계인, 또는 특수관계인의 재산을 운용하는 아주 영세한 곳들이며, 일반 투자자들과는 직접적인 상관이 없다.

이런 이유로 은행이나 증권사와 달리 자산운용사들은 자신들의 영업용순자본비율에 대해 그리 예민하지 않다. 홈페이지에도 펀드의 수익률에 대한 내용이 대부분이고 재무건전성에 대한 언급은 없다. 즉, 재무 상태나 손익 현황을 볼 수는 있어도 영업용순자본비율에 대한 공시는 찾아보기가 힘들다.

따라서 자산운용사를 고를 때는 운용 능력이 좋은 곳을 선택하는 데 주력해야 한다. 운용을 잘하는 곳은 앞서 언급한 대로 재무 상태도 좋을 가능성이 높다. 그렇다면 어떤 자산운용사가 운용 능력이 좋을까? 기본적으로 훌륭한 펀드매니저가 있는 자산운용사가 운용 능력이 좋다. 펀드는 펀드매니저가 운용하기 때문이다. 미래에셋자산운용이 2000년대 중반까지 펀드계를 휩쓸었던 이유는 바로 능력 있는 펀드매니저들이 많아서였다. 이후 그들이 빠져나오자 이 회사가 운용하던 국내 주식형펀드들의 수익률은 엉망이 됐다. 반면 한국투자밸류자산운용의 이채원 부사장이나 신영자산운용의 허남권 전무는 한결같은 투자철학으로 오랜 기간 운용을 책임지고 있어, 투자자들에게 지속적으로 양호한 수익을 안겨줄 수 있었다.

이 외에 펀드 수가 많은 운용사보다는 몇 개의 펀드에 집중하는 곳을 선택하는 것도 좋은 방법이다. 미국계 펀드매니저로 2013년 12월 메리츠자산운용의 대표이사로 취임한 존 리는 기존 펀드를 모두 청산하고 '메리츠코리아펀드' 한 개만 집중해서 운용할 계획이라고 밝혔다. 이렇게 회사의 모든 힘을 결집해 운용하는 펀드는 좋은 성과를 거둘 가능성이 상대적으로 높다.

결국 능력 있는 펀드매니저가 오랜 기간 운용을 책임지는 자산운용사나 운용 성과가 꾸준히 좋은 대표 펀드가 있는 운용사를 선택하는 것이 실수를 줄이는 가장 좋은 방법이다. 펀드매니저 교체 여부는 펀드 가입시 제공받는 자산운용보고서의 '투자운용 전문인력(펀드매니저) 변경내역'을 통해 확인할 수 있다. 자산운용보고서는 자산운용사 홈페이지에서도 펀드별로 볼 수 있다.

미래에셋자산운용의 경우 국내 주식형펀드를 운용하는 펀드매니저가 자주 바뀌었고, 당연히 이런 펀드의 수익률은 최근 몇 년간 매우 좋지 않아 투자자들을 실망시켰다. 하지만 선전하는 소수의 펀드가 있는데, 이 중 '솔로몬아시아퍼시픽컨슈머' 펀드는 2006년 6월 이후 송진용 펀드매니저가 현재까지 8년 가까이 운용해온 덕분에 수익률이 다른 미래에셋펀드에 비해 안정적으로 유지되고 있다. 한 펀드매니저가 오랜 시간 펀드를 관리하는 것이 얼마나 중요한지를 보여주는 사례다.

따라서 펀드에 가입했거나 가입하고자 한다면 금융회사에서 추천하는 인기 펀드에 현혹되지 말고 반드시 자산운용보고서를 통해 펀드매니저 현황을 살펴야 한다. 결국 자산운용사를 선택할 때는 재무건전성보다는 운용을 잘하는지의 여부를 살피는 것, 즉 좋은 펀드매니저가 있는 자산운용사를 선택하는 것이 가장 중요하다.

내 의료비와 노후를 책임질
보험사가 문을 닫는다면?
보험사 위기관리 매뉴얼

2013년 9월, 동양시멘트와 동양레저 등 동양그룹 계열사들이 줄줄이 법정관리를 신청했다. 동양그룹의 자금 사정이 더 이상 버티기 힘들 정도로 나빠졌기 때문이다. 그러자 동양그룹의 핵심 금융회사인 동양증권에서 고객들의 돈이 빠져나가기 시작했다. 동양증권뿐만이 아니다. 동양생명에서도 보험을 해약하는 건수가 급증했다. 동양그룹 사태가 터진 2013년 9월부터 불과 한 달여 사이에 동양생명에서는 1,500억 원 상당의 보험계약이 해약 처리되었다. 이 중에는 예금자보호 한도인 1인당 5,000만 원을 초과한 계약들, 특히 가입금액 5억원 이상의 즉시연금 등 저축성보험 상품들의 해약 건수가 많았다.

정소연 씨도 동양그룹이 불안하다는 뉴스를 듣고는 거래하던 은행 직원의 추천으로 가입했던 동양생명의 5억 원짜리 즉시연금을 해약했다. 원금 5억 원의 약 4%인 2,000만 원에 달하는 적지 않은 손해가 발생했지만, 동양생명이 잘못되면 더 큰 손해를 볼 수 있다는 걱정이 앞섰기 때문에 결단을 내렸다.

한 보험회사에 5억 원 이상의 연금상품을 가입할 정도라면 정 씨는 자산규모가 꽤 큰 고객이고, 그만큼 금융상식도 일반 고객들에 비하면 없지 않았을 것이다. 초기 사업비를 많이 떼는 보험상품의 특성상 저축성보험이라도 중간에 해약하면 적지 않은 원금 손실이 발생한다. 그런데도 정 씨는 서둘러 해약을 해 손해를 봤다. 1인당 5,000만 원인 예금자보호 한도를 넘어선 금액을 맡긴 터라 동양그룹이 어려워지면 동양생명도 망할 수 있고, 그렇게 되면 초과 금액을 날릴지도 모른다는 공포심리가 작용했기 때문이다. 정 씨는 실제로 저축은행 사태 때 이런 일을 경험하기도 했다. 그렇다면 정 씨를 비롯한 동양생명 고객들의 이 같은 행동은 과연 적절한 선택이었을까?

동양생명의 사례를 통해 알아보는 보험회사 이용 매뉴얼

•••

이 고객들의 대응법은 '금융맹'의 행동이나 다름없다. 그들은 괜한 헛고생을 했을 뿐 아니라 스스로에게 금전적인 손실을 끼친 반면 동양생명에는 좋은 일만 한 셈이다. 고객들이 계약을 해지했으니 동양생명은 일견 자산규모가 줄어드는 피해를 본 듯 싶지만, 아마 뒤에서는 웃었을 것이다. 단기적으로는 사업비 등 받을 것을 다 받았으니 해약으로 손해 볼 게 없는 데다, 저금리 시대에 비싼 이자를 주면서 유치했던 부담스러운 고객들이 제 발로 빠져나갔으니 말이다.

동양생명의 보험을 해약한 고객들은 일시적인 손해는 입었지만 더 큰 손해는 막았다고 생각할 수 있다. 과연 그럴까? 자산가들이라도 금융에 대해서는 잘 모르는 경우가 많다. 자신이 가입한 상품에 대해서는 잘 알고 있지만, 가입한 보험사가 위험해질 경우 정부가 취하는 대응방안에 대해서는 놀라울 정도로 무지한 경우가 많은 것이다. 상당수의 고객들은 동양생명이 2년 전부터 동양그룹과는 상관없는 회사가 되었다는 사실을 모르고 있었다. 그리고 동양생명은 재무구조가 안정적이었고, 보험사가 부실해지면 정부가 최선을 다해 계약자의 피해를 막는다는 점 또한 모르고 있었다. 이 세 가지 중 하나만 제대로 알고 있었어도 원금을 손해 보면서까지 허둥지둥 계약을 해지하지는 않았을 것이다.

동양생명은 동양그룹 사태가 터지기 2년 6개월 전인 2011년 3월 이미 동양그룹에서 떨어져나간 상태였다. 동양그룹은 몇 년 전부터 자금이 부족해지자 동양그룹이 보유한 동양생명 지분 57.6%를 '보고펀드'라는 사모펀드회사에 팔았는데 이름만 그대로 '동양생명'을 유지했을 뿐이다. 그런데 수억 원 이상의 고액을 맡겨둔 자산가들이 자신이 이용하는 보험회사의 실제 주인이 누구인지도 모르고 있었던 것이다. 물론 잘 모를 수도 있다. 하지만 동양생명이 동양그룹에 속해 있고, 1인당 5,000만 원 이상의 금액을 맡겼다고 해도 무조건 불안해할 필요는 없었다.

1인당 5,000만 원 한도 내의 예금자보호가 필요한 경우는 돈을 맡긴 금융회사가 부실할 때다. 반대로 부실하지 않다면 예금자보호를 받을 필요가 없다. 그렇다면 동양생명의 재무 상태는 어땠을까?

보험사의 경영 상태를 진단하는 지표로는 '지급여력비율(Risk Based Capital, RBC)'이 사용된다. 이는 보험사가 보험가입자에게 보험금을 제때에 지급할 수 있는지를 나타내는 지표로, 은행의 자기자본비율과 유사한 개념이다. 지급여력비율은 100%를 기준으로 정상 여부를 판단하는데, 100%만 넘으면 정상이고 높을수록 좋다. 만약 지급여력비율이 100% 미만이면 금융감독원으로부터 적기 시정 조치를 받는데, 50~100%면 '경영개선 권고'를, 0~50%일 때는 '경영개선 요구'를 0% 미만일 경우에는 '경영개선 명령'을 받게 된다. 즉, 지급여력비율이 100%를 넘기만 하면 재무 상태에 문제가 없으므로 지속적인 영업이 가능하다는 의미다.

동양그룹 사태가 터졌을 당시 동양생명의 지급여력비율은 244.6%(2013년 9월 말 기준)였다. 정상 여부를 판정하는 최소한의 지급여력비율 100%를 두 배나 상회하는 양호한 상태를 유지했던 것이다. 푸르덴셜을 비롯한 일부 외국계 보험사 수준(400% 이상)에는 미치지 못했지만, 국내 3대 보험사인 삼성생명(336.2%), 교보생명(268.5%), 한화생명(246.1%)과 비교해도 양호한 수준의 재무건전성을 보이고 있었다. 게다가 동양생명보다 재무건전성이 좋지 않은 보험사들도 문제

없이 정상적인 영업을 하고 있는 상황에서 동양생명이 문을 닫을 가능성은 희박했다.

또한 동양생명은 매년 1,000억 원 이상 꾸준한 순이익을 내고 있었고(2010년 1,622억 원/2011년 1,120억 원/2012년 1,360억 원), 2013년 9월까지도 854억 원의 순이익을 실현했다. 동양생명은 3월 말 결산 법인이라 9월까지의 순이익은 4월부터 6개월간 발생한 이익임을 감안하면, 2013년도는 전년 대비 이익이 오히려 대폭 늘어났음을 알 수 있다. 꾸준히 이익이 발생하는 금융회사가 갑자기 문을 닫을 가능성은 없다. 재무 상태가 좋은 회사들은 다른 곳으로 인수가 될망정 영업이 중단되지는 않는다.

무엇보다 중요한 사실 한 가지는 보험사의 계약은 정부가 최선을 다해 보호해준다는 것이다. 즉, 동양생명이 여전히 동양그룹의 계열 사였고 설령 재무 상태가 좋지 않았더라도 동양생명의 보험계약들은 보호를 받는다. 왜 그럴까?

보험사는 일반 금융회사와는 다른 점이 있다. 보험사의 업무는 정부가 하지 못하는 공적인 역할을 민간에서 보완하는 측면이 있는 것이다. 국민들이 아프거나 다치면 정부에서 최선을 다해 지원해줘야 한다. 하지만 정부가 이런 일을 모두 떠맡아 하기에는 재정이 부족하다. 따라서 기본적인 의료지원은 정부가 하되, 부족한 부분은 개인이 민간 보험사의 보험상품을 활용해 보완하고 있다.

연금도 마찬가지다. 국민들이 최대한 노후 걱정 없이 살 수 있도록 정부에서 지원해줘야 한다. 하지만 이 역시 예산이 부족해 기초연금

외에는 정부가 지원해주지 못하므로 개인들이 노후준비를 스스로 해야 한다. 즉, 정부에서 해야 하는 일 중 예산 부족으로 못하는 의료보장 관련 상품과 노후연금 상품들을 보험사가 취급하기 때문에 정부로서는 해당 상품들이 잘못될 경우 가입자들의 피해를 막아야 하는 당위성이 생기는 셈이다.

또한 보험계약은 최소한 10년 이상 또는 수십 년을 유지하는 장기 상품들이다. 이런 이유로 보험사가 망하면 그 파급효과가 엄청나고, 국민들의 피해 또한 크다. 만약 보험사가 망하고 그 피해가 국민들에게 고스란히 전가되면 보험산업의 기반 자체가 흔들린다. 이를 막기 위해 정부는 미우나 고우나 부실해진 보험사의 자산을 정부 주도하에 다른 보험사로 이전시키게 된다. 즉, 보험사를 위해서가 아니라 보험계약을 지키기 위해 정부가 나서는 것이다.

지난 2001년 현대생명(구 한국생명)이라는 보험사가 부실 금융회사로 지정되어 영업정지 명령을 받았다. 이때 보험가입자들의 모든 계약은 당시 대한생명(현 한화생명)으로 이전되었다. 2003년 1월, 리젠트화재보험은 서울지방법원에서 파산선고를 받았다. 1953년에 해동화재해상보험으로 출발한 리젠트화재보험은 IMF 외환위기 여파로 부실이 누적되어 파산에 이르렀다. 하지만 당시 금융감독위원회는 리젠트화재의 모든 계약을 삼성화재, 현대해상화재, 동부화재, LG화재(현 LIG손해보험) 등으로 분산 이전시켜서 보험가입자들의 피해를 막았다. 이렇게 부실해진 보험사의 계약을 우량한 보험사로 이전시키는 것을 '보험계약이전제도'라고 한다. 이 제도 덕에 여지껏 보험사가 망해서 보험가입자가 피해를 본 사례는 없었다.

보험계약이전제도는 부실해진 보험사를 살리는 제도가 아니다. 보험가입자의 피해를 막는 제도다. 보험계약도 가입 당시 계약 내용의 변경 없이 그대로 이전된다. 이 제도가 있기 때문에 보험가입자들은 보험사의 부실 여부에 상관없이 가입한 보험에 대해서는 걱정을 하지 않아도 된다. 참고로 한 보험사가 다른 보험사로 인수되는 경우에도 기존 계약은 인수하는 보험사로 이전된다.

보험가입자들을 지키려고 노력하는 것은 우리나라뿐만이 아니다. 미국의 경우도 2008년 금융위기가 발생해 AIG생명이 파산위기에 몰리자 정부가 나서서 지원했다. 리먼브러더스와 베어스턴스 같은 투자은행은 파산시켰지만 보험사인 AIG생명은 살린 것이다. 수많은 보험가입자들을 지키기 위함이었다.

왜 보험사는 고액의 저축성보험이 해약되면 속으로 웃을까

•••

예금자보호 한도를 초과한 고액의 저축성보험상품이 해약되자 동양생명은 오히려 속으로 흐뭇한 미소를 지었다. 왜일까? 동양생명은 물론이고 중소형 보험사들은 점유율을 높이기 위해 삼성, 교보, 한화생명 등 대형 보험사들에 비해 더 좋은 계약조건을 내걸게 된다. 대표적인 사례가 연금과 같은 저축성보험을 유치하면서 더 높은 이자를 주는 것이다. 저금리 시대에 상대적으로 높은 이자를 주게 되면 단기간에 점유율을 올릴 수 있지만 장기적으로 회사의 자산운용에는 부담으로 작용할 수밖에 없다.

이런 상황에서 높은 이자를 줘야 하는 거액의 연금 계약이 스스로 빠져나간다면 동양생명 입장에서는 이자부담이 줄어들어 수익 개선 효과가 발생한다. 더군다나 고액의 일시납 즉시연금의 경우는 가입 당시에 대부분의 수수료 수입이 발생한다. 그리고 중간에 해약하더라도 수수료는 돌려주지 않는다. 오히려 이 경우 보험사 입장에서는 수수료 수입은 이미 다 챙긴 상태이므로 손해 볼 일이 없어 일석이조의 효과를 보게 된다. 한마디로 받을 건 다 받고 지급해야 할 부담은 덜어낸 셈이다. 아이러니하게도 이런 해약 사례들로 동양생명의 2013년 순이익은 늘어났으며 향후에도 순이익이 늘어날 가능성이 높다.

가입자 입장에서는 가만 놔둬도 전혀 문제가 없는 높은 이율의 상품들을 해약해 손해만 본 셈이다. 이처럼 꼭 알고 있어야 할 금융지식이 부족하면 조금만 불안해도 섣불리 움직여 금전적인 손해를 볼 수밖에 없다.

보험상품들은 이중의 안전장치가 적용된다. 보험계약이전제도와 예금자보호제도가 그것이다. 그런데 예금자보호제도에 대해서는 유의할 점이 있다. 예금자보호의 대상이 '보험금' 기준이 아닌 '해약환급금' 기준이라는 것이다. 예를 들어 사망보험금 1억 원이 지급되는 종신보험에 가입했는데, 가입한 지 5년이 되었고 해약환급금은 450만 원이라고 치자. 이 경우 예금자보호 대상은 사망보험금 1억 원이 아닌 해약환급금 450만 원이다. 또한 예금자보호 대상에는 변액연금보험이나 변액유니버설보험, 변액유니버설종신보험 등 투자를 통해 보험금이 지급되는 상품들은 제외된다.

여기서 질문이 있을 수 있다. 예금자보호가 되지 않는 투자상품들, 즉 '변액'이라는 용어가 붙은 보험상품들은 보험사가 부실해지면 어떻게 될까? 변액연금보험, 변액유니버설보험, 변액종신보험 등 변액보험상품들도 보험상품이므로 앞서 설명한 대로 보험계약이전제도가 적용된다. 예금자보호 대상이 아니기 때문에 불안한 마음이 들 수도 있지만 오히려 투자 성과만 좋다면 예금자보호가 되는 상품보다 더욱 안전할 수 있으므로 너무 불안해할 필요는 없다.

변액연금보험을 예로 들어보자. 변액연금보험은 고객이 낸 보험료를 펀드에 투자해서 적립금을 운용한 후, 이 적립금을 연금 형태로 지급하는 상품이다. 그런데 펀드는 판매와 운용, 그리고 보관이 각각 별도의 회사에 의해 독립적으로 이루어진다. 예를 들어 판매는 A보험사가 하지만 운용은 B자산운용사에서 하고, 투자한 자산은 C은행이 보관한다. 따라서 A보험사가 부실해지더라도 B자산운용에서는 A보험사의 부실 여부와 상관없이 안정적으로 자산을 운용하며 투자된 자산 역시 C은행에 안전하게 보관되어 있다.

이런 이유로 보험사들은 변액보험상품의 회계 처리를 다르게 한다. 보험사들은 변액보험상품들을 '특별계정'이라는 별도의 계정과목을 만들어서 관리하며, 이 외에 다른 보험들은 '일반계정'에서 관리한다. 즉, 펀드를 이용해 자산을 불리는 변액보험들은 다른 보험상품들과는 별도로 분리해서 관리하는 것이다. 마치 증권사나 은행이 고객들의 투자자산을 '신탁계정'으로 관리하면서 회사의 자산과 별도로 분리하는 것과 마찬가지다. 특별계정이 아닌 일반계정의 경우 보험사가 부실해지면 예금자보호 한도를 초과하는 금액은 보호를 받지 못하는 것과 대비된다. 물론 보험계약이전제도가 있어서 이 부분도 크게 걱정할 필요는 없지만, 이론적으로는 그렇다.

결국 변액보험상품들은 판매, 운용, 보관이 각각 독립적으로 이루어지기 때문에 일반 보험상품에 비해 보험사 부실에 따른 안전성 면에서는 훨씬 뛰어난 셈이다. 이런 점에서 투자 성과가 좋은 상품을 고른다는 보장만 있다면, 보험사의 부실 여부와는 상관없는 변액연금보험이 거액의 자금을 넣어두기에는 더 속 편할 수도 있다. 단, 저축성변액보험(변액연금보험, 변액유니버셜보험)이 아닌 보장성변액보험(변액유니버셜종신보험, 변액종신보험 등)의 경우에는 보험료 대비 펀드에 투자되는 금액이 적어서 특별계정에 투입되는 금액도 적다는 점에 유의해야 한다.

보험계약이전제도라는 최후의 보루로 인해 보험사가 망하더라도 가입자들의 피해를 막을 수 있지만 보험계약 이전이 이루어지면 새로운 보험사에서 관리가 소홀해질 수도 있으므로 최초에 가입한 보험사가 건실하게 살아 있는 게 가장 좋다. 따라서 가입한 보험사가 안전한지 여부를 평소에 확인해두는 것이 바람직하다.

보험상품 이용시 꼭 알아두어야 할 사항

•••

1 보험사의 지급여력비율(재무건전성)을 따져봐야 한다

지급여력비율이란 보험사가 가입자에게 보험금을 제때 지급할 수 있는지를 나타내는 재무건전성에 대한 지표다. 이 비율은 최소한 100%를 넘어야 정상이며, 높으면 높을수록 좋다. 예를 들어 지급여력비율이 150% 이상이면서 꾸준히 이익이 발생하고 있는 보험사라면 재무적 안전성 면에서는 크게 걱정하지 않아도 된다.

보험사의 지급여력비율이나 주요 재무 상황에 대한 정보는 해당 보험사의 홈페이지를 방문하거나 생명보험협회 홈페이지(www.klia.or.kr)나 손해보험협회 홈페이지(www.knia.or.kr)를 방문해 '공시실'의 '경영공시'를 확인하면 알 수 있다. 또는 금융감독원 홈페이지(www.fss.or.kr)를 방문해도 정보를 얻을 수 있다. 그도 아니면 해당 보험사에 직접 전화를 걸어서 '지급여력비율이 어떻게 되죠? 이익은 얼마나 나고 있나요?'라고 물어봐도 된다.

2 보험사가 부실해져도 정부가 가입자를 보호한다

정부는 '보험계약이전제도'를 통해 부실해질 가능성이 높거나 부실해진 보험사의 보험계약을 우량한 보험사로 강제 이전시켜서 보험 가입자의 피해를 사전에 차단시켜왔다. 따라서 이미 가입한 보험이라면 보험사의 지급여력비율이 낮다고 손해를 보면서까지 해약할 필요는 없다. 기본적으로 보험사 부실로 인해 발생하는 피해는 정부가 막아주기 때문이다.

3 예금자보호는 생각보다 큰 의미가 없다

보험상품들도 1인당 5,000만 원까지 예금자보호가 된다. 하지만 예금자보호의 대상이 가입 당시 보장받기로 한 보험금이 아닌 '해약환급금'이라는 점에 유의해야 한다. 보험상품의 해약환급금은 가입 후 오랜 시간이 지나기 전에는 낸 돈보다 훨씬 적다. 따라서 연금보험과 같은 저축성보험이 아닌 보장성보험의 경우에는 예금자보호의 중요성은 상대적으로 줄어든다. 또한 보험사가 부실해질 경우 적용되는 보험계약이전제도로 인해 예금자보호의 의미도 크게 줄어들 수밖에 없다.

4 변액보험상품의 경우 적립금은 별도로 보관되어 안전하다

변액연금보험, 변액유니버셜보험, 변액종신보험 등 펀드에 투자해서 보험금을 지급하는 상품들은 자산운용과 보관이 각각 독립적으로 이루어진다. 따라서 보험사가 부실해져도 펀드에 적립된 자산은 특별계정에서 관리되며 수탁은행에서 안전하게 보관된다. 결국 변액연금보험과 같은 변액보험상품들은 보험사의 자산건전성도 중요하지만 가입한 상품의 펀드 운용 실적이 더욱 중요하다.

부화뇌동해서 더 큰 손실을
보지 않기 위해 알아야 할 것들
위기를 기회로 만드는 법

시세가 약하게 보여 사람들이 번번이 팔려고 할 때에 사흘을 기다리고 생각을 바꾸어 사는 쪽에 붙으면 반드시 이익이 된다. 반대로 반드시 상승할 것이라고 사람들이 생각하고 사려고 할 때에 이 또한 생각을 바꾸어 팔 것이다. 이는 쌀 거래의 심오한 이치다. 이 마음을 잊지 말라. 내가 낙관적일 때는 남들도 낙관적일 것이라 생각하고, 내가 비관적일 때는 남들도 비관적으로 기울게 된다. 오를 만큼 오르면 내리고 내릴 만큼 내리면 오르는 것이 음양 자연의 도리이다.

1717년 일본 데와에서 태어나 쌀 거래로 엄청난 부를 축적한 에도 시대 최고 갑부 혼마 무네히사가 저서 《거래의 신, 혼마》에 남긴 말이다. 일본인들은 그를 상인의 신, 거래의 신이라고 부른다. 그는 남들과 다른 관점으로 쌀을 거래해 당시 일본 최고의 부자가 되었다. 그는 자신의 거래비법을 정리해 후세에 남겼는데, 그의 거래비법에는 모든 투자에 활용 가능한 주옥같은 철학이 담겨 있다. 그의 쌀 거래 철학을 통해 투자할 때의 자세와 마음을 다스리는 법은 물론이고 세상의 이치를 바라보는 안목도 키울 수 있다.

혼마 무네히사는 경기의 흐름을 잘 이용하되 남들과 반대로 생각하는 방식으로 거래를 해 큰돈을 벌었다. 지나고 보면 누구나 알 수 있듯이 경기는 좋았다 나빴다를 반복한다. 이런 흐름에 따라 호경기가 지나고 불황이 닥치면서 10년 주기로 큰 위기가 오기도 하고 1년 주기로 한두 번씩 작은 위기가 오기도 한다. 위기는 평범한 개인들에게는 말 그대로 '위기'다. 하지만 경험 많고 노련한 투자자나 돈의 흐름을 읽을 줄 아는 부자들은 위기를 기다린다. 위기는 곧 기회이기 때문이다. 그들은 사람들이 위기 상황에 처하면 어떤 투자심리를 보이는지 잘 알고 있으며, 그것을 잘 활용한다.

부자들은 어떻게 위기를 활용하는가

•••

지난 20년 동안 우리는 1997년 외환위기와 2008년 금융위기로 두 번의 큰 위기를 겪었다. 이때 많은 사람들은 힘든 시기를 보냈다. 부동산이나 주식시장 모두 크게 하락하면서 자산가치는 줄어들었고 숱한 기업이 문을 닫으면서 실업자가 늘어났다. 하지만 모든 사람이 고통의 시간을 보낸 건 아니다. 남들이 불안에 떨면서 부동산과 주식, 채권을 팔 때 일부 노련한 투자자들은 그 자산들을 헐값에 매입했다. 비관과 두려움이 세상을 지배할 때 과감하게 반대편에 선 것이다.

이들은 큰 위기 때뿐 아니라 짧은 주기의 위기도 활용해 수익을 얻는다. 2012년에 웅진그룹, 2013년 6월에 STX그룹, 9월에 동양그룹의 부실 사태가 연달아 터졌을 때 웅진과 STX 계열사, 그리고 동양 계열사들이 발행한 회사채 가격은 폭락했다. 당연히 해당 회사채를 보유한 개인들은 큰 손실을 입었다. 재무 상황이 좋지 않다는 소문만으로 다른 회사의 채권들도 덩달아 폭락했다.

너도나도 팔자는 분위기 속에서 또다시 기회는 찾아왔다. 실례로 동양사태가 터진 2013년 9월, 당시 10,000원에 거래되던 만기 6개월도 남지 않은 동부제철 회사채(170회, 만기 2014년 2월 15일)는 8,100원까지 하락했다가 한 달 후 다시 10,000원대를 회복했다. 만기가 8개월 정도밖에 남지 않았던 코오롱글로벌 회사채(135-2회, 만기 2014년 5월 25일) 역시 10,100원에 거래되다 9,000원까지 빠졌으나 한 달 후에 원래 가격을 회복했다.

이런 채권에 투자했다면 이자 외에 시세차익으로만 한 달 만에 12~22% 정도의 수익을 얻을 수 있었다. 연간 144~264%라는 어마어마한 수익률이다. 채권에서, 그것도 은행 예금금리가 연 2.5% 정도인 상황에서 이 정도의 수익은 꽤 큰 편이다. 이렇게 채권을 싸게 산 경우에는 오래 보유하고 있을 필요도 없다. 시장이 안정되면 팔고 나오면 된다.

이처럼 채권의 가격이 하락했을 때 과감하게 살 수 있으려면 채권에 대한 풍부한 경험과 지식이 필요하다. 당시 동부제철은 자금 사정이 썩 좋지 않았고, 코오롱글로벌은 매출 중 건설의 비중이 커서 부담스러운 상황이었다. 이처럼 어느 정도 위험부담을 안고 채권을 사기 위해서는 기업의 재무 상황이나 그룹 차원에서 해당 기업을 지원할 여력이 있는지 등을 분석할 능력이 있어야 한다. 또는 해당 기업이 최소한 1~2년 내에 망하지 않을 정도의 담보력을 가지고 있거나, 법정관리에 들어가지 않을 정도로 위험하지 않다는 판단이 서야 한다. 이 정도의 판단이 가능하다면 대중들이 불안해할 때 채권시장에서 좋은 투자기회를 얻을 수 있다.

이런 채권을 사라고 권하는 것은 아니다. 남들이 불안해할 때 반대편에 서면 어디서든 좋은 투자기회를 얻을 수 있다는 사례로 든 것이다. 이 위기 활용 원리는 채권뿐 아니라 주식이나 펀드 등 다른 상품에도 마찬가지로 적용된다.

그런데 이런 판단은 은행이나 증권사 지점의 직원들이 할 수 있는 게 아니다. 위기가 닥쳤을 때 냉정하게 대처하려면 오랜 투자 경험과 내공 그리고 전문지식이 있어야 하는데, 상당수 금융회사 직원들은 이런 경험과 내공을 갖추지 못한 채 상품을 판매한다. 게다가 정신없이 바쁘다. 일상적인 업무에 치여 시장 동향에 대해 심층적으로 분석할 시간이나 전문지식을 쌓을 기회가 부족하다. 이렇다 보니 위험을 걸러주고 대처해주기는커녕 위험한 상품을 지나치게 과감히 추천한다.

실제로 일부 금융회사 직원들은 웅진이나 STX그룹 그리고 동양그룹이 위기에 직면해 있는 상황에서도 위험을 대수롭지 않게 생각하고 해당 회사채에 투자하면 높은 이자를 받을 수 있다며 투자를 권했고, 결과적으로 많은 고객들이 피해를 봤다. 자신들이 판매하는 상품에 어떤 위험이 있는지조차 모르고, 고객이 언제 어떤 목적으로 사용할 돈인지 묻지도 않은 채 회사에서 팔라고 하니까 그저 열심히 판 결과다.

'돈을 잃지 않는 관점'은 무엇일까?

•••

남들이 열광할 때 냉정해지려고 노력하고, 남들이 비관적일 때 반대편에 서서 바라보는 관점을 가져보자. 금융회사를 방문해서도 마찬가지다. "좋은 상품이 나왔는데, 최근 수익률이 아주 좋습니다" 또는 "은행예금에 넣어두면 금리가 연 3%도 안 되는데 연 7%나 주는 채권이 있습니다. 왜 돈을 아깝게 예금통장에 두고 썩히시나요?", "이번 ELS는 우리나라가 망하지 않는 한 문제가 없습니다. 지금 청약해 드릴까요?"라는 달콤한 말을 들었을 때 어떤 위험이 있는지, 지금 사면 뒷북 치는 것은 아닌지 냉정하게 생각해보고 결정해야 한다.

금융회사 직원들은 현재 인기 있는 상품을 추천한다. 그래야 고객들이 혹해서 판매하기 쉽고 짭짤한 판매수수료도 챙길 수 있다. 잊지 말아야 할 것은, 그들도 일반 투자자와 똑같이 분위기에 휩쓸린다는 것이다. 여기에 회사 내부의 판매지침까지 더해지면 더 열성적으로 상품을 판다. 적금이나 예금에 가입하려고 은행에 갔는데 직원들이 주식형펀드를 열심히 추천할 때는 주식시장이 뜨겁게 달아오르고 있을 때가 많다. 이때는 한 발짝 물러서서 고점(高點)인지 아닌지 따져 봐야 한다.

반대로 펀드에 가입하고 싶은데 예금이나 보험이 안전하다고 추천한다면 주식시장이 그만큼 가라앉아 있거나 크게 하락한 이후다. 이때는 오히려 길게 보고 주식형펀드의 가입을 고려해볼 수 있다. 이렇게 하면 큰돈은 벌지 못해도 위험을 많이 줄일 수 있다.

돈을 벌기 위해서는 큰 손실을 입지 않아야 한다. 그러기 위해서는 나만의 관점을 갖고, 군중들과 다른 편에 서야 한다. 금융회사에 갈 때마다 특정 상품을 여러 곳에서 추천하거나 많은 사람들이 열광하면서 같은 상품에 가입하는 분위기가 감지된다면 동조하지 말고 냉정히 살펴보자. 그리고 혼마 무네히사의 조언을 되새기자. 돈을 버는 것은 어렵지만 돈을 잃는 것은 아주 쉽다.

2
Chapter

돈 벌어 금융회사
좋은 일만 시키지 않기 위해
알아야 할 것들

은행은 주거래 고객보다
'신규 고객'을 더 좋아한다
단골 우대에 관한 착각

주거래 은행이란 급여이체를 비롯해 예금이나 대출 등 금융거래를 집중적으로 하는 은행을 말한다. 대부분 이 주거래 은행을 만들어 놓으면 뭔가 이득을 볼 것이라고 생각한다. 왜냐하면 은행 지점의 창구직원들이 신용카드 가입을 권하면서, 신용카드 사용이나 급여이체 등 각종 금융거래를 자기네 은행에 집중하면 수수료 면제 등 다양한 혜택을 받을 수 있다고 말하기 때문이다. 그런 이야기를 듣고는 '그래, 한 은행을 오랫동안 이용하면 알아서 혜택을 주겠지'라고 생각하면서 카드도 만들고 적금도 들고 대출도 받는다. 고작 이체수수료 무료 혜택에 만족하면서 말이다.

과연 한 은행을 주거래 은행으로 정해 오래 이용하면 혜택이 많아지는 걸까? 여기에서 살펴봐야 할 중요한 전제가 있다. 바로 내가 생각하는 주거래 은행과 은행이 생각하는 주거래 고객은 다르다는 것이다.

은행은 자체적으로 고객들의 등급을 정하고 주거래 고객을 선정한다. 등급을 정하는 기준은 은행의 수익에 얼마나 기여했는지가 핵심 포인트다. 급여를 이체하고 있는지, 은행이 발급한 신용카드는 잘 쓰고 있는지, 예금이나 적금은 물론이고 은행이 판매하는 보험이나 펀드 등에는 많이 가입해 있는지 등을 따져 내부 등급에 반영한다. 이 기여에는 대출도 포함된다. 대출이 있되 연체 없이 오랫동안 열심히 이자를 잘 내고 있다면 이 또한 점수에 반영된다.

이런 식으로 은행은 고객을 정기적으로 평가하는데, 일반적으로 최근 3개월간의 기여도를 기준으로 등급을 정한다. 따라서 오랜 기간 다른 은행을 마다하고 한 은행만 거래했다고 해도 거래금액이 적거나 최근 3개월간 은행에 대한 기여도가 낮다면 등급이 떨어져서 주거래 고객에서 제외된다.

예를 들어보자. 대출을 이용할 때 우대금리가 적용되는 '최상위 등급'이 되려면, 다른 기여도가 없을 경우 연 0.1% 정도로 이자가 거의 붙지 않는 수시입출금 통장에 1억 원을 1년간 넣어둬야 한다. 최상위 등급이 아닌 '2등급 고객'이 되기 위해서도 이자가 거의 없는 수시입출금 통장에 4,000~5,000만 원 정도를 3개월 동안 넣어두어야 한다. 이 금액을 CMA나 정기예금을 통해 더 많은 이자를 주는 금융회사에 넣어두는 것과 비교하면, 은행의 주거래 고객이 되기 위해서는 적게 는 수십만 원에서 많게는 수백만 원의 희생을 감수해야 하는 것이다.

부자가 아니라면 주거래 은행을 떠나라

•••

이렇게 해서 주거래 고객으로 인정받더라도 많은 금액을 대출받아 이자율을 우대받지 않는 한 실제로 받는 혜택은 희생을 감수한 금액 에 비하면 턱없이 적다. 이제는 주거래 은행에 대한 착각에서 벗어나 실속 있게 은행을 이용해야 한다.

그렇다면 부자들은 어떨까? 은행 통장에 1~2억 원 정도를 넣어둔 적이 있다면 아마도 은행 직원들로부터 전화를 받아본 경험이 있을 것이다. 그들은 통장에 돈이 있다는 것을 금세 알고 연락을 해온다. 좋은 보험상품이나 좋은 ELS가 있는데 가입하지 않겠냐는 등 적극적 으로 상품을 추천한다. 이처럼 부자들은 은행에서 먼저 알아보고 연 락한다. 따라서 평범한 고객과 달리 애써 은행에 잘 보이려고 노력할 필요가 없다. 부자들은 주거래 은행을 정할 필요도 없다. 스스로 주도 권을 쥐고 자기에게 좋은 정보를 주고 잘 관리해주는 은행을 고를 수 있다. 그러니 중요한 것은 주거래 은행을 만드는 것이 아니라 내가 주 거래 고객이 되는 것이다. 그 기준은 바로 통장 잔고다.

우리는 휴대전화 통신사들을 통해 오랫동안 한 통신사를 이용해온 주거래 고객에 대한 배신을 충분히 경험했다. 통신사들은 우직하게 한 통신사만을 이용한 고객들보다는 약삭빠르게 보조금 받으면서 새로운 통신사로 갈아탄 사람들에게 더 많은 혜택을 제공해왔다. 이 원리는 은행에도 똑같이 적용된다. 은행 역시 단골 고객이지만 돈벌이에 큰 도움이 되지 않는 고객보다는 새로운 고객을 좋아한다. 특히 새내기 직장인들은 은행들이 가장 좋아하는 신규 고객이다.

은행 입장에서 신입사원들은 '단물 빼먹기' 좋은 고객층이다. 신입사원들은 금융거래가 거의 없어도 여러 상품에 가입시킬 수 있는 월척이기 때문이다. 급여이체부터 신용카드 개설, 적금과 펀드, 보험까지 한 번에 가입시킬 수 있다. 게다가 아직 세상 물정을 모르는 새내기 직장인들은 은행 직원의 말을 잘 듣는다. 씀씀이가 커서 신용카드도 많이 사용하고 적절하게 대출까지 이용한다면 금상첨화다. 단, 조건은 있다. 직장이 튼튼하거나 수입이 안정적이어야 한다.

은행들은 은행들끼리 예금과 대출 실적, 펀드와 보험 판매 실적, 신용카드 사용 실적 등 수많은 영업 실적을 서로 비교하고 평가한다. 그리고 경쟁에서 살아남기 위해, 은행장이나 임원들에게 좋은 실적을 보여주기 위해, 서로의 고객들을 빼앗어오고 새로운 고객들을 만든다. 그래야 좋은 평가를 받는다.

이런 이유로 은행은 평범하게 한곳을 오랫동안 이용하는 단골 고객들보다는 상품을 판매하기 좋은 신규 고객을 더 좋아한다. 정확히 말하면 '돈 되는 고객'만을 좋아한다. 여기에 해당되지 않는다면 주거래 은행에 대한 환상을 버리고 내게 유리한 은행을 선택하는 것이 최선이다. 적금이나 예금에 가입한다면 조금이라도 이자를 많이 주는 은행을 찾아야 하고, 대출을 받는다면 조금이라도 이자를 깎아주는 곳을 찾아야 한다. 펀드에 가입하려면 정말 좋은 펀드를 추천해줄 양심과 능력이 있는 곳, 그리고 사후관리를 제대로 해줄 수 있는 곳을 이용해야 한다.

이자도 높고
안전한 금융상품은 없다
부자들의 투자 제1원칙

　건강에 좋은 음식은 맛이 별로고 맛이 좋은 음식은 건강에 좋지 않
듯, 금융상품도 마찬가지다. 마음 편하게 원금 손실을 걱정하지 않아
도 되는 상품들은 수익이 크지 않고, 수익이 높은 상품은 상대적으로
원금 손실에 대한 부담을 안고 가야 한다.

　원금 손실 걱정이 없는 대표적인 상품이 은행의 예금과 적금이다.
은행이 망하지 않는 한 원금과 이자를 받지 못할 걱정은 없다. 원금과
이자를 합해 1인당 5,000만 원까지는 정부에서 예금자보호를 해주므
로 그 한도로만 돈을 넣어두면 안심이다. 하지만 이런 상품들은 이자
율이 높지 않다. 건강에는 좋지만 맛은 별로 없는 음식과 같다.

그런데 만약 은행에서 주는 예금이자보다 더 많은 이자를 주는 상품이 있다면? 그 상품에는 뭔가 위험한 요소가 있기 마련이다. 새마을금고나 신협 또는 단위농협에서 가입할 수 있는 정기예탁금은 1인당 3,000만 원 한도로 이자소득세 15.4% 대신 농어촌특별세 1.4%만 내면 된다. 예를 들어 이자가 10만 원 붙었다면 은행에서는 이자의 15.4%인 15,400원의 세금을 내지만, 새마을금고나 신협 또는 단위농협 등에 가면 이자의 1.4%인 1,400원만 세금으로 내면 되니까 부담이 거의 없다. 이를 금리로 환산하면 은행예금에 가입하는 것보다 대략 0.4~0.5% 더 높은 이자를 받는 셈이다.

대신 앞서 언급한 절세 혜택을 보려면 집 주소지 혹은 직장 주소지에 있는 새마을금고, 신협, 단위농협 등을 이용해야 한다(지역주민에 한해 세금 혜택을 주기 때문이다). 이런 불편함의 대가로 은행보다 이자를 조금 더 받고 세금도 덜 낸다. 재무적인 안전성도 은행보다는 취약하다. 아무래도 소규모 상호금융회사다 보니 재무적으로 불안한 곳도 있다. 저축은행도 은행보다 많은 이자를 주지만 재무 상황이 은행에 비해 열악하고 지점이 많지 않다는 단점이 있다.

이렇듯 쉽게 이용할 수 있는 예금상품들도 은행보다 많은 이자를 받기 위해서는 불편함을 감수해야 한다. 이 정도의 불편은 그나마 감당할 만하다. 문제는 예금자보호가 되지 않는 투자상품들이다. 투자상품의 위험도는 상품에 따라 천차만별이다. 그리고 기대하는 수익률이 높을수록 감당해야 하는 위험도 커진다. 투자상품도 은행의 예금만큼 안전한 상품이 있는 반면 언제든 손실이 발생할 수 있는 고위험 상품도 있다. 예를 들어 원금보장이 되는 ELS는 연 4%의 수익을 기대할 수 있지만, 원금보장이 되지 않는 ELS는 연 8%의 수익을 기대할 수 있다. 이처럼 내가 부담하는 위험 정도에 따라 기대할 수 있는 수익의 크기가 달라진다. 이는 모든 투자에 적용되는 변치 않는 진리다.

부자들은 금융회사 직원을 어떻게 활용하는가

•••

금융상품을 이용할 때는 안전할수록 금리나 수익이 낮고, 위험할수록 금리나 수익이 높다는 '금융상품 이용의 핵심원칙 1호'를 명심해야 한다. 따라서 은행이나 증권사 등 금융회사에서 '안전하면서 수익이 높은 상품'이 있다고 추천하면 일단 의심부터 해봐야 한다. 그리고 상품 안에 숨어 있는 위험이 뭔지 꼼꼼히 살펴봐야 한다.

부자들은 돈이 많기 때문에 굳이 고위험 상품을 택하지 않는다. 물론 부자들도 성향에 따라 다르지만, 일반적으로 그들은 돈에 대한 집착이 크고 의심이 많기 때문에 고위험 감지 능력이 탁월하다. 그들은 자신들의 돈 냄새를 맡고 다가오는 은행과 증권사, 보험사 등 금융회사 직원들로부터 수많은 정보를 얻는다. 부자들의 돈을 예치하려는 금융회사 직원들은 그들에게 최상의 상품을 권한다. 하지만 부자들은 선발대를 보내듯이 자금의 일부를 나눠서 결과를 확인한 다음 투자금액을 늘려나간다. 철저하게 자금을 분산하며 은행금리보다 약간 높은 수익에도 만족한다. 일부는 고수익 상품을 이용하기도 하지만 이때에도 자금의 '일부'만을 활용한다는 원칙을 고수한다. 그리고 무엇보다 어떤 위험이 있는지를 철저하게 따진다.

또한 부자들은 금융회사 직원들에게 필요한 것을 당당하게 요구한다. 예를 들어 가입한 상품의 원금 대비 평가금액 등에 대한 자료를 정기적으로 요구하고, 금융회사 직원들의 전문적인 의견을 바탕으로 계약을 유지할지 아니면 더 나은 대안을 찾을지 고민한다. 무턱대고 금융회사에서 알아서 잘해주겠거니 하지 않고 능동적으로 자산을 관리하는 것이다. 물론 금융회사들이 알아서 고급 정보를 제공하기도 하지만 그들이 먼저 이런 정보를 요구하는 경우도 많다. 부자들은 국내뿐 아니라 해외시장 동향에 대해서도 관심이 많다. 국내 금융시장이 해외시장의 영향을 많이 받기 때문이다. 즉 해외 투자를 적극적으로 하기 위해서라기보다는 보유한 자산을 지키고 상황에 적절히 대응하기 위한 차원에서 관심을 갖는 것이다.

반면 일반인들은 금융회사를 잘 활용하지 못한다. 상품에 대한 정보에도 어둡고 금융회사에 가면 왠지 모르게 주눅이 들기도 한다. 얼마 안 되는 돈을 투자하면서 꼬치꼬치 따지자니 민망하기도 하다. 하지만 금융회사를 이용할 때는 가게에서 물건 사듯 이것저것 꼼꼼히 따지는 집요함을 발휘해야 한다. 그리고 부자들처럼 다양한 상품을 조금씩 경험하면서 투자처를 분산해야 한다. 이런 투자 패턴이 익숙해지면 스스로 판단할 능력이 향상되면서 위험도 많이 줄일 수 있다. 이해가 안 가는 것이 있다면 아는 척하거나 쑥스러워하지 말고 그 자리에서 담당 직원에게 물어보고 확인하는 습관을 가져야 한다.

금융회사에 나를 위한
금융상품은 없다
은행이 돈을 버는 방법

은행도 순진할 때가 있었다. 우리나라가 고성장을 이어나가던 1980
년대까지만 해도 은행은 서민들을 위한 주택자금 대출이나 기업들
을 위한 저리의 자금 대출 등 국민과 기업을 위해 시중에 돈을 공급
해주는 공적인 역할을 일부 담당했었다. 하지만 IMF 외환위기 이후
외국자본이 은행의 주주가 되면서부터 은행은 탐욕을 부리기 시작했
다. 외국인 주주들이 은행에 수익을 높이고 배당을 늘리라고 요구했
기 때문이다. 이때부터 은행은 경쟁적으로 고객들을 돈벌이 수단으
로 보기 시작했다.

1998년부터 국민은행장(당시는 주택은행장)을 맡았던 김정태 행장

은 본격적으로 국민은행을 돈벌이 중심의 은행으로 바꿔놓았다. 당시 그는 맥킨지(Mckinsey & Company)에 천문학적인 컨설팅 비용을 주고 자문을 받았는데, 맥킨지는 '은행 수익의 80%는 돈 많은 상위고객 20%가 만들어낸다'며 돈 많은 고객에게 주력하라고 조언했다. 이후 국민은행은 고객들을 '돈 벌어주는 고객'과 '그렇지 못한 고객'으로 나누었다.

먼저 김 행장은 직원들의 월급을 많이 올려주면서 수익을 높이도록 독려했다. 이때부터 은행원들의 월급은 고공행진을 시작한다. 그전까지는 신한은행 등 일부 은행을 제외한 은행원들의 월급은 그리 높지 않았다. 은행은 안정적인 직장이긴 했지만 월급은 오히려 증권사에 비해 평균적으로 낮았다.

이런 고임금을 미끼로 김 행장은 서민에게 필요한 주택자금 등을 융통해주던 순진한 국민은행을 수익을 끌어올리기 위해서는 뭐든지 하는 은행으로 탈바꿈하는 데 성공했다. 급여가 오르자 직원들이 좋아하고 배당을 늘리자 투자자들도 좋아해 김 행장의 인기는 높았다. 하지만 '돈이 안 되는' 평범한 고객들은 더 이상 은행의 고객이 아니었다.

이후 다른 은행들도 수익을 끌어올리기 위한 경쟁에 합세해 고객들을 돈벌이 대상으로 삼았다. IMF 외환위기 이후 외국인들에게 시장이 개방된 시기를 기점으로, 은행은 이기적인 상업 은행으로의 모습을 본격적으로 띠게 되었다.

은행이 당신 편이 될 수 없는 이유

•••

사람들은 은행과 은행 직원들에 대해 막연히 신뢰하는 경향이 있다. 하지만 은행은 변했다. 그러니 우리도 변해야 한다. 외환위기 이전의 은행은 공적인 역할도 담당했고 판매하는 상품도 복잡하지 않았다. 주력 상품은 적금과 예금 그리고 대출이었기에 불완전판매로 인해 소비자가 피해를 입을 이유가 없었다. 이때까지만 해도 은행의 주 수익원은 예대마진이었다.

하지만 2000년대 들어 다양한 상품이 은행에서 판매되면서 은행의 돈벌이 경쟁이 본격화되었다. 특히 2000년대 중반부터 펀드와 보험 상품이 은행에서 판매되면서 예대마진 외에 펀드와 보험 등에서 발생하는 수수료 수익이 은행 수익 중 큰 비중을 차지하게 되었다. 그리고 이와 동시에 은행의 불완전판매 시대가 개막되었다.

원래 적금과 예금만 팔던 은행 직원들은 원금 손실이 날 수 있는 펀드와 같은 상품을 팔기에 적역이 아니었다. 그들에게는 투자상품에 대한 경험과 지식은 물론 고객들에게 친절히 설명해줄 시간조차 없었다. 이렇게 제대로 준비가 안 된 상태에서 원금 손실이 발생할 수 있는 펀드와 같은 투자상품을 판매하기 시작했으니 고객들의 피해가 발생하는 것은 어쩌면 당연한 수순이었다.

은행의 새로운 수익원으로 자리 잡은 보험 역시 마찬가지다. 보험 설계사들은 한 건의 계약을 성사시키기 위해 수없이 고객을 방문하고 상품에 대해 설명한다. 반면 은행은 보험을 예금이나 적금에 가입시키듯이 짧은 시간에 대충 설명하고 판매했으니 불완전판매가 생겨날 수밖에 없었다. 그럼에도 불구하고 은행은 대출을 미끼로 펀드와 보험까지 끼워팔면서 더욱 쉽게 돈을 벌게 되었고 고객들의 피해는 늘어났다.

물론 일부 은행의 PB센터에서는 여유로운 상담이 가능하다. 하지만 이는 현금자산만 최소 억대 이상인 자산가들에게나 해당되는 일이다. 최근에는 일반 지점에서도 펀드 상담 창구나 보험 상담 창구 등을 입출금 창구와 분리해서 운용하지만, 이들 직원들도 여러 가지 업무를 담당하고 있는 데다 해당 상품에 대해 전문적인 지식은 부족한 경우가 많다.

고객을 위한 추천상품은 없다

•••

증권사도 은행과 마찬가지다. 그들 또한 상품을 팔아서 수익을 내야 한다. 그래야 지점을 운영하고 직원들의 월급도 줄 수 있다. 증권사는 은행과 달리 원금 손실이 발생하는 주식과 채권을 기반으로 한 투자상품을 오래전부터 판매해왔다. 이런 이유로 증권사 직원들은 은행 직원들에 비해 투자상품에 보다 익숙하고 성향 또한 공격적이다. 고객들 역시 은행을 주로 이용하는 고객들에 비해 고위험 상품을 선호한다. 이는 위험도가 높았던 STX그룹이나 동양그룹의 회사채가 증권사를 통해 많이 판매되었다는 점에서도 확인된다.

또한 은행과 증권사 직원들은 고객들을 대하는 태도도 많이 다르다. 이는 전통적으로 취급하는 상품이 다른 데에서 기인한다. 하지만 모든 금융회사에 공통적인 특징은 있다. 바로 회사에서 판매하라고 명령이 떨어진 상품은 고객들의 투자성향이나 투자기간, 투자목적 등은 고려치 않고 무조건 팔아야 한다는 것이다. 그때부터 해당 상품은 가장 좋은 상품이 된다. 판매 성과가 인사고과에 반영되고 판매가 부진한 직원은 무능한 직원이 되기 때문이다. 그러므로 은행이나 증권사가 고객의 성향과 상황에 맞는 상품을 골라주길 바라는 마음은 버리는 것이 좋다.

보험도 마찬가지다. 보험상품은 과거에는 주로 설계사들이 판매했지만 이제는 은행과 증권사의 판매 비중이 높아지고 있다. 보험상품은 수수료 면에서 은행이나 증권사 수익에 많은 도움이 된다. 그러므로 직원들은 내부 할당량에 대한 스트레스를 받게 되고 그만큼 고객들에게 권할 수밖에 없다. 이 과정에서 그 상품이 필요하지 않은 사람에게도 판매하거나 불완전판매를 하는 경우가 생기게 된다.

그러면 금융회사 직원들과 친해지면 좋을까? 더 많은 정보를 얻을 수는 있겠지만 오히려 그들이 추천하는 상품을 거절하기 힘들어질 수 있다.

한편 금융회사 직원들은 정기적인 인사발령으로 지점을 옮기기 때문에 판매한 상품에 대해 끝까지 책임질 수도 없다. 즉, 그들은 지점에 있을 때만 그 고객에게 최선을 다한다는 것을 잊지 말자. 또 그들이 추천하는 상품은 나보다는 그들을 위한 것임도 냉정하게 기억하

자. 이는 금융회사의 속성상 변하기 힘든 진실이다. 각자 자신의 이익에 따라 움직이는 것이니 그들을 탓할 수만도 없다. 결국엔 금융소비자인 내가 똑똑해져서 그들이 파는 상품을 적절히 선택하고 안전하게 운용해야 한다.

그렇다면 금융회사가 쥐고 있는 주도권을 내가 가지려면 어떻게 해야 할까? 우선 나의 목적이 분명해야 한다. "이 돈은 1년 후에 꼭 써야 하는 돈입니다. 1년 후에 원금과 이자를 확정적으로 돌려받는 상품이 뭔가요?" 또는 "이 돈은 5년 정도 여유기간이 있지만 해외에 투자하는 상품은 싫습니다. 저는 해외 상황은 잘 몰라서 불안하거든요. 국내 펀드 중에 좋은 걸로 추천해주실 수 있는지요?"와 같이 원하는 바를 최대한 구체적으로 밝혀야 한다. 그래야 금융회사 직원들도 당신을 호락호락하게 보지 않는다.

위험은 판매자가 아닌
가입자가 판단해야 한다
선택의 주도권을 쥐는 법

"얼마 전에 가입한 펀드의 수익률을 조회해보니까 마이너스더라고요.
계속 가지고 있어야 할지, 손해 보고라도 팔아야 할지 모르겠어요."
"가입하신 펀드 이름이 뭔가요?"
"글쎄요. 국민은행에서 가입한 펀드인데 이름은 잘 기억이 안 나네요."

금융회사에서 직원이 고객과 상담할 때 종종 이런 대화가 오간다.
반면 부자 고객들은 어떨까? 그들의 펀드 상담은 대략 다음과 같은
양상으로 진행된다.

"지난번 가입한 펀드 중에서 ○○펀드보다는 ○○○펀드가 더 낫네요. 작년까지만 해도 ○○펀드가 좋았는데, 왜 최근에는 수익률이 좋지 않죠? 펀드매니저가 바뀌었나요?"

"아닙니다. 최근에 주가가 별로 오르지 않아 대형주에 투자하는 ○○펀드의 수익률이 좋지 않습니다. 반면 종목별로 주가가 움직이다 보니까 가치주 펀드인 ○○○펀드의 수익률은 좋습니다. 향후 경제 전망도 불확실하다 보니 수출 관련 대형주가 많이 오르지 못해 ○○펀드와 같은 성장주 펀드는 당분간 고전할 것 같네요."

"내년에는 분위기가 좀 바뀌지 않을까요? 아, 올해는 미국 펀드가 좋았는데 내년엔 어떨까요?"

"내년에도 좋을 것 같습니다. 그쪽 펀드를 하나 추천해드릴까요?'

"흠, 그래도 많이 올랐으니까 미국보다는 중국이 낫지 않을까요? 지금 시점에서는 길게 보고 기다린다 생각하고 중국 펀드에 투자하는 게 좋겠어요. 중국 펀드 중에서, 내수 관련 주에 투자하는 펀드 가운데 좋은 게 있으면 골라주세요."

부자들은 금융회사 직원들의 의견을 참고하되, 최종적인 의사결정은 스스로 한다. 즉, 상품 선택에 대한 주도권을 쥐고 있다. 그들은 금융회사 직원의 조언에 어떻게 대응하는 것이 좋은지 안다. 그리고 무엇보다 그들의 선택이 항상 옳은 것은 아니지만 자신만의 안목으로 상품을 선택할 줄 안다.

상품 선택 전, 반드시 위험요소를 파악해야 한다

•••

증권회사나 은행에 가면 '중위험 중수익' 상품으로 ELS를 추천한다. ELS는 주가지수나 개별 주식을 기초자산으로 해서 수익이 결정되는 상품으로, 정해진 조건에 해당하면 은행금리보다 높은 수익을 얻을 수 있다. 하지만 원금보장형 ELS를 제외하고는 가입시 정해진 조건에서 벗어난 경우 원금 손실이 발생한다. 얼핏 보면 수익이 날 가능성이 높아 보이지만 언제든 원금 손실이 발생할 수 있다는 점을 가볍게 생각해서는 안 된다.

예를 들어 삼성전자 주가를 기초자산으로 하는 ELS가 있다고 치자. 삼성전자 주가가 가입 당시 가격의 60% 이하로 내려가지만 않는다면 연 8%의 수익이 발생하지만, 가입 당시 주가보다 60% 미만이 되면 그만큼 원금 손실이 발생한다. 금융회사 직원은 "삼성전자는 우리나라가 망하지 않는 한 절대 망하지 않는 회사이며, 주가가 반토막 날 가능성은 없으니까 걱정 없다"고 하면서 ELS 가입을 권유한다. 얼핏 들으면 꽤 그럴싸하니, '그래도 삼성전자인데'라고 생각하고 가입해야 할까?

우리나라 종합주가지수인 코스피(KOSPI)도 2008년 금융위기 이후 1,000선이 무너져 최고점 대비 반토막이 난 적이 있다. 이처럼 종합주가지수도 반토막 날 수 있는데, 삼성전자라는 개별 회사의 주가가 반토막 나지 않으리라는 보장은 없다. 가능성이 높지 않을 뿐이지 언제든 발생할 수 있는 위험이라면 경기 상황 등을 고려해서 냉정하게 판단해야 한다. 이런 판단을 스스로 할 수 있을 때 선택할 수 있는 상품이 ELS다. 위험에 대한 판단은 판매자가 아니라 가입자가 해야 한다.

펀드의 경우 펀드를 판매한 은행이나 증권사가 망해도 펀드에 투자한 자산은 별도의 다른 금융회사에서 안전하게 보관된다. 하지만 ELS는 ELS를 발행한 금융회사가 부실해지면 원금을 돌려받지 못할 수 있기 때문에 반드시 판매사가 안전한지도 확인해야 한다. ELS에 가입하면서 '설마 무슨 일 있겠어?' 하고 안이하게 생각하면 안 되는 것이다.

한 번 가입하면 10년 이상 유지해야 하는 보험은 더욱 신경 써야 하는 상품이다. 그런데 자신이 가입한 상품이 종신보험인지 CI(중대질병)보험인지, 아니면 실손의료보험인지도 모르는 경우가 많다. 그러면서 매달 수십만 원씩 보험료를 내고, '이렇게 냈으니 아프거나 다치면 보험 혜택을 받을 수 있겠지'라고 막연하게 생각한다. 보험사가 크게 생명보험사와 손해보험사로 구분되고, 그 회사별 상품은 각각 장단점이 있어 개인별로 필요에 따라 잘 선택해야 한다는 점을 아는 사람은 더욱 드물다. 자신의 승용차가 현대차인지 기아차인지 또는 폭스바겐인지 모르고 타는 사람은 없다. 당장 눈에 보이는 자산만 소중하다고 생각하면 오산이다. 눈에 보이지 않는 보험에 내는 돈이, 타고 다니는 차에 들어가는 돈보다 훨씬 클 수 있기 때문이다.

한 가족이 매달 보험료로 수십만 원 이상을 내고 있다면 적어도 생명보험사와 손해보험사의 차이는 알고 있어야 한다. 예를 들어 전체

가족의 보험료로 매월 30만 원을 내고 있다면 1년이면 360만 원이다. 보통 보험이 20년 이상 납입하는 상품인 점을 감안하면 20년간 총 7,200만 원을 내야 한다. 이렇게 많은 돈을 내면서도 내가 가입한 보험에 대해 몰라도 된다고 생각한다면 차라리 보험에 가입하지 말고 그 돈을 저축해서 의료비통장을 만들어 관리하는 게 훨씬 낫다. 어떤 혜택을 받을 수 있는 상품인지도 모르고 있다면 돈을 보험사에 기부하는 것과 마찬가지다.

왜 보험은 묻지도 따지지도 않고 가입하는가

•••

보험의 종류는 가입하는 목적에 따라 크게 보장성보험과 저축성보험으로 나눌 수 있다. 보장성보험은 사망을 포함해 사고나 질병에 대비하기 위해 가입하는 보험으로 전통적인 보험상품이다. 종신보험, 암보험, CI보험, 실손의료보험, 자동차보험 등이 이에 해당한다. 반면 저축성보험은 장기저축을 목적으로 가입하는 보험이다. 대표적인 저축성보험은 연금보험이다.

이처럼 보험은 목적에 따라 확연한 차이가 있는데 저축성보험인지 보장성보험인지조차 제대로 인지하지 못한 채 가입했다면 지금이라도 당장 가입한 보험증권을 꺼내서 상품의 이름을 확인해봐야 한다.

두 가지 보험의 차이를 이해했다면, '변액'이라는 용어가 붙은 보험에 대해서도 알아두어야 한다. 일반 보험상품과는 달리 변액보험상품들은 펀드와 같은 투자상품을 이용해 운용한 성과를 기반으로 보험금을 지급한다. 따라서 가입 당시에 정해진 금액을 받는 것이 아니라 투자 성과에 따라 나중에 받는 보험금이 달라진다. 보험금이란 가입자가 사고나 질병에 걸리거나 사망했을 때 보험사가 지급하는 돈을 말하는데, 연금상품에 가입한 경우의 보험금은 연금 수령액이 된다. 예를 들어 변액종신보험에 가입했다면 사망보험금이 투자 성과에 따라 달라지고, 변액연금보험에 가입했다면 투자 성과에 따라 나중에 받는 연금 수령액이 달라진다.

결국 '변액'이라는 용어가 똑같이 들어가도 보장성보험과 저축성보험은 각각 다르기 때문에 잘 구분해야 한다. 즉, 변액연금보험은 연금 재원을 마련하기 위해 가입하는 저축성보험이고 변액종신보험이나 변액유니버설종신보험은 사고나 질병에 대비해 가입하는 보장성보험이다. 이런 차이는 상품의 이름에서 나온다. 상품명에 '연금'이들어가 있으면 저축성상품이고, '종신'이란 단어가 들어 있으면 저축이 아닌 보장성 상품이다. 따라서 저축을 목적으로 변액종신보험이나 변액유니버설종신보험에 가입한다면 나중에 찾는 돈이 얼마 되지않아 황당할 수 있다.

만약 이런 종신보험에 가입하라고 유도하면서 마치 저축용으로 사용할 수 있다거나, 연금용으로 사용할 수 있다고 했다면 그 보험설계사는 불완전판매를 한 것이다.

저축성보험은 10년 정도 지나면 비과세(이자나 수익에 대해 세금 면제) 혜택도 보고 적립된 금액도 원금을 훨씬 상회한다. 반면 보장성

보험은 낸 돈 대비 원금에 도달하는 시간이 빨라야 20년가량 걸린다. 그러므로 20년 이상 걸려서 원금에 도달하는 상품을 저축상품으로 알고 가입하는 게 합리적인지는 자문해볼 필요가 있다. 이런 사실은 '해약환급금 예시표'를 보면 금방 알 수 있다. '연금' 상품은 5~6년 정도 지나면 보통 원금에 도달하지만 '종신' 상품은 20년 정도 지나야 원금에 도달한다.

가입자 입장에서는 왜 일부 보험판매자들이 '종신'이라는 단어가 붙은 상품을 저축인 것처럼 꾸며서까지 팔려고 하는지 궁금할 것이다. 이유는 간단하다. 이 상품을 팔면 수익이 훨씬 많이 남기 때문이다. 보험사 입장에서 '종신'이라는 단어가 들어간 상품은 다른 연금 상품에 비해 최소 두 배 이상 수수료 수익이 더 많이 발생한다. 반대로 가입자 입장에서는 훨씬 더 많은 비용을 부담해야 한다. 물론 보장과 저축의 개념이 다르고 용도가 다르기 때문에 특정 상품을 무조건 나쁘다고 평가할 수는 없다. 중요한 것은 판매하는 사람이 가입하는 사람에게 상품의 특성을 정확히 설명하고 가입자가 스스로 판단해서 결정할 수 있도록 도움을 주어야 한다는 것이다.

보험에 가입하면서 이런 중요한 차이에 대해 모르거나 관심이 없다면 늘 불완전판매의 희생양이 될 수밖에 없다. 상품은 죄가 없다. 잘 이용하면 약이 되고 잘못 이용하면 독이 될 뿐이다.

우리는 금융에 관해서는 무지하면서도 상품에 가입할 때는 용감하다. 내가 가입한 펀드가 마이너스 손실이 난 것 자체는 걱정하면서도 가입한 펀드의 이름이 뭔지, 어디에 투자하는 펀드인지는 모른다. 식

당에 가서 1인분에 만 원짜리 삼겹살을 먹으면서는 원산지까지 깐깐하게 확인하면서, 적게는 수십만 원 많게는 수억 원을 투자하는 펀드에 가입할 때는 펀드 이름도 확인하지 않고 금융회사 직원이 권해주는 대로 가입한다. 이쯤 되면 그냥 눈 감고 찍어서 펀드에 가입하는 것과 다르지 않다. 이렇게 가입해놓고 수익이 나길 바란다면 지나친 욕심 아닐까?

광고하고 추천하는 상품은
일단 의심하라

절대 뒷북치지 않는 투자법

신문의 재테크 면을 보면 최근 재테크 트렌드를 한눈에 알 수 있다. 잘나가는 상품들에 대한 기사가 크게 실리고 광고 면에는 각 회사의 대표 펀드가 화려하게 장식되어 있다. 은행에 가도 최근 유행하는 상품을 대번에 알 수 있다. 은행은 특정 펀드가 뜨면 집중적으로 그 펀드를 추천하고, 펀드 수익률이 엉망이 되면 언제 그랬나 싶게 안전한 예금이나 보험상품을 권한다.

옷은 유행에 따라 선택해도 괜찮다. 하지만 금융상품은 다르다. 잘나가는 상품들은 거의 끝물이 될 즈음에 신문에서 호들갑스럽게 다루고, 은행이나 증권사에서도 마지막 총력을 기울여 판매에 매진한다. 이런 이유로 인기 상품에 가입하면 생각보다 별 볼 일 없거나 심하면 원금 손실이 발생하곤 한다. 대표적인 사례로 2008년 중국 펀드와 2010~2011년 자문형랩, 2011년 브라질 국채 등을 들 수 있다. 당시 이런 상품에 가입한 사람들은 엄청난 손실을 감수해야 했다.

상품을 판매하는 은행이나 증권사 또는 펀드를 운용하는 자산운용사들이 수익률을 자랑하면서 광고하는 상품들도 마찬가지다. 두 자릿수 수익률을 앞세워 금융소비자들을 유혹하는 기사나 광고를 보면 '지금 가입하지 않으면 안 될 것 같은' 생각이 든다. 이런 쏠림 현상을 잘 이용하는 것이 금융회사와 자산운용사들이고, 피해는 항상 빨리 돈을 벌고 싶어 하면서도 투자에 대해 잘 모르는 순진한 금융소비자들의 몫이다. 의심이 많은 부자들은 알아서 피하든 정보를 구해 듣고서든 위험을 피해간다. 문제는 항상 어설프게 대충 알거나 귀가 얇은 사람들에게 발생한다. 제대로 알면 스스로 판단해서 걸러낼 텐데, 잘 모르면서 집요하게 확인하지도 않는다.

적지 않은 사람들이 동양그룹이 발행한 부실채권에 투자해서 많은 피해를 입은 것도 같은 맥락이다. 은행이자보다 두 배나 높은 이자를 주는 상품이라면 분명 위험이 있을 텐데, 고수익이 가능하다는 점만 고려한 채 너무 쉽게 투자를 결정한 것이다. 알면서 손실을 봤든 모르고 당했든 손실이 발생하면 모두 다 내 책임이 된다. 명백하게 사기에 가까운 불완전판매라 해도 소송을 하거나 정부가 나서지 않는 한 구제받기는 힘들다.

1등 펀드라는 말에 현혹되면 안 되는 이유

●●●

지금은 인터넷이나 모바일로 주식을 사고팔지만 과거에는 증권사 직원에게 전화로 주문하거나 지점에 나가 직접 주문을 내서 주식을 사고팔았다. 그때는 아이를 등에 업은 아줌마가 증권사 지점(객장이라고도 한다)에 나타날 때 주식에 투자하면 '상투 잡는 꼴'이라고 말했다. 주식에 대해 아무것도 모르는 아줌마까지 주식으로 돈을 벌려고 할 때는 이미 거품이 최고조에 이르렀다는 의미다. 그 아줌마는 주식으로 돈을 벌었을까? 실제 돈을 번 사람은 아줌마가 객장에 나타날 때 주식을 처분한 사람들이다. 이런 상황은 언제든 반복될 수 있다.

'사기 쉬운 땅보다는 팔기 쉬운 땅을 사야 한다.' 부동산 고수들이 하는 말이다. 내가 사고 싶어 하는 땅보다는 많은 사람들이 사고 싶어 하는 땅을 사야 나중에 쉽게 팔 수 있다는 의미다. 이 말은 모든 투자에 적용된다. 수익을 내려면 사는 것보다 파는 것이 더 중요하다는 의미를 담고 있기 때문이다. 하지만 아무리 좋은 투자 대상이라도 너무 비싼 가격으로 산다면, 가격이 하락할 확률이 높아 손해를 보고 처분하거나 가격이 회복될 때까지 기약 없이 갖고 있어야 한다. 결과적으로 투자에 성공하려면 모든 사람이 탐낼 만한 것을 비싸지기 전에 사야 한다. 그런데 금융회사 직원들이 열심히 추천하거나 많은 사람들이 알고 덤벼들 때는 이미 시기적으로 늦어버린 경우가 많다. 이런 때는 섣불리 움직이지 말고 다음 기회를 기다리는 것이 좋다. 기회는 얼마든지 다른 모습으로 또다시 찾아온다.

상품을 제대로 선택할 자신이 없다면 한 가지만 기억하자. 남들이 돈을 벌어서 좋다고 열광할 때, 금융회사에서 좋은 상품이라고 적극적으로 추천할 때, 신문이나 광고에 특정 금융상품의 수익률이 좋다고 대서특필될 때, 바로 이때는 그 상품을 피해야 한다. 이런 주의만 기울인다면 큰돈은 못 벌어도 최소한 뒷북치는 상황은 면할 수 있다. 투자가 절대 쉽지 않다는 걸 깨닫는 순간이 바로 성공적인 투자의 첫 걸음임을 명심하자.

재테크하기 전에
재무설계부터 하라
재무설계와 재테크의 차이

대부분의 사람들이 재무설계는 돈 많은 자산가들이나 하는 것이라고 생각한다. 하지만 재무설계는 자산관리와는 다른 개념이다. 재무설계란 자신의 생애 흐름에 맞춰 수입과 지출을 예측하고 그것에 맞게 재정계획을 세우고 실행하며, 그 결과를 평가하고 조정하는 과정을 의미한다. 더 쉽게 설명하자면, 돈의 관점에서 인생을 설계하는 것을 '재무설계'라고 이해하면 된다. 흔히 재무설계와 재테크를 혼동하는데 이 역시 다르다. 재테크는 돈을 불리기 위한 상품 선별 등 기술적인 측면이 강조되지만, 재무설계는 각자의 인생설계를 바탕으로 한 합리적인 돈 관리다.

그렇다면 재무설계는 왜 중요할까? 인생을 살다 보면 수입에 비해 지출이 적어 돈이 남는 시기가 있고, 수입에 비해 지출이 많아 돈이 부족한 시기가 있다. 예를 들어 20대 미혼일 때는 수입은 적지만 큰돈 쓸 일이 많지 않아 저축을 많이 할 수 있다. 반면 서른을 지나 마흔이 되면 수입은 늘어나지만 돈 쓸 일도 그만큼 많아져서 항상 돈에 쪼들리며 살게 된다. 따라서 돈이 남는 시기에 부족한 시기를 염두에 두지 않고 버는 대로 쓰거나, 현재의 상황을 기준으로 수입을 관리한다면 훗날 돈 때문에 큰 고통을 겪게 된다. 그때는 이성적인 판단력도 흐려져서 무리하게 재테크를 하다가 더 큰 불행을 자초하기도 한다. 그러므로 돈에 쫓겨서 돈의 노예가 되는 삶을 살지 않기 위해서는 재무설계가 반드시 필요하다.

재테크의 함정에 빠지지 않는 법

•••

재무설계를 하려면 가장 먼저 자신의 인생설계를 해야 한다. 돈 걱정 없이 살려면 돈이 필요한 때에 적절히 있어야 한다. 그렇다면 돈이 필요한 때를 어떻게 알 수 있을까? 앞으로 자신의 인생에서 일어날 중대한 일들을 시기별로 나열해보면 된다. 예를 들어 미혼이라면 언제 결혼을 하고, 집을 사고, 자녀를 낳을지 등을 정해볼 수 있다. 그런 다음 결혼자금으로는 얼마가 필요한지, 집은 언제 어디서 어느 정도 규모로 사는 게 현실적인지를 생각해보고 월급을 고려해서 저축기간까지 설정할 수 있다. 이 설계가 되면 재정적으로 막연히 불안했던 것들을 구체화할 수 있다. 그다음부터는 필요자금을 어떻게, 얼마나, 그리고 어떤 방법으로 준비할지에 대해 우선순위를 정해서 계획을 세우고 실천해나갈 수 있다. 다시 말해 재무설계는 '돈에 대한 막연한 생각을 구체화시키는 과정'이라고도 할 수 있다.

인생계획이 막연하면 돈에 대한 계획도 막연할 수밖에 없다. 그러다 보면 단기간에 대박을 꿈꾸고 작은 돈의 소중함을 놓치게 된다. 빨리 쉽게 돈을 벌기 위해 재테크에 빠져서 무리한 수익을 추구하다 보면 돈을 벌기는커녕 재정적인 위험에 빠지게 된다. 빚을 내서 주식에 투자하거나 무리하게 대출을 받아 집을 사기도 하고, 고위험 고수익 상품에 올인하다 원금을 다 날리는 경우도 있다. 이는 재무설계가 아닌 재테크의 함정인 셈이다.

이런 재테크의 함정에 잘 빠지는 직업군이 바로 증권사 직원들이다. 반면 은행 직원들은 상대적으로 이 함정에 잘 빠지지 않는다. 왜일까? 은행은 전통적으로 적금이나 예금이 주력 상품이다. 이처럼 안전한 상품을 주로 취급하는 은행에 오래 다니다 보면 그 직원들도 큰 돈은 아니지만 어느 정도의 목돈은 모아서 집을 사는 경우가 많다. 반면 증권사는 주식이나 채권 등 투자상품이 주력 상품이다. 특히 주식은 가격 변동성이 매우 크다. 은행에 1년간 넣어두어야 받을 수 있는 이자를 주식에 투자하면 하루에도 벌 수 있다. 물론 반대로 그만큼의 손실도 발생하지만 투자자들은 항상 돈을 벌 가능성에 무게를 두는 성향이 강하기 때문에, 증권사 직원들도 이런 환경에 익숙하다 보니 푼돈을 아껴 저축하는 것을 하찮게 생각하기 일쑤다.

재무설계는 이런 재테크의 함정에 빠지지 않게 도와준다. 재무설계를 하다 보면 미래에 대해 구체적인 계획을 세울 수 있고, 이 과정을 통해 돈에 대한 목표가 확실해지며 저축계획 또한 구체화된다. 물론 모든 재무목표를 달성할 수는 없다. 하지만 우선순위에 따라 목표를 조정해가면서 자신이 세웠던 계획들을 하나하나 실현해나가다 보면, 긴장감을 갖고 돈을 허투루 쓰지 않으면서 목적자금 마련을 위해 노력하게 된다.

돈이 많은 사람들은 있는 돈만 잘 관리해도 된다. 하지만 늘 돈이 빠듯한 사람들이라면 미래를 철저히 대비하기 위한 재무설계의 필요성은 더욱 커질 수밖에 없다. 이를 통해 자금의 목적과 시기에 맞게 금융상품을 선택하게 되면 금융회사 직원들이 권하는 인기 상품에 현혹될 가능성도 줄어들게 된다.

상품 판매를 위한 재무설계에 속지 않는 법

•••

금융회사에서 재무설계를 받을 때도 주의해야 할 점이 한 가지 있다. 재무설계를 상품 가입을 유도하기 위한 도구로 이용하는 경우가 있기 때문이다. 예를 들어 보험료가 부담인 가정에 불필요한 보험을 줄이는 보험 리모델링을 해서 보험료를 낮추고 저축을 늘려주는 게 아니라, 오히려 보장이 부족하다면서 추가로 보험에 가입시키는 경우가 대표적이다. 또한 조만간 사용할 돈인데도 적금이나 예금 대신 저축성보험에 가입시키거나 펀드에 가입시킨다면 단순히 상품 판매에 목적을 둔 재무설계임을 간파해야 한다.

재무설계는 상품 가입보다 재무목표를 달성하기 위한 과정이다. 자산을 효율적으로 관리하고 불필요한 지출을 줄여나가면서 원하는 재무목표를 달성하기 위해 노력하는 것이 재무설계의 핵심이다.

대출금리와 상환 방법, 얼마든지 바꿀 수 있다

대출에 관한 고정관념 버리기

대출을 받을 때 가장 중요한 것은 낮은 금리로 돈을 빌리는 것이다. 그러므로 가능한 금리를 낮출 수 있는 방법을 찾아서 은행 직원에게 요구해야 한다. 그런데 보통 은행에 가서 대출을 받을 때는 금리를 낮추는 방법은 고사하고 모르는 것이 있어도 제대로 묻지도 못한다. 대출받는 데 급급하기도 하고, '알아서 잘해주겠지' 또는 '이렇게 집요하게 따지다 돈 안 빌려주면 어떻게 해?'라는 마음에 그냥 넘어가기도 한다. 그런데 대출받을 때 집요하게 따지면 정말 대출을 못 받게 될까?

절대 그렇지 않다. 은행은 어차피 대출을 해줄 만한 사람에게만 대출을 해준다. 아무리 집요하게 따져도 해줄 만한 사람이라면 해줄 것이고, 정해준 금리를 따르겠다고 간청해도 자격이 안 되면 해주지 않는다. 따라서 자격이 된다면 대출을 받으러 은행에 갈 때 절대 소심해질 필요가 없다. 대출은 공짜로 받는 게 아니라 정당하게 이자를 내면서 받는 것이고, 은행들은 이자 수입으로 돈을 번다는 점을 잊어서는 안 된다. 만약 방문한 은행이 불친절하다면 다른 은행 또는 다른 지점으로 가서 상담을 진행하면 된다.

대출금리는 어떻게 정해지는가

•••

대출금리는 개인별 신용등급이나 은행 기여도 등에 따라 다르게 적용된다. 예를 들어 직장이 좋아 돈을 잘 갚을 만한 사람에게는 낮은 금리로 빌려주지만 그렇지 못하면 슬그머니 금리를 올린다. 대출금리는 기준금리와 가산금리로 구성되는데, 이 기준금리는 무엇이고 가산 금리는 또 무엇일까?

은행은 고객들로부터 예금이나 적금을 받아서 이자를 주는 대신 그 돈을 대출이 필요한 사람에게 빌려주고 이윤을 챙긴다. 예를 들어 예금이자율이 3%이고 대출이자율이 6%라면 은행은 대출이자율과 예금이자율의 차이인 3%포인트의 이윤을 얻게 된다. 은행 입장에서는 예금에 주는 이자율 3%가 원가이고, 대출을 통해 받는 이자율 6%는 판매가다. 대출원가는 '기준금리'가 되고 대출원가에 붙이는 금리

(마진)가 '가산금리'가 되는 셈이다. 즉, 가산금리는 대출자의 신용도 등에 따라 '기준금리'에 덧붙이는 금리를 말한다. 은행에서 사람 봐가면서 금리를 올릴 때 사용하는 게 '가산금리'다.

예전에는 CD(양도성예금증서)와 연동시킨 대출이 많았는데, 이 경우 기준금리는 CD금리가 되고 여기에 가산금리가 붙어서 대출금리가 완성된다. 예를 들어 CD금리가 2.5%이고 가산금리가 1.5%라면 대출금리는 4%가 된다. 그런데 CD금리에 변동이 없더라도 가산금리를 2.5%로 높이면 대출금리는 5%로 올라간다. 따라서 대출을 싸게 받으려면 가산금리를 잘 살펴야 한다.

대출원가인 기준금리는 CD도 될 수 있고, 코픽스(은행연합회가 발표하는 은행권의 자금조달비용지수)가 될 수도 있다. 예를 들어 코픽스를 기준금리로 선택했다면 코픽스 금리는 대출을 받는 모든 사람에게 공평하게 적용된다. 하지만 가산금리는 다르다. 담보대출이냐 신용대출이냐에 따라 다르고 은행마다 다르며, 신용도에 따라서도 달라진다. 담보대출의 경우에는 기준금리에 대략 1.5~2.5%의 가산금리가 붙지만 신용대출의 경우에는 그야말로 천차만별이다. 예를 들면 A은행은 기준금리에 4%를 붙이지만 B은행은 그 두 배인 8%나 붙일 수도 있다. 즉, 기준금리를 똑같이 코픽스로 사용한다고 해도 코픽스 금리가 3%일 때 A은행의 대출금리는 7%이지만 B은행은 11%가 될 수 있다는 의미다.

따라서 대출을 싸게 받으려면 대출금리만 대충 봐서는 안 되고, 대출금리를 구성하는 기준금리와 가산금리를 구분해서 따져봐야 한다.

은행 직원에게 "기준금리와 가산금리를 각각 알려주세요"라고 분명히 요청해서 확인하는 것이 좋다.

은행들이 가산금리를 정하는 기준은 명확하지 않다. 보통 자기들에게 유리하게 멋대로 정하는 경우가 많고, 종종 가산금리로 꼼수를 부리기도 한다. 보통 기준금리가 내려가면 대출금리도 내려가야 한다. 즉, 대출금리가 연 5%인 상황(기준금리 3% + 가산금리 2%)에서 기준금리가 연 3%에서 연 2.8%로 내려갔다고 치자. 그럼 대출금리도 0.2% 내려간 연 4.8%로 낮아져야 한다. 하지만 은행들이 이윤을 높이기 위해 가산금리를 기존의 2%에서 2.3%로 올린다면 대출금리는 오히려 연 5.1%로 올라간다.

금리에 민감한 사람을 제외하면 은행들이 가산금리를 조정하면서 적절한 이윤을 챙긴다는 것을 눈치채기가 힘들다. 반면 기준금리는 고정금리가 아니라면 시중금리 상황에 따라 오르거나 내리게 된다. 이런 이유로 대출을 받을 때는 기준금리보다 가산금리가 낮은지를 잘 살펴야 한다.

가산금리는 은행마다 차이가 있으므로 귀찮더라도 발품을 팔아서 은행별 금리를 비교해봐야 한다. 주거래 은행이 아니어도 더 좋은 조건으로 대출받을 수도 있고, 같은 은행이라도 '지점별로' 금리 차이가 있다는 점도 알아두자. 주거래 은행에 가면 다른 은행보다 좋은 금리로 대출받을 수 있다고 착각하거나 같은 은행이라도 지점별로 차이가 있다는 것을 모른다면 더 좋은 선택의 기회를 놓칠 수도 있다.

기존 대출의 금리도 깎을 수 있다

•••

현재 이용하고 있는 대출도 그냥 두어서는 안 된다. 기존 대출도 가산금리를 깎을 수 있기 때문이다. 앞서 대출금리는 개인의 신용도에 따라 달라진다고 했다. 신용도가 좋으면 좋은 조건으로 대출을 받을 수 있다. 또한 신용카드 사용액이 많거나 금융상품에 가입하는 등 은행에 대한 기여도가 높아도 대출시 우대금리를 적용받을 수 있다. 그렇다면 처음 대출을 받았을 때보다 현재의 신용도가 좋아졌거나 은행 기여도가 높아졌다면 금리를 깎아달라고 요구할 수 있다.

예를 들어 승진을 해서 급여가 올랐거나, 더 좋은 직장으로 이직을 했거나, 다니는 회사가 주식시장에 상장돼서 회사의 신용도가 올라갔을 경우, 또는 우수고객으로 선정되었다면 신용등급도 올라갔을 것이다. 이럴 때는 대출받은 은행에 가서 '금리인하요구권' 또는 '금리협상권'을 행사할 수 있다. 이는 2002년 8월에 처음 도입되었는데, 은행들이 쉬쉬하면서 널리 알리지 않았기 때문에 대다수 사람들은 이런 제도가 있는 것조차도 모르고 있었다.

하지만 금융감독원에서 2012년 7월 금리인하요구권의 대상과 인정 범위를 확대하고 홍보를 강화하도록 은행에 지시하면서 활성화되고 있다. 그 결과 2011년 12건(금액으로는 156억 원), 2012년 5,949건(7,973억 원)이었던 금리인하 건수가 2013년 8월까지만 해도 5만 3,000여 건(21조 3,000억 원)으로 급격하게 늘었다.

조건에 해당되어 금리인하를 요구하면 은행에 따라 다르긴 하지만 대략 0.6~1.3%정도로 금리를 깎을 수 있다. 대출금액이 크다면 절대 무시할 수 없는 수준이다. 대부분 신용대출에 적용되지만 담보대출의 경우에도 인하가 가능하므로 확인해보는 것이 좋다. 금리인하 신청은 최초 대출을 받은 후 3개월이 지난 시점부터 연 2회까지 가능한데, 똑같은 이유로는 6개월 이내에 재신청할 수 없다. 은행에 이어 보험사(2013년 9월)와 신용카드사(2013년 12월)에도 금리인하요구권이 시행되고 있으므로 적극적으로 활용하자.

은행은 어떤 방식으로 내 신용등급을 정하는가

•••

은행이 대출금리를 정하는 시스템을 이해했다면 신용등급을 정하는 방법도 알아두어야 한다. 신용등급은 돈을 빌리는 사람의 부채상환 능력을 등급으로 표시한 것이다. 낮은 금리로 대출을 받거나 금리인하를 요구하려면 신용등급이 좋아야 한다. 따라서 신용등급 관리는 매우 중요하다. 신용등급이 좋으면 낮은 금리로 많은 돈을 빌릴 수 있지만 낮으면 돈을 빌리기도 힘들 뿐 아니라 빌려도 높은 이자를 부담해야 한다.

개인 신용등급은 1등급부터 10등급으로 나뉜다. 1~2등급이면 '최우량', 3~4등급이면 '우량', 5~6등급이면 '보통', 7~8등급이면 '주의', 9~10등급이면 '불량'으로 구분된다. 은행에서 돈을 빌리려면 최소한 5등급 이상, 가급적 4등급 이내여야 가능한 경우가 많다.

문제는 본인의 신용등급이 몇 등급인지 모르는 사람들이 많다는 점이다. 대출을 받지 않는다면 등급이 중요하지 않겠지만, 대출이 필요할 경우에는 본인의 등급을 알고 있어야 하며 좋은 등급을 유지하는 것이 좋다. 은행들은 자체적으로 신용등급에 대한 기준이 있는데 은행 외에 마이크레딧(NICE), 크레딧뱅크(KIS), 올크레딧(KCB) 등 민간 신용평가회사(신용조회회사라고도 한다)에서도 개인 신용등급에 대한 정보를 제공한다. 개인의 신용등급은 언제든 변할 수 있는데, 떨어지기는 쉬워도 올라가기는 어렵기 때문에 평상시에 관리를 잘해야 한다. 만약 본인의 신용등급을 모른다면 앞서 언급한 민간 신용평가회사를 활용해 확인해보고 정기적으로 관리하는 것이 좋다. 자신의 신용등급을 신용평가회사를 통해 조회하는 것은 횟수에 상관없이 신용등급에는 전혀 영향을 미치지 않는다.

높은 신용등급을 받기 위한 가장 좋은 방법은 무엇일까? 은행에서 낮은 금리로 오랫동안 대출을 연체 없이 이용하거나 신용카드를 장기간 대금 연체 없이 잘 사용하는 것이다. 그렇게만 하면 은행이나 신용평가회사들은 신용등급을 최고로 높게 평가해준다. 신용등급은 자산이 많거나 통장에 잔고가 많은 것과는 별개의 문제다. 돈을 빌려주는 입장에서는 이자 잘 내고 원금 잘 갚는 능력을 최우선순위로 삼기 때문이다. 신용카드 역시 빚으로 사용하고 갚아나가는 시스템이기 때문에 대출로 보고 과거 사용 기록을 들춰보게 된다.

만약 자산이 많고 통장에 잔고는 많지만 대출이나 신용카드를 전혀 쓰지 않았다면 신용등급은 어떻게 될까? 부채 상환 능력이 검증되지 않았다는 이유로 신용등급이 아예 없거나 중간 정도일 가능성이 높다. 결국 빚에 허덕이더라도 연체만 없이 잘 버텨왔다면 신용등급이 높게 나오는 셈이니 아이러니한 일이다. 다행히 앞으로는 신용카드가 아닌 체크카드를 사용한 기록과 국민연금, 공공요금을 잘 낸 기록 등 다양한 거래 내역들이 신용등급에 반영된다고 한다. 한편 신용평가회사에서 산정한 등급이 자신의 신용도를 제대로 반영하지 않았다고 판단될 경우, 신용평가회사에 이의신청을 해서 등급을 조정할 수도 있다.

신용등급은 높이고, 대출금리는 낮추는 법

•••

신용등급 관리 측면에서는 똑같은 금액의 대출이 있더라도 건수를 최소화시켜야 유리하다. 예를 들어 1억 원을 한 은행에서 한 건으로 대출받는 것이 다섯 개 은행에서 2,000만 원씩 대출받는 것보다 등급 산정에 훨씬 유리하다. 따라서 대출이 여러 건으로 나뉘어 있다면 한 건으로 몰아서 대출 리모델링을 할 필요가 있다.

은행이 아닌 제2금융권 대출이 있는 경우 신용등급은 하락한다. 만약 제2금융권 대출, 예를 들어 카드론, 저축은행 대출, 단기 카드 대출(기존의 현금서비스) 등이 있다면 최대한 은행 대출로 전환해서 신용등급을 올리는 게 좋다. 일부 시중은행, 특히 외국계 은행들의 경우 연체만 없다면 제2금융권 대출을 은행 대출로 전환해준다. 만약 연체가 있다면 오래된 연체부터 갚아야 하고, 금액이 큰 연체부터 해소해야 신용등급을 조금이라도 빨리 올릴 수 있다.

참고로 금리인하를 요구했는데 기준 조건에 약간 미달해서 여의치 않을 경우에는 다른 은행을 활용하는 방법을 고려해볼 수 있다. 다른 은행의 대출담당자에게 대출조건을 확인해보고 기존 은행보다 조건이 좋다면 다른 은행으로 대출을 갈아타는 것이다. 이때는 중도상환 수수료 부담이 있는지 등을 살펴보고 득실을 따져봐야 한다.

은행들은 돈이 될 만한 고객들에게는 항상 자세를 낮춘다. 대출도 예외는 아니다. 부자들은 대출을 받을 때도 은행에서 대접을 받으면서 돈을 빌리지만, 일반 서민은 오히려 은행의 봉이 될 가능성이 크다. 가만히 있으면 은행은 절대 금리를 낮춰주지 않는다. 내게 유리한 대출상품이 뭔지, 금리를 더 낮출 수는 없는지를 깐깐하게 따져보자.

금융회사 직원들도
사람 봐가며 상품을 판다
은행 직원과 증권사 직원의 차이

대학생 고명진 씨는 해외 펀드에 가입하려고 은행에 갔다. 은행 직원은 먼저 '투자성향 분석'을 해야 한다면서 질문지를 내밀었다. 열심히 질문지를 작성한 고 씨가 서류를 제출하자, 직원은 고 씨의 투자성향이 '위험 중립형'으로 나왔다며 해외 펀드는 가입할 수 없다고 말했다.

고 씨는 "다시 질문지를 작성하면 안 되나요?"라고 물었다. 그랬더니 그 직원은 "아직 학생인데 왜 펀드에 가입하세요? 너무 무리하지 말고 적금에 가입하세요"라고 퉁명스럽게 대답했다. 그래도 펀드에 미련이 남았던 고 씨는 "해외 펀드에 가입하면 환율에 따라 수익률이 바뀌나요?" 하고 물었더니 직원은 귀찮다는 표정으로 "환율은 걱정하지 않아도 된다"면서 해외 펀드 리플릿을 건네주었다. 순간 고 씨는 그 직원이 해외 펀드에 대해 잘 모르고 있다는 느낌을 받았다.

2008년 금융위기 전까지만 해도 은행 창구에서 적금에 가입하려고 하면 "요즘 누가 적금에 가입하나요? 펀드에 가입하세요!"라며 무작정 펀드상품을 들이밀곤 했다. 특히 중국 펀드 등 수수료 수입이 많은 해외 펀드를 많이 권했다. 그러나 이제는 펀드에 가입하려고 하면 투자성향 분석부터 하고, 펀드 경험이 없는 이들에게는 적극적으로 펀드를 권하지도 않는다.

금융회사에도 미스터리 쇼핑 제도가 있는 이유

•••

직장인 최선아 씨는 적금이 만기가 돼서 은행에 들렀다. 그녀는 은행 직원에게 "적금이 끝났는데 요즘 금리가 너무 낮은 것 같아요, 좋은 상품 없나요?"라고 물었다. 은행 직원은 반색을 하며 최근 수익률 좋은 해외 컨슈머펀드와 국내 주식형펀드 등 세 개의 펀드를 추천했다. 그리고 매우 친절하게 펀드별 특징과 최근 수익률에 관해 설명해주었다. 아울러 만기가 된 목돈은 ELS에 투자하라고 권유했다.

은행이 과거에 비해 달라진 건 사실이다. 적어도 겉으로는 말이다. 그런데 과연 은행 직원은 고객의 입장에서 학생인 고 씨에게는 해외 펀드를 권하지 않았고, 직장인인 최 씨에게는 다양한 펀드와 ELS상품을 권했을까? 그들은 고객을 봐가면서 대응을 달리할 뿐 속내는 크게 다르지 않았다. 즉, 금융회사 직원들은 대학생이나 투자규모가 작은 고객들은 '돈이 별로 없습니다'라고 말하지 않아도 외모나 분위기만 보고도 '돈이 안 되는 고객'이라는 걸 바로 파악한다. 이럴 경우에는 투자성향에 근거해 원칙대로 대응한다. 반면 월수입이 있어 보이는 직장인에게는 수익률 좋은 상품이 있다며 적극적으로 상품을 추천한다. 투자성향이 상품에 맞지 않으면 '적극 투자형'으로 나오도록 조언해주거나, 보완 서류를 통해 가입에 문제가 없도록 처리해 준다.

은행에서 펀드에 가입하지 못한 고 씨. 이번에는 증권사를 찾았다. 친구가 증권사에서 펀드에 가입했다는 말이 떠올랐기 때문이다. 꼭 펀드에 가입하고 싶어 중요한 사항을 메모하기 위한 메모장도 챙겨서 갔다. 증권사에서도 고 씨는 '투자성향 분석'을 받았다. 이번에는 보다 과감하게 질문지에 체크했고, 주식형펀드에 가입이 가능한 '적극 투자형'을 받는 데 성공했다.

그러자 증권사 직원은 최근 수익률이 좋은 펀드들을 추천해주었고, 고 씨는 펀드에 대한 자세한 설명을 듣고 가입도 할 수 있었다. 증권사 직원은 현재 주식시장에 대한 분석을 곁들이며 해외 펀드의 장단점에 대해서도 전문가답게 설명해주었다. 지난번 은행 직원과는 전혀 다른 모습이었다. 다소 기계적인 설명이라는 느낌은 받았지만 전문가다운 해박한 지식을 갖추고 친절하게 설명해준 데 대해 감동받은 고 씨는 "학생인데도 잘 설명해주셔서 정말 감사하다"고 인사를 했다. 그 말을 들은 직원은 다소 허탈한 표정을 지으며 "메모장을 들고 너무 열심히 적어서 미스터리 쇼퍼인 줄 알고 긴장했네요"라고 말했다.

금융회사 직원들은 고객이 은행이나 증권사 지점에 들어서는 순간 '돈 되는 고객'과 '그렇지 못한 고객'을 구분할 줄 안다. 그리고 거기에 맞게 대응한다. 돈이 될 만한 고객에게는 친절하게 열성적으로 응대한다. 하지만 그렇지 않다고 판단하면 최소한의 응대만 하는 경향이 있다. 모든 금융회사 직원들이 그렇지는 않겠지만, 이런 직원들이 많은 것이 현실이다.

고 씨가 은행과 달리 증권사에서 VIP고객 못지않은 대접을 받은 이유는 증권사 직원이 고 씨를 '미스터리 쇼퍼'로 착각했기 때문이다. 왜 금융회사 직원들은 그들이 오면 긴장할까? '미스터리 쇼퍼(Mystery Shopper)'는 손님을 가장해 매장에 방문해서 서비스를 평가하는 사람을 말한다. 이는 금융감독원이 은행과 증권사 등에서 펀드, ELS, 변액보험 등이 제대로 판매되는지를 감시하기 위해 실시하고 있는 제도로, 원금 손실이 발생할 수 있는 투자상품의 불완전판매를 막기 위해 도입되었다. 이 과정에서 불완전판매가 적발되거나 문제점이 발견되면 금융감독원은 해당 금융회사와 직원에게 서면통지와 개선권고 등을 하고 중복적으로 적발되면 해당 금융회사의 감사에 반영한다.

물론 금융회사에 실질적인 불이익을 주는 제재 조치가 없고, 직원들은 미스터리 쇼핑이라는 걸 어렵지 않게 간파한다는 한계는 있다. 그렇더라도 이 제도는 금융회사 직원들에게 적지 않은 심리적인 부담을 주고 있다. 언론을 통해 결과가 발표되는데 평가가 안 좋은 금융회사는 이미지 실추로 타격을 입을 수 있다. 따라서 돈이 없더라도 제대로 된 상품 설명을 듣고 싶다면 고 씨처럼 미스터리 쇼퍼인 척해보는 것도 도움이 될 수 있다.

은행과 증권사 직원, 그 차이부터 알아야 한다

•••

금융회사별로 직원들의 성향은 조금씩 다르다. 은행 직원은 일반적으로 친절하고 상냥하다. 이는 은행이 예로부터 고객들의 돈을 유치해 그 돈으로 대출 등을 운용해서 돈을 버는 구조였기 때문이다. 고객들로부터 많은 돈을 유치해야 은행이 돈을 버는 기반을 마련할 수 있다. 그러니 당연히 친절하고 상냥하게 고객을 응대해야 하고 관련 교육도 꾸준히 실시한다.

은행에 오는 고객들은 연령층과 직업이 다양하지만, 주로 예적금 등 안전한 상품을 이용하는 경향이 높다. 또한 단순한 입출금 업무로 은행을 찾는 경우도 많다. 이렇다 보니 업무 능력도 중요하지만 고객을 친절하게 응대하는 것이 은행원의 가장 중요한 자질이 되었다.

하지만 단점도 있다. 은행을 찾는 방문객 수가 많다 보니 부유층을 위해 특화된 PB센터를 제외하면 고객별로 차별화된 서비스를 제공하기 힘들다. 또한 예금과 대출을 제외한 다른 상품에 대한 전문성이 떨어진다. 과거에 비해 나아지긴 했지만 여전히 은행에서 펀드나 ELS

같은 투자상품이나 보험상품에 대해 만족할 만한 설명을 듣거나 제대로 된 사후관리를 받기란 힘들다.

반면 증권사는 주력 상품이 주식이나 채권, 펀드, ELS 등 투자상품이다. 당연히 직원들의 중요한 자질 중 하나가 투자상품을 판매하기 위한 전문성이다. 예적금은 상품이 단순해서 금리나 만기에 대한 설명만 해주면 되고 고객들도 이미 잘 알고 있어 판매에 큰 어려움이 없다. 하지만 투자상품은 다르다. 언제든 원금 손실이 발생할 수 있고 상품도 다양하다. 이렇다 보니 고객들의 마음을 사로잡기 위해 충분한 설명을 할 수 있는 전문적인 지식이 전제되어야 한다.

증권사 직원을 통해 주식투자를 해본 사람이라면 그들이 얼마나 말을 잘하는지 알 것이다. 주식을 추천할 때도 해당 기업의 장점을 구체적으로 이야기하고, 왜 지금 그 주식을 사야 하는지, 현재 국내외 경제상황은 어떤지도 설명해준다. 이처럼 전문가답게 설득해야 고객들은 원금 손실이 날 수도 있는 위험한 상품에 선뜻 가입하게 되는 것이다.

이런 방식으로 주식이나 투자상품을 고객들에게 권유하다 보니 고객 입장에서는 은행 직원에 비해 증권사 직원이 훨씬 전문가답다는 느낌을 받는다. 하지만 그들이 정말 은행 직원에 비해 투자상품에 대해 더 잘 알고 있는지는 신중히 따져봐야 한다. 그리고 증권사 직원들은 위험에 둔감한 경향이 있다. 주식처럼 가격변동성이 큰 상품을 주로 접하다 보니 투자상품을 판매할 때 은행 직원에 비해 상대적으로 부담을 덜 느끼는 성향이 있다. 모든 직원들이 다 그렇다는 것은 아니다. 하지만 고객 입장에서 느끼는 직원 간의 차이는 분명 존재한다.

요약하자면 은행은 직원들의 친절함이나 방문의 접근성(지점이나 ATM기기의 수 등) 면에서는 증권사에 앞선다. 반면 펀드와 같은 투자상품에 대한 전문성은 증권사가 상대적으로 낮다. 만약 예금이나 적금처럼 안정적인 상품을 주로 이용한다면 고민하지 말고 가까운 은행을 이용하면 된다. 또는 펀드에 대한 기본지식이 있어서 스스로 상품을 구체적으로 선택할 수 있다면 지점이 많은 은행을 통해 펀드나 ELS 등에 가입해도 무방하다.

반면 다양한 투자상품을 경험하고 싶다면 증권사를 이용하는 것이 좋다. 똑같은 펀드라도 은행 직원보다는 증권사 직원을 통해 보다 자세한 설명을 들을 수 있다. 또한 증권사는 환매 절차 등이 은행에 비해 신속하고 편한 장점이 있다. 예를 들어 증권사는 대부분 전화로 펀드 환매가 가능하지만, 일부 은행은 부분환매(펀드 중 일부만 팔아서 현금화하는 것)가 안 되거나 전화 환매 신청 자체가 되지 않아 직접 방문해야 하는 불편함이 있다.

그렇다고 증권사 직원들이 모두 투자상품에 대해 잘 아는 것은 아니다. 단순한 입출금 업무나 펀드 개설만 해주는 창구 직원들(일반적으로 증권사 지점에 들어가자마자 보이는 창구에 앉아 있는 직원들)의 경우 펀드에 대해 잘 모를 수 있다. 이럴 경우 펀드를 개설하기 전에 미리 펀드에 대해 잘 아는 담당자로부터 충분한 상담을 받은 후에 가입하는 것이 안전하다.

금융회사 직원들을 긴장시키는 질문법

•••

이 밖에 은행이나 증권사에서 상품에 관한 정보를 얻거나 가입하고자 할 때는 질문을 최대한 구체적으로 하거나 메모장을 가지고 가서 궁금한 사항을 꼼꼼히 적어가며 체크하는 태도를 보이는 것이 좋다. 예를 들어 "2년 후 결혼자금으로 쓸 예정인데, 어떤 상품이 좋을까요? 2년 후에 써야 하는 돈이라 원금 손실이 발생하는 상품은 싫습니다"라고 구체적으로 이야기한다면 금융회사 직원들이 엉뚱한 상품을 권할 가능성이 줄어든다.

만약 금융회사 직원이 적금이나 예금이 아닌 상품을 추천한다면 "이 상품에는 어떤 위험이 있나요?" "원금보장이 되는 상품인가요?" "이 상품은 어디에 투자하나요?" "본인도 직접 이 상품에 투자해보셨나요?" "과거 5년간 수익률은 어떤가요?" 등과 같이 매우 구체적인 질문을 해보자. 그러면서 메모장이나 수첩에 직원이 설명해주는 내용들을 꼼꼼히 적는다면 그들은 매우 신중해지고 정확한 답을 주기 위해 노력한다.

결국 내가 얼마나 구체적으로 진지하게 물어보느냐가 관건이다. 막연하게 좋은 상품을 추천해달라고 하면 그들은 자신들이 팔고자하는 상품만을 추천할 것이다. 물론 상품을 추천하는 것 자체는 나쁘지 않다. 하지만 고객의 투자성향과 자금운용기간, 그리고 목적에 맞는 상품을 골라주는 배려보다는 상품 판매 자체에 우선순위를 두는게 문제다.

결국 금융소비자가 스스로 자신에게 맞는 금융회사와 상품을 선택하는 능력을 높이고, 보다 양심적인 직원을 선별할 줄 아는 안목을 키우는 수밖에 없다.

3
Chapter

부자들이 금융상품에
사인하기 전에
반드시 확인하는 것들

채권, 고수익을 원하면서
안전하길 바라는가?

채권 투자의 원칙

고수익을 기대하면서 투자에 아무런 위험이 없을 것이라고 생각하는 사람은 담배를 피우면서 건강하게 오래 살기를 바라는 사람과 다를 바가 없다. '위험불감증'에 빠져 당장 눈앞의 위험을 보지 못하고 '설마 무슨 일이 생기겠어?'라며 무작정 투자했다면 불완전판매를 한 금융회사 직원을 탓하기 전에 투자자 스스로 깊이 반성해야 한다. 부자들은 절대 이익을 확률적으로 보장하는 투자는 하지 않는다. 위험을 감수하면서까지 무모하게 투자하지 않는다는 말이다.

2013년 하반기 금융권 최고의 이슈는 동양그룹 회사채와 CP의 불완전판매다. 은행의 1년 만기 예금금리가 연 3%도 안 되는 상황에서

6개월 만기 채권금리가 연 7~8%나 된다는 유혹에 많은 사람들이 동양그룹 회사채에 투자했다. 이때 대개의 투자자들은 높은 수익에 대해 별다른 의심을 품지 않았다. 하지만 상식적으로 '연 7~8%의 이자를 받는 안전한 상품이 있는데 왜 다른 사람들은 연 3%밖에 주지 않는 은행에 돈을 맡길까?' 하는 의문은 가졌어야 한다. 고금리 상품에는 반드시 그만큼의 함정이나 위험이 도사리고 있기 때문이다.

점점 더 교묘해지는 금융회사, 더 집요해져야 하는 투자자

•••

'아는 곳에만 투자하라.' 투자의 대가 워런 버핏이 한 말이다. 실제로 그는 2000년대 초반 IT 주식들이 버블을 형성할 때 '잘 모른다'는 이유로 IT 주식에 단 한 주도 투자하지 않았다. 때문에 한동안 시대의 흐름을 못 읽는다는 소리를 들었지만 덕분에 큰 위험을 피할 수 있었다. 그는 대신 코카콜라, 포스코 또는 면도기회사인 질레트 등 자신이 잘 알고 누구나 다 아는 회사에만 투자했고, 이를 통해서만도 상상을 초월하는 부를 쌓았다.

반면 동양그룹 회사채와 CP에 투자한 상당수 고객들은 자신이 투자한 상품에 대해 정확히 알지 못했다. 자신이 투자한 회사가 무슨 일을 하는지도 잘 모르고, 이익은 나는지도 확인하지 않았다. 단지 동양증권 직원의 '높은 이자를 주는 안전한 상품'이라는 말, 그 듣기 좋은 말만 믿고 돈을 맡긴 것이다. 동양그룹이 무슨 회사인지도 모르고 투자했으니 그 상품이 회사채인지 CP인지를 구분하고 투자했을 리 만무하다. 이는 전쟁터에 나가면서 누구와 싸우는지도 모르는 것과 무엇이 다른가.

물론 판매 당시 직원이 말한 '원금보장이 된다'거나 '동양증권이 지급을 보증한다'라는 말을 듣고 투자한 억울한 이들도 있다. 하지만 서류상에 이런 문구가 있는지 확인하지 않고 직원의 말만 믿고 소중한 내 돈을 맡기는 것은 너무 무모하지 않은가. 앞으로 이런 일은 더 빈번해질 것이다. 그러므로 투자자들은 훨씬 더 집요해져야 한다. 직원이 원금보장이 된다고 하면, 약관 어디에 원금이 보장된다고 명시되어 있는지 제대로 따지고 확인해야 한다.

우리는 기본적으로 금융회사나 금융상품에 대해 너무 모른다. 예를 들어 어떤 상품이 예금자보호가 되는 안전한 상품이고, 어떤 상품이 원금 손해가 발생하는 위험한 투자상품인지 모른다. 잘 알지 못하면서 집요하게 따질 줄도 몰라서 꼬치꼬치 물어보지도 않는다.

저축은행 사태 때도 예금자보호 한도인 5,000만 원 이내만 돈을 넣어뒀다면 최악의 사태를 피할 수 있었고, 2008년 중국 펀드 붐이 일었을 때도 당시 중국 주가지수만 제대로 확인했다면 손실을 피할 수 있었을 것이다. 또 브라질 국채에 투자할 때 헤알화 환율에 대한 위험만이라도 체크했다면 낭패를 보지 않았을 것이다. 중국 주식이 그동안 얼마나 올랐는지, 지금 중국 주식이 싼지 비싼지 확인할 능력이 없고, 브라질 헤알화 환율이 어떻게 변동되는지 판단하기 어렵다면 관련 상품에는 내 소중한 돈을 넣어서는 안 된다.

동양그룹 사태도 마찬가지다. 동양증권 직원들이 투자자들을 현혹시킨 건 맞지만, 냉정하게 말해 책임은 투자자들이 질 수밖에 없다. 이제는 금융소비자들도 바뀌어야 한다. 몇만 원짜리 옷이나 물건을 살 때는 집요하게 비교 분석하면서 왜 수천만 원, 수억 원을 투자할 때는 남의 말만 믿고 제대로 알아보려 하지도 않는가.

그동안 회사채와 CP의 차이도 모르고 투자했다면, 이제부터라도 제대로 알고 똑똑하게 투자하자. 저금리 고령화 시대에는 채권에 대한 투자가 늘어날 수밖에 없으므로 채권에 대해 기본적인 사항들을 이해할 필요가 있다. 또한 왜 CP가 회사채보다 위험한지도 제대로 알고 있어야 한다.

소고기에 등급이 있듯, 회사채에도 등급이 있다

•••

평범한 주부도 마트에서 등심을 살 때는 우선 고기의 신선도나 육질을 눈으로 확인한다. 그리고 표시된 고기의 등급을 꼭 확인한다. 그런 다음 질도 좋고 가격이 상대적으로 싼 고기를 고심해서 선택한다. 고기에 등급이 있듯이 채권에도 등급이 있다. 그런데 대부분의 투자자들은 등급이 있다는 사실조차 모른다. 알고 있어도 몇만 원어치 고기를 살 때만큼의 신중함과 집요함을 발휘하지 않기도 한다. 수천만 원에서 수억 원씩 투자하는 금융상품임에도 말이다.

채권은 원금보장이나 예금자보호가 되지 않는 투자상품이다. 그런데 이자를 정기적으로 주기 때문에 은행의 예금처럼 안전하다고 착각하는 사람들이 많다. 이것이 채권의 가장 큰 함정이다. 회사채나 CP는 돈이 필요한 회사가 돈을 빌리면서 발행하는 증서다. 만약 채권을 발행한 회사에 문제가 생겨 이자와 원금을 주지 못하면 투자자는 돈을 떼이게 된다. 이런 이유로 회사채나 CP에 투자할 때는 발행한 기업이 튼튼한지를 꼭 따져봐야 한다.

다시 강조하지만, 채권에 투자할 때 가장 중요한 것은 채권을 발행한 주체가 망하지 않아야 한다는 것이다. 따라서 채권을 발행한 주체가 부도나지 않고 돈을 잘 갚을 수 있는지 눈을 부릅뜨고 살펴봐야 한다. 가장 좋은 것은 망하지 않으면서 이자는 많이 주는 채권이다. 하지만 현실은 이자를 많이 줄수록 망할 가능성도 높다. 동양그룹 채권이 바로 그런 경우다.

돈을 갚을 능력이 높은 회사일수록 채권의 등급도 높아진다. 채권의 등급은 무디스나 S&P 등 해외 신용평가사들과 한국기업평가, 한국신용평가 등 국내 신용평가사들이 매기는데 채권에 대한 원리금 상환 능력을 토대로 한다.

신용등급은 AAA부터 D까지 18개 등급으로 나뉘는데, 최소한 BBB등급 이상이 되어야 위험이 적어 투자하기에 적합한 '투자 적격 등급'으로 분류된다. 반대로 그 이하인 경우 투자 위험이 높아서 '투기등급' 또는 '정크본드'로 분류된다. BB등급 이하는 고위험, BBB등급은 중위험, A등급 이상은 저위험으로 위험도를 구분한다.

즉, BB등급 이하는 고위험에 해당되는데 동양그룹 채권의 경우 판매 당시, 동양시멘트 한 곳을 제외하고는 모두 다 BB등급 이하의 고위험 등급에 속해 있었다. 이런 낮은 등급의 채권을 팔면서 안전하다느니, 대한민국이 망하지 않는 한 동양그룹은 망하지 않을 거라는 말을 했다는 것 자체가 거짓이고 불완전판매다. 그나마 동양시멘트도 BBB등급 중 가장 낮은 BBB-였는데, 부실 징후가 있었던 회사의 등급치고는 매우 높았다. 이는 신용평가사가 동양시멘트의 위험을 제대로 평가하지 않았기 때문이다. 신용평가사들이 기업체들로부터 돈을 받고 신용평가를 하다 보니 이런 일들이 생긴다. 그렇더라도 채권에 투자할 때 고기를 살 때처럼 등급이라도 확인했다면 위험은 많이 줄었을 것이다. 채권에도 등급이 있다는 것을 알았다면 이제부터는 회사채와 CP에 대해 살펴보자.

회사채와 CP, 달라도 너무 다르다

•••

회사채와 CP는 모두 채권의 일종이다. 채권은 돈이 필요한 주체가 돈을 빌리면서 발행하는 증서다. 국가가 발행하면 국채, 은행이 발행하면 은행채, 회사가 발행하면 회사채다. 반면 CP는 어음 형식의 단기 채권을 말한다. 그런데 회사채는 보통 3년 만기의 중장기 채권이 주를 이루지만, CP는 단기 자금을 조달하기 위해 1년 미만으로 발행하는 경우가 많다. 발행과 유통 과정도 다른데, 회사채는 자본시장통합법의 적용을 받지만 CP는 어음법의 구속을 받는다.

자본시장통합법의 적용을 받는 회사채는 발행 절차가 복잡하다. 이사회의 결의가 필요하고 금융감독원에 증권신고서를 제출해야 한다. 그런 다음 회사채를 주간하는 증권사들이 발행에 앞서 기관들을 대상으로 수요예측도 한다. 수요예측은 채권의 청약을 정식으로 받기 전에 기관 투자자들의 수요를 조사해서 수요와 공급의 적정한 수준을 맞춰 가격을 결정하는 방법인데, 미국 등 선진 금융시장에서 널리 사용되기 시작했다.

이때 채권의 큰손인 기관들의 수요가 없으면 발행에 애를 먹고 판매도 개인 투자자들에게 해야 하는데, 발행금액이 큰 채권을 개인들에게만 판매하기란 쉽지 않다. 이렇게 복잡한 과정을 거치다 보니 회사채를 발행하는 것 자체가 쉽지 않다. 따라서 신용도가 낮은 회사들이나 부도 위기에 있는 기업들은 회사채 발행이 힘들다. 그러다 보니 회사채를 발행할 정도의 기업이라면 최소한의 심사는 통과했다고 볼 수 있다.

반면 CP는 쉽게 발행할 수 있다. 이사회 결의도 필요 없고 대표이사의 직권으로 발행이 가능하며 금융감독원에 증권신고서를 제출하지 않아도 된다. 또한 기관들을 대상으로 하는 수요예측도 할 필요 없다. 기관들의 경우 투자에 앞서 투자위험 등 여러 가지를 따지는데, 이런 기관들의 날카로운 눈을 피해갈 수 있어서 신용도가 낮은 기업들의 경우 회사채 대신 CP 발행을 선호한다. 2011년 사기 판매로 원성을 샀던 LIG건설 CP도 CP가 회사채보다 발행하기가 훨씬 쉽다는 점을 노렸고, 동양그룹 CP도 마찬가지였다. 한마디로 말해 회사가 망하기 일보 직전에 오면 CP 발행이 급격히 늘어난다.

이보다 더욱 중요한 사실이 있다. CP나 회사채를 발행한 회사가 부도나 법정관리 등 최악의 사태로 갈 경우 회수의 우선순위가 다르다는 점이다. 법정관리가 개시되면 회사의 회생계획안에 따라 선순위 채권자와 후순위채권자를 구분하고 이에 따라 채권 회수 절차가 정해진다. 이때 회사채는 선순위채권에 해당돼 우선변제를 받지만, CP는 변제 순위가 회사채에 비해 후순위로 밀린다. 즉, 회사채를 보유한 사람들이 돈을 모두 회수한 다음에야 CP 순서가 온다는 의미다. 이런 이유로 CP 보유자들은 회사채 보유자에 비해 돈을 회수할 가능성도 낮고, 회수기간도 더 오래 걸린다. 부도가 나서 청산 절차를 밟더라도 마찬가지다.

결국 발행하기도 어렵고 채권 회수시 우선순위가 부여되는 회사채가 CP보다 훨씬 안전한 투자상품이다. 그래서 똑같이 동양그룹의 채권에 투자했더라도 회사채냐 CP냐에 따라 투자자의 명암이 달라질 수밖에 없었다. 채권에 투자할 때는 적어도 이 정도의 금융지식은 갖고 판단해야 한다. 스스로 판단할 수 있는 능력이 없다면 투자하지 말아야 한다.

이것도 모른다면
절대 채권에 투자하지 마라
채권 투자 불패의 법칙

세 명의 채권 투자자가 있다. 이들은 은행이자보다 높은 수익을 올릴 수 있는 채권 투자의 매력에 빠져 있었다. 하지만 얼마 지나지 않아 투자한 기업이 모두 부실해져서 이자는커녕 원금도 제대로 돌려받지 못할 수도 있다는 불안감에 휩싸이게 되었다. 세 명 중 단 한 명만 원금을 되찾을 수 있었다. 그 차이는 과연 무엇이었을까?

직장인 최진혁 씨는 동양그룹 채권에 투자한 지 2년이 넘었다. 처음 투자할 때는 판매 직원에게 안전성 여부를 꼼꼼히 물어보곤 했다. 주로 6개월 만기 또는 1년 만기 채권에 투자했는데, 큰 문제 없이 이자가 지급되고 원금이 상환되면서 최 씨의 불안감은 점점 줄어들었다. 기존 동양그룹 채권이 만기가 되면 증권사 직원에게 연락이 오곤 했는데, 이때 최 씨는 채권의 금리와 만기만 확인하고 또 다른 동양그룹 채권으로 갈아탔다. 별 문제가 없을 거라는 막연한 믿음 때문이었다. 하지만 동양그룹은 갈수록 재정적으로 힘들어졌고, 결국 법정관리를 신청했다. 최 씨는 원금의 상당 부분을 날릴 위험에 처했다.

　주부 하선주 씨는 2013년 여름 동부그룹 채권에 투자했다. 연 8%가 넘는 고금리 때문이다. 주변에서는 동부그룹이 위험할 수 있으니 보다 안전한 채권이나 예금에 돈을 넣어두라고 조언했다. 하지만 하 씨는 동부그룹은 최악으로 가지 않을 거라는 생각에 동부제철과 동부건설이 발행한 채권에 각각 5,000만 원씩 투자했다. 사실 하 씨도 동부제철과 동부건설이 부채가 많아서 걱정하긴 했다. 하지만 자료를 구해 그룹 계열사 현황을 살펴보니 보유한 자산이 꽤 있는 데다 동부화재, 동부생명, 동부증권 등 든든한 금융계열사들이 있어서 쉽게 무너지지 않을 거라고 판단했다.

　직장인 고경인 씨는 회사채의 매력에 빠져 예적금에 연연하는 건 바보 같은 짓이라고 생각했다. 그래서 증권사 직원의 추천으로 이자를 많이 주는 STX팬오션과 STX조선해양 채권에 적지 않은 금액을 투자했다. 그런데 2013년 6월에 날벼락을 맞았다. STX팬오션이 법정관리에 들어간 것이다. STX그룹이 다소 불안하다는 생각은 했지만 증권사 직원이 괜찮을 거라고 이야기해서 크게 걱정하지 않았다. 하지만 법정관리를 신청하는 바람에 이자는커녕 원금도 손해 볼 처지가 되었다. 그런데 STX조선해양은 은행 등 채권단과 자율협약을 맺어서 회사채이자와 원금은 예정대로 지급한다는 이야기를 들었다. 고 씨는 똑같은 STX그룹인데, 하나는 원금도 못 받고 하나는 이자와 원금을 다 받을 수 있다는 것이 이해가 되지 않았다.

최후의 보루가 있는지 확인하라

•••

채권은 안정적으로 이자를 받을 수 있다는 장점이 있지만 발행한 주체가 돈을 갚지 못하면 원금 손실이 발생한다는 큰 위험이 있다. 따라서 기업들이 발행하는 회사채의 경우, 채권을 발행한 기업이 이자와 원금을 잘 갚을 수 있는지 따져보는 게 중요하다. 일단 채권의 신용등급도 살펴봐야 하고, 회사 자체의 위험과 회사가 속한 그룹 또는 계열사들의 현황도 파악해야 한다. 은행예금보다 더 높은 금리를 받으려면 그에 상응하는 노력이 필요한 것이다.

동양그룹 채권에 투자한 최 씨는 동양그룹이 최악의 상황으로 몰릴 경우 동양그룹이 처분할 자산이나 우량계열사가 거의 없다는 걸 몰랐다. 반면 동부그룹 채권에 투자한 하 씨는 동부그룹이 부도 위기에 몰릴 경우 처분할 자산이 있어서 최악의 상황까지는 가지 않을 것이라는 계산이 있었다. 실제로 몇 달이 지나자 동부그룹은 동부하이텍, 동부메탈 등 우량 계열사와 동부제철 인천공장, 당진항만 등 자산들을 매각해 3조 원을 마련하겠다는 자구책을 발표했다. 결국 기업이 발행한 회사채에 투자할 때는 채권을 발행한 회사에 최후의 보루, 즉 히든카드가 있느냐 없느냐가 키포인트다.

동양그룹이나 STX그룹이 최악으로 간 이유는 확실하게 돈 버는 기업이 없는 상태에서 부채는 과도하고 처분할 자산은 턱없이 부족했기 때문이다. 동양그룹 내에서는 그나마 동양증권이 우량 계열사였는데, 그룹의 부채규모가 4조 원인 데 비해 동양증권의 가치(시가총액)는 3,000억 원 정도밖에 되지 않는다. 게다가 그룹의 동양증권에 대한 주식지분율도 30%가 채 되지 않아 동양증권을 팔아도 동양그룹이 손에 쥐는 현금은 1,500~2,000억 원 정도에 불과하다. 동양증권 외에 동양생명이 있었지만 이미 오래전에 보고펀드에 팔아버렸고, 동양매직과 화력발전소는 그룹 부채를 해결하기에는 역부족이었다.

STX그룹 역시 언제든 위험에 처할 가능성이 높았다. 핵심 기업들이 조선업과 해운업이라는 경기 민감 업종에 집중되어 있었기 때문이다. 경기가 좋을 때는 문제가 없지만 경기가 나쁠 때는 동양그룹과 마찬가지로 그룹을 살릴 최후의 보루가 없는 셈이다.

반면 동부그룹은 상황이 달랐다. 그룹 전체의 부채 규모는 6조 3,000억 원으로 꽤 많지만 제철, 반도체 등 제조업군과 건설업 그리고 동부화재, 동부생명, 동부증권 등 금융업군으로 그룹 내 업종이 분산되어 있다. 중요한 것은 그룹 전체적으로는 흑자라는 점이다. 특히 금융 쪽에서는 연간 5,000억 원 정도의 순이익이 발생한다(2012년과 2013년 기준). 이로 인해 동부그룹 김준기 회장 등 그룹의 총수일가는 그들이 대주주로 있는 금융계열사(동부화재, 동부증권 등)로부터 지급

받는 배당금을 활용해 부실한 기업을 위한 증자를 하거나 보유 주식을 처분한 현금으로 부실 계열사를 지원할 수도 있다. 처분할 자산도 많은 편으로 동부제철 인천공장, 당진항만 지분 등을 팔 수 있는 데다 금융계열사인 동부화재의 가치는 약 3조 7,000억 원(2014년 2월 현재)에 달한다. 한마디로 말해 동부화재만 팔아도 상당한 자금을 조달할 수 있다. 이 외에도 동부생명과 동부증권, 동부저축은행 등도 '믿을 구석'이었다. 즉, 동부그룹에는 여러 가지 면에서 최후의 보루가 존재한다.

물론 그렇다고 동부그룹 채권이 마음을 놓을 정도로 안전하다는 의미는 절대 아니다. 아직은 부채가 많으므로 향후 재무 개선 추이를 항상 예의주시해야 한다. 위험이 남아 있는 점을 감안해 가급적 만기가 길지 않은 채권으로, 보유기간을 짧게 유지하는 것이 안전하며 많은 돈을 투자하는 것도 바람직하지 않다.

이 외에도 최후의 보루가 투자자를 살린 사례들이 있다. 오래된 건설사인 삼부토건의 회사채도 한때 위험했지만 역삼동 라마다르네상스호텔이 있었다. 이 호텔의 가치가 1조 원 정도인 점을 감안, 삼부토건 회사채 투자자들은 원금 상환에 대한 믿음을 가질 수 있었다. 2011년 3월, LIG건설 CP에 투자한 피해자들이 2년이 지난 후에라도 투자금액을 보상받을 수 있었던 것도 LIG그룹 내에 LIG손해보험이라는 우량 계열사가 있었기에 가능했다.

결국 채권에 투자할 때는 채권을 발행한 회사에 최후의 보루가 있느냐 없느냐를 꼭 확인해봐야 한다. 그래야 회사가 망하는 것을 막거나 회사가 살아날 수 있는 시간을 벌 수 있다. 만약 채권을 발행한 회사를 분석할 능력이 되지 않는다면 이자는 조금 적게 받더라도 안전한 AA등급 이상의 채권을 사거나 채권형펀드에 투자하는 것이 안전하다.

원금을 돌려받을 수 있는 경우와 없는 경우

•••

기업이 부채를 감당하지 못해 원금이나 이자를 갚지 못하는 상황이 오면 선택할 수 있는 방법은 크게 두 가지다. 첫 번째는 워크아웃이고 두 번째는 법정관리다. 기업은 이 두 가지 방법 중 하나를 선택해 부채부담에서 벗어나 회생할 수 있는 기회를 얻게 된다. 문제는 채권을 가지고 있는 투자자들의 피해 여부다. 워크아웃이냐 또는 법정관리냐에 따라 원금을 무사히 돌려받을 수도 있고 다 날릴 수도 있다. 따라서 기업이 발행한 채권에 투자한다면 이 부분에 대해 반드시 숙지하고 있어야 한다.

투자회사가 워크아웃된다면

워크아웃은 우리말로 '기업 재무구조 개선 작업'이라고 부른다. 부도 위기에 처해 있는 기업 중 살릴 만한 가치가 있는 기업을 지원하기 위해 많이 활용된다. 은행과 같은 금융권의 채권자들이 기업과 협의해 상환기간을 연장해주거나 필요한 자금을 추가로 빌려줘서 기업이 살아나도록 돕는다. 이 대가로 기업은 은행을 비롯한 채권자들과 자금 관련 사항은 물론이고 경영에 있어 중대한 문제들도 협의해야 한다.

중요한 것은 워크아웃이 진행되면 개인 투자자들은 예정대로 이자를 받고 만기에 원금도 정상적으로 돌려받는다는 점이다. 은행을 비롯한 금융권 채권자들은 '협약채권자'가 되어 이자나 원금을 일부 탕감 또는 유예해주면서 어느 정도 희생을 해야 한다. 하지만 개인들은 '비협약채권자'로 분류되어 협상에서도 빠지고 투자금도 구제받게 된다. 따라서 기업이 위험해지더라도 워크아웃으로 간다면 개인 투자자들은 크게 걱정하지 않아도 된다.

참고로 느슨한 워크아웃(워크아웃의 전단계라고도 한다)이라고 불리는 '자율협약' 역시 채권자들이 기업과 협의해 자금을 지원해준다. 워크아웃은 모든 채권단이 관여하는 것과 달리 자율협약은 주요 채권단만 참여한다는 차이가 있다. 자율협약은 워크아웃보다 강도가 약하므로 당연히 개인투자자들은 이자와 원금을 정상적으로 받는다.

문제는 법정관리다. 기업이 법정관리를 선택하게 되면 개인투자자들에게 막대한 손실이 발생한다. 따라서 개인투자자 입장에서는 투자한 기업이 법정관리를 선택하지 않고 워크아웃으로 가는 것이 최선이다.

투자회사가 법정관리에 들어간다면

법정관리는 부도 위험에 빠진 기업이 법원에 가서 도저히 부채를 갚기 힘드니까 도와달라고 요청하는 것을 말한다. 이때 법원은 기업과 채권자 사이에 개입하게 된다. 그리고 기업을 분석한 후에 기업을 살리는 것이 좋은지, 파산시키는 것이 좋은지 결정한다. 문제는 이런 과정에서 개인 투자자들의 피해가 커진다는 점이다.

법정관리가 진행되면 일단 기업체의 모든 채무가 동결된다. 즉, 기업 입장에서는 이자와 원금 상환이 정지되며, 채권자들은 법원의 결정이 날 때까지 이자는커녕 원금 손실도 걱정하면서 기다려야 한다.

이때 돈을 빌려준 채권자는 딱 두 가지로 분류된다. '회생담보권자'와 '회생채권자'다. 담보를 가지고 있는 채권자와 그렇지 못한 채권자로 나뉜다는 의미다. 담보를 가진 채권자들은 담보의 가치를 100% 인정받아서 돈을 돌려받기에 유리하다. 은행들이 주로 담보를 잡고 대출해주기 때문에 여기에 속하는 경우가 많다. 반면 담보채권이 아닌 채권(정확히는 무담보채권)을 보유한 개인 투자자들은 회생채권자가 되는데, 담보를 가진 사람들이 돈을 돌려받은 다음 남는 자산이 있을 경우에 한해 돈을 돌려받는다. 따라서 투자금을 모두 회수할 가능성이 적다. 법정관리에 들어갈 경우 채권에 투자한 개인 투자자들은 대략 원금의 20~30% 정도밖에 돌려받지 못한 사례가 많았다. 이는 평균적인 수치이지만 일반적으로 원금 손실이 매우 크다.

법정관리가 아닌 워크아웃으로 가는 기업의 조건

'워크아웃'으로 가기 위해서는 몇 가지 조건이 필요하다. 첫째, 기업이 청산해서 빚잔치를 하는 것보다 계속 살아남아서 돈을 버는 것이 나을 만큼 기업가치가 커야 한다. 즉, 기업이 장사를 잘해서 돈을 벌 수 있는 능력이 있어야 한다. 이를 위해서는 회사의 제품이나 서비스가 시장에서 경쟁력이 있어야 하고 기존의 매출 기반이 확실해야 한다. 그래야 채권자들이 기업이 살아나 돈을 갚을 수 있기를 기대할 수가 있다.

둘째, 우량 자산이 있어야 하고 대주주와 경영진에게 회사를 살리기 위한 의지와 도덕성이 있어야 한다. 회사에 중요한 자산이나 우량한 계열사가 있는지, 그리고 대주주가 사재를 털어서라도 회사를 살리려는 의지가 있는지가 중요하다. 특히 대주주나 경영진의 의지를 판단하기 위해서는 그들이 회사를 살리기 위해 구체적으로 노력한 흔적이 있어야 한다. 예를 들어 두산그룹은 두산건설을 살리기 위해 두산중공업의 알짜 사업인 5,716억 원 규모의 배열회수보일러 사업을 두산건설에 넘기고, 2,978억 원 규모의 현금도 지원했다. 이런 경우 그룹 차원에서 회사를 살리려는 의지가 강하기 때문에 실적이 개선될 가능성이 높고 부도 가능성도 많이 줄어든다. 나아가 부채의 상당 부분을 갚을 수 있는 알짜 자산이나 우량 계열사 등 '최후의 보루'가 있으면 가장 좋다.

셋째, 채권단 구성이 가능해야 한다. 그래야 워크아웃을 할 것인지에 대한 협상과 결정을 할 수 있다. 채권단이란 대출 또는 채권을 가지고 있는 채권자들이 만든 협의체인데, 주로 은행과 같은 금융회사들로 구성된다. 채권단이 기업과 협상해서 기존 부채를 연장해주거나 추가 지원을 해준다. 이때 기업을 살리기 위해서는 채권단 내부에서 의견 일치를 봐야 하는데, 개인 투자자들이 많을 경우에는 합의를 이끌어내기 어렵다. 동양그룹의 경우 은행권 대출보다는 채권에 투자한 개인 투자자들이 많았던 것도 채권단 구성을 어렵게 했다.

참고로 채권에 투자할 때는 제조업체에 투자하는 것이 보다 유리하다. 제조업체의 경우 정상적으로 공장이 돌아가고 꾸준히 매출이 발생하고 있다면, 은행 등 채권자들이 지원을 포기하기가 쉽지 않다. 또한 공장이나 재고 등 유형자산들이 많다는 점도 채권자들에게 유리하다. 최악의 경우 빚잔치를 할 때도 자산을 처분해서 뭔가 건질 게 있을 가능성이 크다. 반면 서비스업이나 비제조업체의 경우 유형자산이 적어 부실해질 경우 채권자들에게 돌아갈 게 별로 없다. 실제로 STX그룹의 경우 제조업체인 STX조선해양, STX엔진, STX중공업은 정상적인 기업 활동이 가능해서 법정관리를 피했고 관련 개인 투자자들에게는 큰 피해가 없었다. 하지만 제조업체가 아닌 (주)STX나 STX팬오션에 투자한 경우 피해가 컸다.

정리하자면, 자율협약이나 워크아웃을 선택한 기업들은 개인 투자자들에게 원금과 이자를 정상적으로 지급한다. 앞서 언급한 STX조선해양과 STX중공업, 그리고 대한전선 등 자율협약을 진행 중인 경우 개인 투자자들의 피해가 없었다. 반면 법정관리를 신청하면 피해가 커진다. 대우차(2011년)의 경우 개인 투자자들은 원금을 거의 다 날렸으며, 웅진에너지와 웅진홀딩스(2012년)에 투자한 개인 투자자들 역시 많은 피해를 보았다.

은행이자보다 약간 더 높은 이자를 받기 위해 투자하는 것이 채권이다. 하지만 이자를 조금 더 받으려다 부실한 기업에 투자해서 원금을 손해 보는 일은 없어야 한다. 이자율이 높아질수록 위험률도 높아진다는 상식을 늘 염두에 두되, 투자한 기업이 위기 상황에서 부도를 내지 않을 만한 능력, 즉 히든카드가 있는지 꼭 살펴야 한다.

동양그룹 사태 후,
채권은 거들떠보지도 말아야 하나?
고수익 채권의 대안, 해외 하이일드펀드

채권의 불완전판매로 많은 피해자가 발생하자 투자자들은 채권에 대해 막연한 두려움을 갖게 되었다. 하지만 '이자율이 높으면서 안전한 채권'은 세상에 없다는 것만 알고 있어도 큰 피해는 보지 않을 수 있다. 혹시라도 안전하면서 높은 이자를 주는 채권이 있다면, 증권사나 은행 직원들은 당신에게 권하기 전에 조용히 자기 돈으로 투자하거나 가족이나 가까운 친지, 지인들에게 먼저 알릴 것이다. 투자로 돈을 벌기는 어렵다. 하지만 '기대 수익률이 높을수록 위험도 높다'라는 기본 원칙을 기억한다면 오히려 쉽고 간단한 것이 투자다.

같은 맥락에서 생각해보자. 채권이 예금과 다른 점은 무엇일까? 예금은 은행이 망하지 않는 한 원금이 보장되고 이자를 확정적으로 준다. 설령 은행이 망해도 원금과 이자를 합해서 1인당 5,000만 원까지는 정부에서 보호해준다. 특히 우체국예금은 '우체국예금·보험에 관한 법률'에 근거해 정부에서 무제한으로 보호해준다. 이렇게 안전한 보호장치가 있는 만큼 금리가 낮다.

반면 채권은 잘만 고르면 은행이자보다 더 많은 이자를 받는다. 게다가 쌀 때 사서 비싸게 팔면 시세차익도 얻을 수 있다. 하지만 채권을 발행한 주체가 망하면 보유한 채권은 휴짓조각이 된다. 이런 면에서는 주식투자보다 '신용등급이 낮은 채권'에 투자하는 게 훨씬 위험하다. 물론 채권을 발행한 주체가 튼튼하다면 안전하게 정해진 이자를 받으면서 원금도 돌려받을 수 있다. 예를 들어 국가가 발행한 채권은 국가가 망하지 않는 한 이자와 원금을 지급하므로 은행예금보다도 안전하다. 반면 동양그룹처럼 망해가는 회사가 발행한 채권은 웬만한 주식보다 훨씬 위험하다. 즉, 채권은 안전할 수도 있고 매우 위험할 수도 있다. 따라서 금융회사 직원이 채권을 모두 '중위험 중수익'이라고 이야기한다면 그는 채권에 대해 잘 모르거나 매우 불성실한 사람이다.

채권 투자와 금리의 관계

•••

최고의 채권은 '망하지 않으면서 이자를 많이 주는 채권'이다. 하지만 이런 채권을 고르려면 많은 노력과 실전 경험에서 쌓은 내공이 필요하다. 특히 기업들이 발행하는 회사채에 투자하면서 은행금리보다 높은 수익을 기대한다면, 채권에 대한 기본지식은 물론이고 회사채를 발행한 기업을 분석할 수 있는 능력도 있어야 한다. 기업 분석을 해봐야 망할지 안 망할지 판단할 수 있기 때문이다. 이렇듯 채권 투자가 어렵다는 것을 알아야 채권 투자에 신중해진다.

만약 이런 능력이 없는데 채권을 통해 은행예금보다 높은 이자수익을 얻으려면 어떻게 해야 할까? 믿을 만한 전문가가 곁에 없다면 채권에 직접 투자하는 대신 간접투자인 채권형펀드를 활용하는 것이 좋다. 하지만 국채나 등급이 높은 회사채에 주로 투자하는 채권형펀드는 금리가 많이 하락해야 큰 수익이 난다. 채권의 가격은 금리와 반대로 움직인다. 즉, 금리가 올라가면 채권의 가격은 떨어지고 금리가 내려가면 채권의 가격은 올라간다.

가령 A회사가 어제 연 10%의 이자를 주는 채권을 발행했다고 하자. 그런데 오늘 갑자기 시중금리가 연 5%로 떨어져버리면 A사는 연 5%의 이자를 지급하는 채권을 발행할 수 있다. 그러면 오늘 채권을 사는 사람들은 연 5%밖에 이자를 받지 못하지만, 어제 미리 채권을 사둔 사람들은 연 10%의 이자를 받기 때문에 금리가 떨어짐으로 인해 채권의 가치(가격)는 올라가게 되는 것이다.

반대로 A사가 어제 연 5%의 이자를 주는 채권을 발행했는데, 갑자기 오늘 금리가 연 10%로 올랐다. 똑같은 A사의 채권이라도 어제 채권을 샀기 때문에 연 5%의 이자밖에 받지 못한다면 채권의 가치(가격)는 떨어질 수밖에 없다. 이런 이유로 시중금리가 하락할 때 채권형펀드의 수익률은 올라가게 된다. 반면 금리가 크게 변동이 없는 시기에는 채권형펀드의 수익률은 그리 높지 않다. 특히 금리 상승기에는 채권 가격이 떨어져 채권형펀드는 좋은 투자 대상이 아니다.

게다가 국채나 신용도가 매우 우량한 회사채에 투자하는 채권형펀드의 수익률은 은행금리와 큰 차이가 없는 경우가 대부분이다. 이럴 경우에는 다양한 국가나 해외 기업들이 발행한 채권에 투자하는 해외 채권형펀드나 해외 하이일드 채권형펀드에서 답을 찾는 것은 어떨까?

왜 해외 하이일드 채권형펀드가 대안인가

•••

해외 하이일드 채권형펀드(다양한 국가의 채권에 투자한다는 의미로 '글로벌 하이일드 채권형펀드'라고도 한다)는 5년 이상 길게 투자기간을 잡고 활용하면 시중금리보다 높은 수익을 충분히 기대할 수 있다. 이 채권형펀드는 신용등급은 낮더라도(보통 BB등급 이하) 높은 이자를 주는 채권으로, 고수익 고위험 채권을 자산에 편입시킨다. 그렇더라도 모든 자산이 하이일드 채권으로 구성되는 것이 아니라 등급별로 다양한 채권을 포함시키고 투자 국가와 채권의 종류도 다양하게 구성해 위험을 분산시키면서 수익률을 높이는 전략을 취한다.

해외 하이일드 채권형펀드의 경우 많게는 수백 개의 하이일드 채권으로 포트폴리오를 짠다. 따라서 일부 채권에 문제가 생겨도 다른 채권에서 나오는 이자와 수익으로 손실이 만회되어 시간이 흐르면서 펀드 가격이 회복된다.

그렇다면 신용등급 BB 이하의 하이일드 채권은 위험한 회사들이 발행할까? 언뜻 보면 그렇다. 하지만 기업들의 신용등급은 '누가 평가하느냐'에 따라 등급도 달라지고 등급에 대한 신뢰도 달라진다는 점을 기억해야 한다. 국내에서 채권을 발행하려면 국내 신용평가사가 등급을 평가해야 하고, 해외에서 채권을 발행하려면 해외 신용평가사가 등급을 평가해야 한다.

그런데 국내 신용평가사들이 부여하는 신용등급에 대한 신뢰는 그리 높지 않다. 해외 신용평가사에 비해 국내 평가사들은 등급을 너무 후하게 주기 때문이다. 즉, 국내 신용평가사들의 등급에는 거품이 있다. 기업들이 신용평가사들과 등급에 대한 흥정을 하거나 자신들에게 높은 등급을 주는 신용평가사를 선택하는 경우가 다반사인 것이다. 이렇다 보니 신용등급에 대한 불신이 높을 수밖에 없다.

예를 들어 현대제철의 경우 국내 신용평가사들이 평가한 등급은 AA다. AA등급은 가장 좋은 AAA등급보다 두 계단 낮지만 매우 높은 등급이다. 반면 해외 신용평가사인 S&P는 BBB-등급을 부여했다. 똑같은 회사인데도 국내 등급과 해외 등급 간에 무려 일곱 계단이나 차이가 난다. LG전자 역시 국내 신용평가사들은 AA등급을 주지만 해외 평가사인 S&P나 피치는 BBB-등급을 부여한다. 더 드라마틱한 사례로 반도체를 만드는 SK하이닉스의 등급을 살펴보자.

국내 신용평가사인 한국신용평가는 SK하이닉스에 A+라는 높은 등급을 부여한다. 따라서 SK하이닉스가 국내 채권형펀드에 편입되면 안전한 채권이 된다. 하지만 해외 신용평가사인 S&P가 매긴 SK하이닉스의 등급은 BB+다. 따라서 SK하이닉스가 해외 채권형펀드에 편입되면 하이일드채권이 된다. 이처럼 국내와 해외에서 평가받는 등급이 다르다 보니 똑같은 채권이 국내에서는 일반 채권형펀드에 편입되고 해외에서는 하이일드펀드에 편입되는 것이다. 이때 SK하이닉스가 해외에서 하이일드펀드에 편입되어 있다고 SK하이닉스 채권이 위험하다고 느끼는 국내 투자자들은 많지 않을 것이다.

해외 신용평가사들의 신용평가가 국내 평가사들에 비해 까다롭다는 사실을 이해했다면, 해외 하이일드 채권형펀드에서 투자하는 채권들이 생각했던 것보다는 위험도가 높지 않다는 걸 알 수 있다. 또한 성장성은 높지만 회사 운영기간이 짧거나 규모가 작아서 신용등급을 높게 받지 못하는 우량 중소형 업체들도 하이일드채권에 포함된다. 물론 위험에 대한 판단은 본인의 투자성향에 따라 달라진다. 하지만 어느 정도 위험을 감수할 수 있다면 해외 하이일드펀드는 이름처럼 위험도가 엄청나게 높은 '하이리스크, 하이리턴형'과는 차이가 있음을 알 수 있다.

이 펀드의 가장 큰 장점은 금리가 하락할 때나 상승할 때나 장기적으로 안정적인 수익이 가능하다는 점이다. 즉, 금리가 하락할 때는 채권 가격이 올라서 좋고, 경기가 좋아지는 상황에서 금리가 상승할 때는 하이일드채권의 스프레드(기업의 신용위험에서 비롯되는 가산금리)가 줄어들면서 채권 가격이 올라서 펀드 수익률이 좋아진다. 금리가 상승할 때 채권의 가격이 하락해 수익률이 나빠지는 일반 채권형펀드와는 다르다는 의미다.

기본적으로 하이일드채권은 이자 수익이 높다 보니 일부 채권들이 부실해져도 원금을 회복하는 속도가 빠르다. 단, 2008년 금융위기와 같이 국제 금융시장이 큰 혼란에 빠져서 채권 가격이 하락하고 부도율이 높아지면 큰 손실이 발생할 수 있다. 하지만 대부분의 해외 하이일드펀드가 금융위기 이후 1~2년 만에 다시 원래의 가격을 회복했다는 사실은 주식형 펀드와 다른 장점이다.

다음 도표를 통해 2000년 이후 연도별 하이일드 지수의 등락률을 보면, 해외 하이일드펀드의 움직임을 알 수 있다. 비록 이 기간에 2008년 금융위기가 있어서 이 펀드들도 일시적인 가격 폭락을 경험했다. 하지만 길게 보고 투자했다면 손실을 충분히 만회하고 적절한 수익을 얻을 수 있었다. 또한 미국의 금리 상승기였던 2004~2006년 구간에서 일반 채권형펀드는 대부분 마이너스 수익을 냈지만 하이일드 채권형펀드는 수익을 냈다. 경기 회복 사이클에서 금리가 올라가면, 하이일드채권을 발행한 기업들의 재무구조가 좋아져 채권 가격이 올라가는 것도 하이일드채권의 장점임이 증명된 셈이다.

결론적으로 개별 채권에 투자하는 건 위험해서 싫지만 낮은 금리로는 만족할 수 없다면 해외 하이일드 채권형펀드가 적절한 대안이 될 수 있다. 단, 앞서 언급한 대로 5년 이상 길게 보고 투자해야 하고, 전체 포트폴리오 중 일부로 활용해야 안전하다. 언제든 손실이 날 수 있기 때문이다. 그리고 해외 하이일드 채권형펀드도 펀드별로 수익

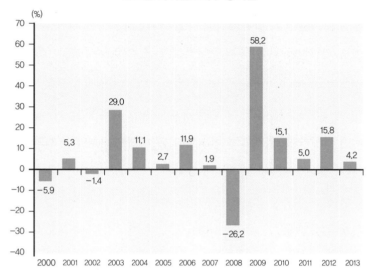

연도별 하이일드지수 등락률

출처: 블룸버그

률 차이가 크기 때문에 주식형펀드를 고를 때처럼 최근 1년, 3년, 5년
간 수익률을 비교해보고 꾸준히 성과가 좋은 펀드를 선택해야 한다.
또한 기대 수익률도 너무 높게 잡지 말고 은행금리+a인 연 6~7%
내외의 수익률 정도로 설정하는 것이 바람직하다.

해외 하이일드 채권형펀드가 무조건 좋다고 말하는 것은 아니다.
다만 잘 모르면서 금융회사 직원들의 말만 믿고 겁 없이 고수익 채
권에 투자하는 것보다는 괜찮은 해외 하이일드 채권형펀드를 골라
장기간 투자하는 것이 훨씬 안전하다는 점은 분명하다. 무엇보다 펀
드 자체에서 다양한 채권에 분산투자함으로써 동양그룹과 같은 부
실한 채권에 직접 투자할 때와 같은 위험은 발생하지 않는다는 점이

장점이다.

하지만 아쉽게도 국내에는 하이일드 채권형펀드가 거의 없다. 하이일드 채권형펀드가 투자할 만한 BB등급 이하의 채권들이 다양하지 않기 때문이다. 이를 감안해 국내 하이일드 채권시장을 활성화하기 위해 2014년 3월부터 '분리과세 하이일드 채권형펀드'가 출시되었지만 어느 정도 활성화가 될지 아직은 미지수다. 따라서 아직까지는 해외 하이일드 채권형펀드에 투자하는 것이 무난하다. 이 책에서 언급한 하이일드 채권형펀드에 대한 설명 역시 모두 해외 하이일드 채권형펀드에 해당하는 내용이다.

참고로 국내에서 판매되는 대표적인 해외 하이일드 채권형펀드로는 AB글로벌고수익증권투자신탁, 피델리티글로벌하이일드증권투자신탁, 블랙록미국달러하이일드증권투자신탁, 이스트스프링미국하이일드증권투자신탁, 하나UBS글로벌스마트하이일드증권투자신탁 등이 있다.

추천 펀드는
왜 쪽박 펀드가 될 가능성이 클까?
펀드 수익률의 함정을 피하는 법

직장인 이은철 씨는 경제신문을 보다가 중국 펀드 수익률 기사에 관심이 갔다. 마침 직장동료들도 중국 펀드 이야기를 했던 터라 그 날 점심시간에 근처 은행을 방문했다. 은행 직원 역시 당시 수익률 1등이었던 중국 펀드를 적극 추천했다. 그 직원은 이미 올해 들어서만 30% 이상 수익이 났는데 앞으로 적어도 20%는 더 수익이 날 거라고 했다. 그런데 이 씨가 펀드에 가입한 지 6개월 만에 원금 대비 40%의 손실이 났다. 하락폭이 너무 커서 불입을 중단했는데 해약도 못한 채 속만 썩고 있다.

펀드와 관련해 좋지 않은 기억이 있는 이들이 많다. 대부분 은행이나 증권사에서 '최근에 수익률이 가장 좋은 펀드'라고 추천해준 펀드에 가입했다가 낭패를 본 경우다.

은행이나 증권사 직원들이 추천하는 펀드는 대부분 계열사에서 운용하는 펀드거나 최근 수익률이 높은 펀드일 확률이 높다. 이런 펀드들은 회사 내부적으로 만든 '추천 펀드' 리스트 안에 있다. 그런데 이런 펀드의 수익률은 대개 투자한 시점부터 하락세로 돌아서기 일쑤다.

1등 펀드도 왜 내가 가입하면 뒷북일까

•••

펀드는 펀드매니저가 자산을 운용하고, 그 결과를 투자자들에게 돌려주는 간접투자상품이다. 펀드매니저가 운용을 잘하면 펀드에서도 많은 수익을 얻을 수 있지만 그렇지 못한 경우도 많다. 누구나 투자를 결심할 때는 손실에 대한 걱정보다는 수익에 대한 욕심이 앞선다. 이런 소비자들의 마음을 잘 아는 금융회사 직원들은 손실에 대한 위험보다는 수익에 대한 전망을 주로 이야기한다. 그러면서 최근 수익이 많이 난 펀드의 자료를 보여주면서, 앞으로도 계속 수익이 날 것처럼 착각하게 만든다.

하지만 최고의 수익률을 자랑하던 그 펀드는 얼마 지나지 않아 수익률이 하락하기 시작한다. 현재 1등인 펀드인데 왜 내가 가입하면 수익률이 떨어지는 걸까? 결론적으로 말하자면, 현재 1등인 펀드에 가입하면 머지않아 그 펀드는 수익률이 떨어질 가능성이 높다는 것을 감안해야 한다. 펀드의 수익률은 오르락내리락을 반복하기 마련이고, 시장 분위기에 따라 오르는 주식들은 수시로 변한다. 어떨 때는 수출 관련 대형주가 오르지만, 어떨 때는 내수 관련 중소형주들이 오르기도 한다. 좋은 주식이라도 많이 올랐다면 거품이 많이 끼었거나 일정기간 숨고르기를 할 가능성이 높다.

이런 이유로 1~2년 동안 수익률이 좋았던 펀드가 그다음 해에는 부진한 경우를 흔히 볼 수 있다. 실례로 2006년과 2007년 수익률 상위 20위 안에 들었던 국내 펀드 가운데, 다음 해에도 20위권을 유지한 펀드는 2006년에는 겨우 단 한 개였고, 2007년에는 두 개밖에 없었다. 금융회사가 추천하는 수익률 좋은 펀드만 쫓아다니다가는 항상 뒷북만 칠 가능성이 높은 것이다. 거꾸로 좋은 펀드라는 믿음이 있을 경우, 오히려 수익이 좋지 않을 때에 가입한 후(또는 투자금액을 늘린 후) 기다리는 것이 좋은 전략이 될 수 있다. 시장 상황은 언제든 변할 수 있기 때문이다.

좋은 펀드는 지금 1등을 하는 펀드가 아니다. 운용에 대한 철학이 있는, 즉 좋은 주식을 고를 줄 아는 펀드매니저가 운용하고 있는 펀드가 좋은 펀드다. 이런 펀드들의 특징은 1등은 못하더라도 꾸준히 상위권을 유지한다는 것이다. 펀드 수익률이 단기간에 대박 나는 게 아니라, 펀드가 추종하는 주가지수(국내 주식형펀드의 경우 코스피)와 비교했을 때 꾸준히 지수 수익률보다 나은 성과를 보인다. 즉, 주가지수가 오를 때 더 많이 오르고 빠질 때는 상대적으로 덜 빠지는 펀드들

신영마라톤펀드의 수익률 분석 사례

(단위: %, 수익률은 기간별 누적수익률임)

	1개월	1년	3년	5년
신영마라톤	-1.22	12.51	17.26	96.78
KOSPI	-1.21	-1.46	-6.02	59.85

(단위: %, 수익률은 해당연도의 연간수익률임)

	2010년	2011년	2012년	2013년
신영마라톤	18.89	-10.21	15.17	13.67
KOSPI	21.88	-12.21	9.38	0.72

출처: 제로인(2014년 2월 10일 현재)

이 좋은 펀드다. 예를 들어 주가지수가 10% 오를 때 11~12% 정도 오르거나 주가지수가 10% 빠질 때 8~9% 정도 빠지는 펀드라면 운용을 잘하는 펀드라고 볼 수 있다.

이런 펀드들은 단기간에 화려하게 빛나지는 않더라도 몇 년이 흐른 뒤에 보면 양호한 수익을 달성하곤 한다. 그러므로 지금 당장 눈에 보이는 수익률 좋은 펀드보다는 오랜 기간 꾸준히 지수 대비 좋은 수익을 보이는 펀드를 선택해야 한다. 지수 대비 수익률을 비교할 때도 최근 것만 보지 말고 3개월, 1년, 3년 등 다양한 기간을 비교해야 한다.

펀드도 분산투자해야 하는 이유

•••

수익률 높은 펀드에 가입해서 뒷북치지 않으려면 펀드도 분산투자해야 한다. 아무리 좋은 펀드라도 몇 년간 꾸준히 수익을 내기는 어렵기 때문이다. 투자금액이 적다고 하나의 펀드에만 돈을 넣는 경우가 많은데 이제부터라도 최대한 잘게 쪼개서 위험을 줄여야 한다. 관리하기 귀찮고 펀드를 개설해주는 직원이 싫은 내색을 하더라도 내 돈을 안전하게 지키려면 펀드를 여러 개로 분산하자.

예를 들어 성장주펀드, 가치주펀드, 배당주펀드, 중소형주펀드 등을 적절히 섞으면 특정 펀드의 수익률이 높을 때 수익률에서 왕따 당할 위험을 줄일 수 있다. 수익이 나는 펀드는 돌고 돌기 때문이다. 이를 뒷받침하는 자료를 살펴보자.

다음 페이지의 표를 보면 알 수 있듯이 수익률 좋은 펀드는 매년 바뀌어왔다. 지난 12년 동안 2년 연속 1등을 한 펀드는 프랭클린템플턴그로스펀드밖에 없다. 하지만 왕년에 잘나갔던 이 펀드도 지금은 소규모 펀드로 전락했다. 그만큼 주식시장이 펀드매니저들에게 호락호락하지 않다는 증거다.

1등 펀드들의 유형도 어떤 해는 성장주펀드, 어떤 해는 배당주펀드 등으로 해마다 바뀌는 걸 볼 수 있다. 결국 펀드도 분산해서 투자하는 것이 최선의 투자법이라는 점을 과거의 데이터를 통해 확인할 수 있다.

2001~2013년 수익률 1, 2위 국내 주식형펀드

	펀드명	운용사	수익률	액티브 주식형펀드 평균 수익률
2001년	프랭클린템플턴그로스	템플턴	76.4	37.1
	한화정석운용	한화	40.6	
2002년	프랭클린템플턴그로스	템플턴	20.3	0.1
	미래에셋인디펜던스	미래에셋	17.4	
2003년	삼성밸류라이프플랜	삼성	64.6	40.8
	삼성스트라이크	삼성	60.1	
2004년	베어링고배당	베어링	27.5	6.9
	신영밸류고배당	신영	24.4	
2005년	유리스몰뷰티	유리	123.7	67.7
	신영마라톤	신영	97.2	
2006년	동양중소형	동양	17.5	1.4
	유리스몰뷰티	유리	11.9	
2007년	미래에셋디스커버리	미래에셋	62.2	43.1
	삼성배당주장기	삼성	60.6	
2008년	동양모아드림삼성그룹	동양	-27.3	-39.1
	한국투자삼성그룹	한투	-27.8	
2009년	마이트리플스타	마이애셋	120.3	55.5
	하나UBSIT 코리아	하나UBS	114.7	
2010년	프랭클린포커스	템플턴	49.2	20.7
	KB밸류포커스	KB	46.7	
2011년	동부파워초이스	동부	15.4	-11.9
	삼성중소형포커스	삼성	12.7	
2012년	KB중소형주포커스	KB	34.2	7.5
	한국밸류10년투자	한국투자밸류	26.6	
2013년	신영밸류고배당	신영	23.3	4.4
	베어링고배당	베어링	21.0	

출처: 제로인(2013년은 11월 말 기준)

욕심만 버리면 인덱스펀드도 좋은 대안

•••

펀드 수익률의 함정을 피하는 또 다른 방법은 인덱스펀드를 이용하는 것이다. 펀드마다 수익률도 제각각이고, 아무리 좋은 펀드라 해도 오랜 기간 꾸준히 좋은 성과를 내기란 쉽지 않다. 특히 잦은 펀드매니저 교체와 운용사의 관리 소홀 등으로 성과가 부진한 펀드들이 늘어나고 있다. 이럴 때 인덱스펀드가 대안이 될 수 있다.

인덱스펀드란 특정 지수를 추종하는 펀드다. 가령 코스피의 움직임과 비슷하게 수익을 내는 인덱스펀드에 가입하면 코스피지수가 오르는 만큼 펀드도 수익이 난다. 장기적으로 보면 지수가 오른 만큼 수익을 내지 못하는 펀드가 많은 데 비해 인덱스펀드를 이용하면 중간 이상의 수익은 기대할 수 있다.

인덱스펀드가 장기적으로 우수한 성과를 낼 수 있는 데는 투자자가 부담하는 비용(수수료와 보수)이 낮은 것도 큰 역할을 한다. 일반적으로 국내 주식형펀드의 평균비용이 투자금액 대비 연 2.3~2.5%인 반면 인덱스펀드의 경우 1.35% 정도에 불과하다. 비용이 적을수록 펀드에 투자하는 금액이 많아지기 때문에 좋은 수익으로 이어진다고 보면 된다.

인덱스펀드는 온라인 전용 펀드의 경우 수수료와 보수가 훨씬 더 싸기(평균 연 0.5% 내외) 때문에 온라인을 통한 가입도 좋은 선택이 될 수 있다. 하지만 인덱스펀드들 간에도 장기간 수익률 차이가 크기 때문에 역시 최근 1년, 3년, 5년 등 비교 기간을 정해서 수익률을 반드

우량한 인덱스펀드와 비교지수(KOSPI)와의 수익률 비교

구분	2010년	2011년	2012년	2013년
동부해오름인덱스알파 Class A	24.86%	−11.18%	11.38%	1.42%
교보악사파워인덱스 Class A	23.95%	−10.77%	11.74%	2.05%
KOSPI	21.88%	−10.98%	9.38%	0.72%

출처: 제로인
* 수익률은 누적수익률이 아닌 연평균 수익률임.

시 체크해봐야 한다.

위 표에서 볼 수 있듯이, 좋은 인덱스펀드의 경우 연도별 수익률을 봐도 비교지수 대비 꾸준히 양호한 성과를 보인다는 점에서 선택의 가치는 충분하다고 볼 수 있다.

부자들은 지키기 위해서 포트폴리오를 짜고, 평범한 사람들은 돈을 벌기 위해 포트폴리오를 짠다. 하지만 나중에 돈을 버는 쪽은 지키려고 노력하는 부자들이다. 펀드 선택도 마찬가지다. 대박보다는 잃지 않으면서 중간 정도의 수익만 올린다는 생각으로 펀드를 고른다면, 금융회사 직원들의 유혹에 넘어가는 위험은 상당 부분 줄일 수 있을 것이다.

어디에, 누구를 믿고,
펀드 투자를 해야 하나?

자산운용사와 펀드 옥석 가리는 법

한 자산운용사가 신문에 '최근 3개월간 수익률 9.2%, 최근 1년간 수익률 33.9%'를 달성한 펀드에 대한 광고를 냈다. 이 광고를 본 해당 운용사의 펀드 가입자들은 어떤 생각을 할까? 대개는 '어라? 내가 가입한 펀드는 수익률이 엉망인데…… 또 최근 수익률이 제일 좋은 펀드를 하나 골라 주력으로 밀고 있나 보네'라고 생각할 것이다.

이런 얄미운 광고를 가장 많이 하는 운용사가 바로 미래에셋자산운용과 삼성자산운용과 같은 대형 운용사들이다. 더 얄미운 점은 수익은 못 내면서도 자신들이 받아야 할 운용보수는 칼같이 챙긴다는 점이다.

대형 자산운용사의 문제점

...

대형 운용사들의 가장 큰 문제는 수많은 펀드를 운용하다 보니 전반적으로 관리가 잘 되지 않는다는 점이다. 펀드매니저들도 자주 교체돼 특정 펀드에 책임감을 갖고 지속적으로 운용하기가 매우 어렵다. 게다가 기존 펀드의 수익률이 좋지 않아 인기가 떨어지면 그 펀드는 내팽개치고 새로운 상품 출시에만 몰두한다. 당연히 오랜 기간 꾸준한 수익을 내는 펀드가 드물 수밖에 없다.

반면 꾸준히 양호한 성과를 내면서도 펀드 광고를 거의 하지 않는 운용사들도 있다. 바로 신영자산운용과 한국투자밸류자산운용 등 비교적 규모가 작은 운용사들이다. 이들은 한결같은 운용철학과 소신을 가지고 있으며, 특히 펀드매니저가 잘 바뀌지 않아서 일관되게 펀드를 운용하고 있다는 공통점이 있다. 운용하는 펀드 수도 그리 많지 않다. 물론 이들 펀드들도 주식시장의 움직임에 따라 성과가 나쁠 때도 있다. 하지만 일관된 운용으로 가입자들에게 믿음을 주고 있어서 시장 분위기가 맞지 않아 수익률이 저조할 때라도 운용사를 믿고 기다릴 수가 있다.

하지만 대부분의 사람들은 대형 자산운용사의 펀드에 많이 가입해 있다. 은행과 증권사 창구 직원들이 이런 펀드를 열심히 팔았기 때문이다. 그런데 대형 자산운용사들은 일부 펀드를 제외하면 전반적인 수익률은 그다지 좋지 않다. 제대로 관리가 안 되다 보니 오랜 기간을 묵혀두어도 성과가 개선되지 않아서 자산운용사에 대한 불신만 높아지고 있다.

아들의 대학자금 마련을 위해 어린이펀드에 가입한 송영근 씨는 얼마 전 집으로 날아온 자산운용보고서를 보고 크게 실망했다. 5년 동안 불입해온 상품인데 펀드의 수익률이 비교지수인 코스피 상승률에도 훨씬 못 미쳤기 때문이다. 최근 1개월은 물론이고 1년과 3년, 5년간 수익률이 모두 비교지수인 코스피를 따라가지 못했다. 즉, 주가지수가 오른 만큼도 오르지 못한 것이다. 작년에도 운용실적이 좋지 않아 계속 불입해야 하나 망설였지만, 대형 자산운용사 상품이니 언젠가는 좋아지겠지 싶었다. 그러나 도무지 나아질 기미가 보이지 않았다.

이 펀드를 은행 직원이 적극 추천할 당시에는 반짝 수익률이 좋았다. 그때는 판매사는 물론이고 자산운용사에서 엄청나게 광고를 하던 상품이었다.

다음 표에서 볼 수 있듯이 송 씨의 펀드는 가입한 기간 동안 코스피 대비 수익률이 매년 좋지 않았다. 화가 난 송 씨는 펀드를 운용하

송영근 씨가 가입한 펀드의 수익률과 주가지수 비교

(단위: %, %포인트)

구분	2010년	2011년	2012년	2013년
송씨의 펀드 수익률	10.87	-4.16	5.07	-0.42
코스피 상승률	21.88	+6.21	9.38	0.72
주가지수 대비 송씨 펀드의 성과	-11.01	-10.37	-4.31	-1.14

출처: 제로인

는 자산운용사에 전화를 걸어 "자녀 학자금 마련을 위해 가입하는 어린이펀드는 더 신경 써서 운용해야 하는 것 아니냐? 어떻게 주가지수보다도 수익률이 나쁘냐? 도대체 펀드 운용을 어떻게 하고 있으며, 펀드매니저는 왜 그리 자주 바뀌느냐?"며 따졌다. 그랬더니 자산운용사 직원은 죄송하다면서 솔직히 자신은 길게 보고 속 편하게 인덱스펀드에 돈을 묻어두고 있다고 말했다.

송 씨는 자산운용사 직원들도 자신들의 펀드를 믿지 못해 주가지수의 움직임을 추종하는 인덱스펀드에 가입한다는 말을 듣고 충격을 받았다.

이 경우, 돈을 빼서 적금이나 예금으로 갈아타는 것도 정답은 아니다. 금리가 낮은 상태에서는 손실을 회복하는 데 오랜 시간이 걸리기 때문이다. 예를 들어 10%의 손실이 났다면 연복리 3%로 4년 가까이 걸리고, 20%의 손실일 때는 8년 가까이 걸린다. 미우나 고우나 장기간 묵혀둘 돈이면 다른 펀드로 갈아타더라도 펀드에서 해결책을 찾는 것이 좋다.

실패하지 않는 펀드를 고르는 기준

•••

이제는 투자자 스스로 펀드를 고를 줄 아는 안목을 키우는 수밖에 없다. 과연 어떤 기준으로 펀드를 골라야 할까? 크게는 펀드 운용 수익률, 수수료와 보수, 펀드매니저의 교체 주기 이 세 가지만 확인해도 좋은 펀드를 고를 수 있다. 좀더 자세히 살펴보자.

첫째, 최근 5년간 꾸준히 운용을 잘해온 펀드가 좋다. 은행이나 증권사 등 펀드를 판매하는 금융회사들은 최근 수익률이 좋은 펀드를 적극적으로 추천한다. 그래야 판매하기가 쉽기 때문이다. 펀드를 운용하는 자산운용사들도 신문에 광고할 때 최근 수익률이 좋은 펀드만 집중적으로 광고한다. 하지만 절대 이런 광고에 현혹되어서는 안 된다. 펀드는 단기 상품이 아니라 최소 5년 이상(가급적 10년 이상) 길게 보고 투자하는 중장기 상품이기 때문이다. 따라서 최근 반짝 수익률이 좋은 펀드가 아니라, 오랜 기간 큰 기복 없이 꾸준히 수익률을 낸 펀드를 고르는 게 중요하다.

펀드의 꾸준함이란 최고의 수익률이 아니라 '중간 이상의 꾸준함'이다. 즉, 펀드가 기준으로 삼고 있는 비교지수보다 조금씩 수익률이 좋은 현상이 지속되는 펀드여야 한다. 장기적인 펀드 운용 능력을 확인하고 싶다면 펀드가 처음 설정된 이후부터 현재까지의 수익률을 점검해보거나, 최근 5년 또는 3년 정도의 수익률을 확인해보는 것이 좋다. 물론 최근의 수익률도 봐야 한다. 그런데 최근 3개월부터 5년까지 꾸준히 수익률이 높은 펀드는 매우 드물다. 그러므로 일부 구간은 다소 부진했더라도 전반적으로 꾸준한 펀드를 선택해야 한다.

수익률 확인시에는 코스피 상승률이나 다른 비슷한 유형의 펀드와 비교해보는 방법이 무난하다. 이때는 펀드 평가 사이트인 '펀드닥터(www.funddoctor.co.kr)'나 '모닝스타코리아(www.morningstar.co.kr)'를 방문해서 여러 펀드를 비교해보면 된다. 만약 송 씨의 사례처럼 오랜 기간 꾸준히 수익률이 좋지 않다면 분명 문제가 있는 펀드이므로 다른 펀드로 갈아타는 것이 바람직하다.

둘째, 수수료와 보수가 싼 펀드가 좋다. 펀드에 가입할 때 내가 내는 돈이 모두 투자되어 운용된다고 생각하면 오산이다. 펀드에 가입하면 펀드를 판매, 운용, 유지하기 위해 필요한 비용들을 모두 제하고 나머지 금액만 투자된다. 예를 들어 100만 원을 투자하면 펀드통장에는 100만 원이 아닌 99만 원이 찍힌다. 1만 원은 수수료라는 명목으로 나도 모르는 사이 통장에서 빠져나간다. 그런데 많은 사람들은 이 사실을 모르고, 설령 알더라도 별다른 관심을 보이지 않는다. 그만큼 집요하지 못한 것이다.

'수수료'란 가입자가 펀드 운용과 판매에 대한 대가로 운용사와 판매사에 지불하는 비용이다. 일회성 비용으로 미리 떼면 '선취수수료', 나중에 떼면 '후취수수료'다. 참고로 선취수수료와 보수가 모두 있는 펀드가 있고, 선취수수료는 없고 보수만 있는 펀드가 있다. 선취수수료가 있는 펀드는 'Class A'이며, 선취수수료가 없고 보수만 있는 펀드는 'Class C'로 분류된다. 장기 투자자 입장에서는 선취수수료 부담이 있더라도 시간이 흐를수록 비용부담이 줄어드는 Class A가 유리하다.

'보수'란 펀드 관리에 대한 대가로 가입 기간 동안 지속적으로 지불하는 비용이다. 대부분 매일 계산해 분기별로 정산되기 때문에 얼마가 빠져나가는지 알기 어렵다. 판매사가 떼가면 판매보수, 운용사가 떼가면 운용보수 그리고 펀드자산을 보관해주는 회사가 떼가면 수탁보수라 부른다. 이 중에서 판매보수와 운용보수의 비중이 크다. 펀드 가입자 입장에서는 비용, 즉 수수료와 보수가 쌀수록 좋다. 일반적으로 국내 주식형펀드의 비용이 대략 2.3~2.5% 정도임을 감안하여 판단하도록 한다.

셋째, 펀드매니저가 안 바뀔수록 좋은 펀드다. 펀드가 생길 때부터 한 펀드매니저가 운용해온 펀드가 가장 이상적이다. 펀드매니저가 바뀌지 않는다는 것은 펀드매니저의 능력이 검증되었다는 의미이자 그만큼 잘해왔다는 증거다. 반대로 펀드매니저가 자주 바뀐다는 것은 펀드 성적이 좋지 않아 자주 바뀌었다는 의미다. 물론 회사 내부 사정이나 개인 사정에 의해 바뀔 수도 있지만 이는 극히 일부일 뿐이다.

펀드매니저가 바뀌었는지 여부는 분기별로 발송되는 자산운용서를 보면 된다. 자산운용서의 '펀드매니저(운용전문인력) 현황'에서 담당 펀드매니저가 얼마나 오랫동안 펀드를 운용했는지, 또는 얼마나 자주 바뀌었는지를 확인할 수 있다. 가입 전이라면 가입하고자 하는 펀드의 자산운용사 홈페이지를 방문하면 된다. 홈페이지에서 원하는 펀드를 검색하면 자산운용보고서를 볼 수 있고, 펀드매니저에 대한 현황을 확인할 수 있다. 펀드 가입시 받게 되는 '투자설명서'에도 '펀드매니저 현황'과 '최근 3년간 펀드매니저 변동 내역'이 있어서 확인이 가능하다. 단, 투자설명서에는 최근 자료가 아닌 연초 자료가 나와 있지만 분위기 파악에는 도움이 된다. 최소한 3년 이상 같은 펀드매니저가 운용한 펀드일 경우 안정적인 운용이 가능해 실패 확률을 줄일 수 있다. 반면 3년 이내에 수시로 펀드매니저가 바뀌면서 수익률도 좋지 않다면, 그 펀드는 '절대' 선택하면 안 된다. 단, 최근 5년간 꾸준히 수익률이 좋았다면 재고해볼 여지는 있다.

다행히 국내에서도 좋은 펀드들은 특정 펀드매니저가 오랫동안 운용하는 시스템이 구축되어가고 있다. 대표적으로 한국투자밸류자산운용의 이채원 부사장, 신영자산운용의 허남권 전무, 한국투신운용의 이영석 상무 등을 들 수 있다. 이들이 운용하거나 총괄하는 펀드들은 오랜 기간 꾸준히 양호한 수익률을 유지하고 있다. 반면 대형 자산운용사들은 대표 펀드매니저들의 교체가 잦다. 당연히 펀드 수익률이 좋을 리 없다. 투자자 입장에서는 오랫동안 검증된 펀드매니저들이 꾸준히 좋은 성과를 내고 있는 자산운용사를 놔두고, 단기간의 수익률만 보고 대형 자산운용사들의 펀드를 선택할 이유는 없다.

설정액도 중요하다. 설정액이란 펀드가 운용하는 자산금액의 합계를 말한다. 설정액은 너무 작아도 너무 커도 모두 좋지 않다. 가장 이상적인 설정액이 얼마라고 정할 수는 없지만 1조 원이 넘어서면 시장 상황에 재빠르게 대처하기가 힘들다. 그러니 지금 수익률이 좋다고 가입자가 급격하게 늘어나면서 규모가 커지는 펀드는 피하는 것이 좋다.

펀드의 경우, 규모가 큰 것보다 설정액이 빠르게 감소하는 펀드를 더 피해야 한다. 설정액이 빠르게 감소한다는 의미는 가입자들이 펀드를 환매한다는 의미다. 환매 요청이 오면 펀드매니저들은 보유자산을 허겁지겁 팔아서 현금으로 돌려줘야 하므로 포트폴리오가 엉망이 되면서 수익률이 나빠진다. 주식시장이 좋지 않아서 환매가 발생하는 건 어쩔 수 없지만 운용을 못해서 환매가 발생하면 경계해야 한다.

　해외 펀드건 국내 펀드건 펀드에 가입해 쓰라린 경험을 맛보았다면, 시장 상황이 나빠서인지 아니면 가입한 펀드의 문제인지를 꼭 따져봐야 한다. 특히 최근 들어 펀드 간 수익률 차이가 커지고 있어서 주가지수는 올라도 내가 가입한 펀드의 수익률은 좋지 않을 확률이 높아지고 있다. 냉정히 말하면 펀드에서 떼가는 비용보다 더 중요한 것이 펀드의 수익률이다. 그리고 펀드의 수익률은 펀드매니저와 밀접한 관계가 있다.

펀드, 무엇을 사느냐보다
언제 파느냐가 더 중요하다
펀드 환매의 기술

펀드에 투자할 때는 투자기간을 잘 설정해야 한다. 펀드는 투자한 자산의 가격이 올라야 수익이 난다. 그런데 그 가격이 언제 오를지는 알 수가 없다. 이럴 때는 투자기간이 길면 길수록 유리하다. 주식이나 부동산에 투자했다고 치자. 5년의 여유기간을 가지고 투자한 사람과 10년의 여유기간을 가지고 투자한 사람 중 누가 더 성공 확률이 높을까? 당연히 10년 동안 투자한 사람이다. 이 당연한 원리를 우리는 간과하고 있다.

1~2년 후, 심지어는 몇 달 후에 써야 하는 돈을 펀드에 투자하는 사람이 있다. 당연히 실패할 가능성이 높다. 주식시장에는 크고 작은

위기가 꾸준히 찾아온다. 하지만 이런 위기를 예측하고 피해가는 것은 매우 힘들다. 결국 분위기에 휩쓸리지 않고 적절한 수익을 거두려면 투자기간을 가능한 길게 잡아야 실패 확률을 줄일 수 있다. 물론 좋지 않은 펀드라면 아무리 장기간 투자를 해도 원하는 수익을 얻기가 힘들다. 실패하지 않는 장기투자의 전제조건은 당연히 좋은 펀드를 선택하는 것이다.

장기투자만이 답이 아니다

•••

한편 무조건 장기투자가 좋은 건 아니다. 1990년대 일본처럼 장기간 디플레이션이 지속되면 오랜 기간 마음고생을 할 수 있다. 이럴 때를 대비해서 어느 정도 수익이 발생하면 부분환매해서 예금이나 채권으로 이동시키는 것이 안전하다. 물론 장기투자가 좋긴 하지만 몇 년 내에 써야 할 자금이라면 중간에 경제 상황이 나빠질 수 있기 때문에 금리보다 약간 높은 수준의 수익률에 만족하는 것도 위험을 줄이는 방법이다.

매월 적금 붓듯이 펀드에 돈을 넣는 적립식이라면, 투자 시점보다는 좋은 펀드를 고르는 데 더 많은 에너지를 쏟는 것이 낫다. 일단 좋은 펀드를 고른 다음, 길게 보고 투자한다면 실패 확률은 낮아진다. 투자기간을 길게 잡고, 자산을 적절히 분산하고, 좋은 펀드를 고르는 것. 이것이 바로 실패 확률을 줄이는 가장 좋은 방법이다.

투자와 환매의 타이밍, 어떻게 잡아야 하나

•••

주식투자 설명회에 가면 많은 사람들이 공통적으로 궁금해하는 것이 있다. '앞으로 주가지수가 얼마나 오를까'와 '지금 주식을 사도 되는지'에 대한 것들이다. 과거에도 그랬고, 지금도 그렇고, 미래에도 이런 질문들은 반복될 것이다. 하지만 이런 질문을 하는 사람들은 남의 의견에 나의 돈을 거는 사람들이다. 누구나 주식시장을 정확히 예측해서 싸게 산 후 비싸게 팔길 원한다. 하지만 아무도 주식시장의 저점과 고점을 예측할 수는 없다. 단기간(보통 1~2년 이내)에 급격히 오른 경우가 아니라면 장기적인 관점에서 볼 때 투자 시점은 생각보다 그리 중요하지 않다. 오히려 적절한 자산 배분과 펀드 배분이 더 중요하다.

펀드의 환매 시점에 대해 고민하는 경우가 많다. 하지만 주가가 많이 오른 시점에 환매한다는 막연한 생각보다는 펀드에 가입한 돈을 언제 어떤 목적으로 사용할지를 미리 정해두는 것이 바람직하다. 그래야 환매 시점에 대한 고민도 해결할 수가 있다. 예를 들어 30대인 가입자가 노후자금으로 사용하려고 펀드에 가입했다면 퇴직할 때까지는 20~30년 이상의 긴 투자기간을 확보할 수 있다. 이런 경우에는 단기적인 주가 움직임에 연연할 필요가 없다. 반면 5년 후에 자녀 대학자금으로 사용할 돈이라면 5년까지 기다리지 말고 중간에 주식시장이 활황일 때 환매 시점을 잡는 것이 안전하다. 예를 들어 3~4년 후에 주가가 어느 정도 오른다면 그때 펀드를 환매하고 그 돈을 안전한 예금이나 채권에 투자해서 대학 입학 시점에 맞추는 것이 안전하다는 의미다. 결국 돈은 필요할 때 써야 하고, 펀드는 그 돈을 마련하기 위한 수단일 뿐이다.

펀드를 부분환매했는데 왜 수익률이 떨어질까?

•••

적립식펀드에 투자하고 있는 김소영 씨는 펀드 수익률이 10%가 넘자 전체 투자금액 1,200만 원 중 500만 원을 환매했다. 그런데 환매 후 수익률을 보고 깜짝 놀랐다. 갑자기 펀드 수익률이 2.5%로 돌변했기 때문이다. 김 씨는 전산상의 오류라고 생각하고 거래하는 증권사에 문의했다. 담당 직원은 펀드는 '선입선출' 방식으로 환매되기 때문에 수익률이 변경되었다고 말했다. 김 씨는 선입선출이라는 말도 처음 들었고, 수익률이 왜 바뀌는지 도무지 알 수가 없었다.

금융회사에서 펀드를 팔면서 알려주지 않는 것이 많다. 그중 하나가 환매시 선입선출 방식이 적용된다는 것과 부분환매를 한 후에는 수익률이 바뀐다는 점이다. 펀드뿐 아니라 대부분의 금융상품을 인출(또는 환매)할 때는 먼저 입금(또는 투자)한 돈부터 인출해준다. 이를 '선입선출' 방식이라고 부른다. 예를 들어 1월부터 12월까지 펀드에 매월 100만 원씩 총 1,200만 원을 투자했는데, 12월 말에 500만 원을 환매한다고 치자. 이때는 1월부터 투자된 원금과 수익을 합해 500만 원이 될 때까지 입금 순서(수익 포함)대로 환매가 된다.

이런 다음 환매 후 남은 원금과 수익을 다시 계산해서 수익률이 표시된다. 가령 1월부터 12월까지 총 투자금은 1,200만 원이고 수익이 120만 원이라면 수익률은 10%다. 그런데 500만 원을 환매하면서 원금 400만 원과 수익 100만 원이 빠져버렸다고 치자. 그럼 남은 돈 중에서 원금은 800만 원이고 수익은 20만 원이 되어 전체 수익률은 2.5%((수익 20만 원/원금 800만 원)×100=2.5)가 되어버린다.

결과적으로 수익이 많이 난 부분이 환매되면 수익률은 낮아지고, 반대로 손실이 난 부분이 환매되면 수익률은 좋아지게 된다. 김 씨의 경우는 초반에 투입된 원금에서 수익이 많이 발생했기 때문에 이런 일이 생겼다. 이런 원리를 모른다면 부분환매 후에 달라진 수익률을 보고 당황할 수밖에 없다. 한마디로 말해 착시현상이 생기는 셈인데, 숫자상의 수익률만 바뀔 뿐이라는 점을 기억해두자.

환율, 만만하게 보면
큰코다친다

환율 때문에 두 번 손해 보지 않는 법

강남에서 병원을 운영하는 한상덕 씨는 병원 리모델링을 위해 2006년 연 2.1% 금리로 5억 원의 엔화 대출을 받았다. 은행에서 금리가 훨씬 낮다면서 엔화 대출을 추천했기 때문이다. 은행은 이자도 싼데다 엔화 약세가 지속되면 만기 때 갚아야 할 원금이 줄어들어 환차익도 볼 수 있다고 했다. 한 씨 주변에서는 엔화로 대출을 받아 부동산에 투자하는 사례도 있었다. 병원을 확장해 이전하려던 한 씨는 금리가 싼 엔화 대출이 반갑기만 했다.

하지만 2008년 금융위기가 터지자 한 씨는 잠을 설치는 날이 많아졌다. 2006년 대출받을 당시 100엔당 840원 하던 엔화 환율이 2009

년 들어서 1,600원까지 급등했기 때문이다. 이로 인해 갚아야 할 대출원금은 5억 원에서 9억 5천만 원으로 두 배 가까이 불어났다. 엔화 대출로 연간 1,000만 원 정도 대출이자를 아끼려다 오히려 대출원금만 두 배로 늘어난 것이다. 조금씩 원금을 상환하면서 버텨오던 한 씨는 최근 엔화 환율이 1,020원 정도로 하락해 부담이 줄었지만 갚아야 할 원금은 여전히 20% 정도 늘어난 상태다. 게다가 은행이 대출금리도 올려서 이중고를 겪고 있다.

금융회사는 수익이 저조할수록 특정 상품에서 돌파구를 찾는다

•••

2006년 당시 은행들은 연 1% 정도의 낮은 금리로 엔화를 들여와 국내에서 연 2~3% 정도에 대출해주면서 차익을 챙겼다. 당시만 해도 부동산 투자 열풍으로 낮은 금리 대출의 수요가 많은 상황이어서 은행들은 엔화 대출로 쉽게 돈을 벌 수 있었다. 환율 변동으로 인해 발생하는 위험은 대출받은 기업이나 개인이 떠안기 때문에 은행은 위험부담도 없었다.

그래도 은행은 대출받은 기업이나 개인을 보호하기 위해 환율 예측에 대한 정보는 제공했어야 했다. 당시 은행은 엔화의 환율이 크게 올라갈 거라고 예상하지 못했을까? 당시는 엔화가 원화 대비 약세를 보이던 상황이라 반대의 상황은 심각하게 생각하지 않았을 가능성이 높다. 하지만 금융위기 후 상황은 급반전되었고 엔화가 초강세를 보였다. 아무도 예상하지 못했던 상황이었다. 흔히들 금리나 주식 예측보다 환율 예측이 더 어렵다고 한다. 환율에 영향을 미치는 변수가 굉장히 다양할 뿐 아니라 환율은 단기간에 큰 폭으로 변동할 수 있는 특징을 갖고 있기 때문이다.

따라서 외화로 투자를 하거나 돈을 빌릴 때는 매우 신중해야 한다. 또한 환율에 대한 기본적인 원리도 알고 있어야 한다. 그래야 해외 투자의 까다로움을 인식하고 금융회사의 달콤한 유혹에 쉽게 넘어가지 않는다. 간단히 환율에 대해 살펴보자.

'환율'은 국가별 화폐 간의 교환비율이다. 예를 들어 미국 돈 1달러를 바꾸기 위해 우리나라 원화 1,000원을 줘야 한다면 원/달러 환율은 1,000원이 된다. 그런데 환율은 주식가격과 마찬가지로 시시각각 변한다. 만약 1달러에 1,000원 하던 환율이 1,100원이 되었다고 치자. 1,000원을 주면 1달러를 살 수 있었는데, 지금은 1,100원을 줘야 1달러를 살 수 있으니까(1달러를 사기 위해 더 많은 원화를 줘야 하므로) 원화의 가치는 떨어진 것이다. 이때 원/달러 환율을 나타내는 숫자가 1,000원에서 1,100원으로 올라갔음을 알 수 있다.

이렇게 환율의 숫자가 올라가면 '환율이 상승했다'고 이야기하는데, 이는 원화가치가 하락했다는 뜻이다. 반대로 원/달러 환율이 1,000원에서 900원으로 떨어졌다면 '환율이 하락했다'고 표현하는데, 이는 원화가치가 상승했다는 의미다. 많은 사람들이 환율이 상승하면 원화가치가 올라갔다고 착각하기 쉬운데, 환율과 원화가치는 반대로 해석해야 한다는 점에 주의하자. 이 부분을 잘 이해해야 신문이나 방송 또는 인터넷에서 '환율이 상승했다' 또는 '환율이 하락했다'는 말을 접했을 때 헷갈리지 않는다.

그럼 국가 간 환율에는 어떤 원리가 작동할까? 일반적으로 한 나라의 경제가 좋을 때 그 나라의 화폐가치는 올라간다. 경제 상황이 좋은 나라의 화폐가치가 올라가는 건 매우 자연스러운 현상이다. 하지만 경제 상황 외에도 많은 변수가 환율에 영향을 미친다. 단기적으로는 금리가 높으면 그 나라 화폐는 강세를 띤다. 아무래도 이자를 많이 주는 나라로 돈이 몰리기 때문이다. 또한 수출이 수입보다 많아서 돈을 잘 버는 나라들의 통화도 강세를 보인다.

외국인들의 투자가 많은 나라의 통화도 마찬가지인데, 외국인들이 투자를 하기 위해서 그 나라 돈으로 바꾸게 되므로 해당 화폐의 수요가 늘어나기 때문이다. 물가가 안정된 나라 역시 화폐가치가 지켜지기 때문에 통화도 강세를 띤다. 반면 금융위기 등으로 세계경제가 불안해지면 어떤 상황이 벌어질까? 일반적으로 미국 달러가 강세를 보인다. 아직까지는 미국 달러가 국가 간 거래에서 가장 많이 쓰이는 기축통화고 미국 경제가 상대적으로 양호하기 때문이다.

이 외에도 다양한 변수들이 그 나라의 화폐가치를 좌우한다. 따라서 한 나라의 환율을 한쪽 방향으로만 예측하는 건 상당히 위험하다. 이런 이유로 해외에 투자하는 특정 상품을 추천할 때 금융회사는 여러 가지 변수들을 생각해야 하며, 환율은 가장 큰 변수 중 하나다. 금융회사들이 환율을 우습게 알고 판매하다 고객들에게 피해를 끼친 대표적인 사례가 또 하나 있다. 바로 브라질 국채다.

금융회사는 상품 판매에 유리한 방향으로만 환율을 예측한다

•••

퇴직을 앞둔 양석훈 씨는 2013년 6월 미국의 벤 버냉키 전 FRB(연방준비제도이사회) 의장이 양적완화 축소를 밝힌 이후 마음이 편치 못하다. 2011년에 투자한 브라질 국채 때문이다. 당시 증권사 직원은 브라질 국채에 투자하면 연 10%의 높은 이자를 받을 수 있고, 브라질 헤알화가 강세를 보이면 추가로 환차익도 얻을 수 있다며 강력하게 추천했다. 게다가 이자와 환차익 모두 비과세가 된다는 말에 양 씨는 5,000만 원을 투자했다. 퇴직을 앞두고 있기 때문에 금융투자 수익을 높이고 싶은 의욕이 앞섰다. 그 후 높은 이자를 받고 기뻤던 순간은 잠시, 생각지도 못한 고통의 시간이 양 씨를 기다리고 있었다.

연 10%라는 높은 이자(브라질 국채 투자시의 비용을 감안하면 실제 이자 수령액은 줄어듦)를 받았지만 헤알화의 가치가 그 이상 떨어져서 손실이 발생했기 때문이다. 2011년 양 씨가 투자했을 때 1헤알당 652원이었던 환율이 2014년 1월에는 453원으로 떨어졌다. 원화 대비 헤알화 가치가 무려 30%나 떨어진 것이다. 만약 브라질 국채에 투자한 5,000만 원을 지금 당장 원화로 회수한다면 3,500만 원 정도밖에 돌려받지 못하는 것이다. 만일 자녀의 결혼 등으로 인해 목돈이 필요해 회수를 선택한다면 꼼짝없이 큰 손실을 떠안아야 하는 상황이다. 물론 그동안 받은 이자로 일정 부분 손실을 상쇄할 수 있지만, 높은 이자만 생각했지 이런 큰 위험이 잠복해 있으리라고는 미처 생각지 못했기에 당황스러웠다.

그렇다면 엔화 대출을 해줬던 은행처럼 증권사들 역시 이런 환율 변동을 예측하지 못했을까? 예측을 전혀 못했다기보다는 예측을 안 이하게 했다고 보는 게 옳을 것이다. 그들은 판매에 유리한 방향으로만 환율을 예측한 것이다. 당시 브라질 헤알화의 가치가 고평가되었다는 의견이 있었는데도 오히려 헤알화의 가치가 더 올라서 이득을 보는 쪽으로만 예상하고 판매시 이 부분을 강조했다. 해외 투자 시에는 환율 변동이 자산가치에 큰 영향을 미친다는 점을 대수롭지 않게 생각한 것이다.

우리는 1997년 말 외환위기와 2008년 금융위기 때 환율 변동이 얼마나 심해질 수 있는지, 그리고 그로 인해 우리의 자산가치가 얼마나 크게 하락할 수 있는지를 충분히 경험했다. 1997년 외환위기 때 원화 가치는 위기 전 1달러당 900원대에서 2,000원대로 두 배 넘게 폭락했고, 2008년 금융위기 때 역시 900원대에서 1,500원대까지 하락했다. 이렇게 큰 폭으로 변동할 수 있는 것이 환율이다. 특히 브라질, 인도네시아, 터키 등 신흥국들의 경우 환율 변동성은 더욱 크다. 이런 경험을 여러 번 했는데도 금융회사들이 여전히 해외 투자를 쉽게 생각하고 있다는 것은 매우 큰 문제다.

브라질 국채가 폭락하자 2013년에 일부 증권사 해외 담당 직원들이 브라질에 출장을 갔다. 브라질 국채를 계속 팔아야 할지 고민 끝에 현장에 가서 확인을 하고 싶었던 것이다. 브라질 출장 후 해외 담당자는 "브라질 경제는 인구 규모도 크고, 전체 경제 성장률의 60%가 민간 소비에서 나올 만큼 내수 비중이 크다. 특히 2014년 월드컵과 2016년 올림픽을 앞두고 관광객들도 몰려올 것으로 예상돼 브라질 경제는 긍정적"이라고 결론 내렸다.

과연 그럴까? 브라질은 오랜 기간 고질적인 인플레이션으로 고생하는 나라다. 1990년대에는 소비자물가 상승률이 무려 3,000%가 넘었던 적이 있었고, 2000년대에도 두 자릿수로 물가가 오른 경우가 많았다. 2013년 들어 연 6% 내외에서 안정되긴 했지만 오랜 기간 높은 인플레이션과 환율 상승으로 고전했던 경력이 있다. 즉, 실물경기는 회복되더라도 여전히 물가가 높을 수 있고, 물가가 안정되지 못하면 화폐가치는 떨어진다. 이자를 많이 받아도 허당일 수 있는 것이다.

브라질이나 중국과 같이 금융이 성숙되지 않은 나라들은 실물경제와 금융시장 간의 괴리가 존재한다. 즉, 실물경제가 좋아도 주식시장이 나아지지 않거나 채권시장이 불안하게 움직일 수 있다. 선진국과 달리 금융시장이 성숙되지 못해 실물경제를 금융시장이 충분히 반영하지 못하는 것이다.

단순히 그 나라 한 번 다녀왔다고 경제 상황을 판단할 수 있는 안목이 생기지는 않는다. 중국에 한 번 다녀온 후 천지개벽한 모습에 입이 벌어져서 중국 펀드에 투자한다고 성과가 좋을 수 없는 것과 같은 원리다. 신흥국에 투자할 때는 이 점을 잊지 말아야 한다. 신흥국들은 실물경제를 뒷받침해줄 만큼 금융시장이 안정되어 있지 않다. 따라서 실물경제가 좋아 보인다는 이유로 해당 국가의 주식이나 채권을 사도 투자 성과가 좋다는 보장은 없는 것이다.

해외 투자시 위험을 줄이는 환헷지 제대로 하기

•••

해외 투자시 환율 변동에 따른 위험을 없애려면 환헷지를 하는 것이 가장 속 편하다. 환헷지를 할 수 없는 상황이라면 언제든 환에 대한 손실(환차손)을 각오하고 투자해야 한다. 특히 정치가 안정되어 있지 않고 금융시스템이 선진화되지 않은 국가에 투자할 때는 더욱 그렇다. 한 나라의 주식이나 채권에 투자한다는 것은 그 나라의 경제가 좋아진다는 것을 전제로 하기 때문에 환헷지를 안 하는 게 좋다는 의견도 있다. 물론 기본적으로는 그렇지만 해당 국가의 금융환경을 감안해 적절히 대응해야 한다. 결국 다른 나라에 투자한다는 것은 더 많은 위험이 따르고 그래서 어렵다는 것을 이해해야 한다. 금융회사들 말처럼 해외 시장이 '물 반 고기 반'은 아닌 것이다.

환헷지는 투자대상국의 통화가치가 변동할 때 생기는 위험을 없애기 위해 현재 시점의 환율로 거래금액(투자금액)을 고정시키는 것을 의미한다. 즉, 환헷지를 하면 투자대상국의 통화가치가 하락할 때 발생하는 손해를 막을 수 있다. 반대로 이득을 볼 기회도 포기해야 한다.

예를 들어 현재 원/달러 환율이 1,000원인데 1년 만기 미국 채권에 1,000만 원을 투자했다고 치자. 1년 후 환율이 900원으로 내려가면 달러를 원화로 바꿀 때 900만 원만 받게 되어 손해가 발생한다(거래비용, 이자 등 모두 제외하고 원금만 감안). 이를 '환차손'이라고 부른다. 반대로 1년 후 환율이 1,100원으로 올라가면 달러를 원화로 바꿀 때

1,100만 원을 받게 되어 이득이 발생한다. 이를 '환차익'이라고 부른다. 하지만 환헷지를 해두면 1년 후 만기 때 환율 변동과 상관없이 원금 1,000만 원을 그대로 받게 된다.

결국 환헷지는 환율 변동으로 인한 손해와 이득을 모두 배제하는 것으로, 주목적은 환차손을 없애는 것이다. 환헷지를 하게 되면 환율 변동에 따른 스트레스 없이 투자를 통해 얻는 성과에 집중할 수 있다는 장점이 있다. 하지만 환헷지를 하는 데는 적지 않은 비용이 발생한다. 따라서 실제 해외 투자시 환헷지를 한다면 이에 대한 비용을 감안해서 득실을 따져봐야 한다.

금융회사는 해외 투자를 열심히 권하지만 발생한 손실에 대해서는 책임을 지지 않는다. 해외 상품을 판매한다고 그들이 외환전문가가 아니라는 점, 설령 외환전문가라고 하더라도 환율을 예측하기는 굉장히 어렵다는 점을 잊지 말자. 해외 투자를 할 때는 손실을 가정해보고 투자해야 한다. 그리고 투자대상에 어떤 위험이 있는지 확인하고 최악을 가정해도 감당할 수 있는지 등을 따져본 후에 최종적인 의사결정을 해야 한다. 가능하면 전체 자산 중 일부분만 투자해야 한다.

해외 투자는 이처럼 비용도 들고 고민할 것도 많아서 결코 쉽게 결정해서는 안 된다. 그래도 해외 펀드나 해외 투자상품을 이용하고 싶다면 환헷지와 관련해 알아둘 사항들이 있다.

해외 펀드에 가입할 때

해외 펀드는 크게 역내 펀드와 역외 펀드로 나눌 수 있다. 펀드를 운용하는 자산운용사가 국내가 아닌 해외에 주소를 두고 있을 경우는 '역외 펀드'이고 국내인 경우에는 '역내 펀드'다. 따라서 외국 자산운용사라도 국내에 현지법인을 두고 자산을 운용하면 역내 펀드가되며, 국내 자산운용사라도 해외 현지법인이 운용하면 역외 펀드가된다. 은행이나 증권사에서 판매하는 해외 펀드는 대부분 역내 펀드를 지칭한다고 이해하면 무리가 없다.

역외 펀드와 역내 펀드의 가장 큰 차이는 환헷지 부분이다. 역외 펀드는 해외에서 설정된 펀드이므로 해외 통화로 투자된다. 따라서 환율 변동에 대한 위험을 없애려면 환헷지를 해야 하는데, 펀드 판매사인 은행이나 증권사에서 알아서 환헷지를 해주지 않는다. 따라서 환헷지를 원한다면 은행이나 증권사와 별도의 계약서를 쓰고 해야한다.

반면 역내 펀드는 자산운용사가 자체적으로 환헷지를 하기 때문에 환헷지에 대해 고민할 필요가 없다. 그렇더라도 완전한 환헷지는 아니다. 일반적으로 투자원금의 90% 정도에 대해 환헷지를 하며 나머지 부분은 자산운용사에서 수시로 환위험에 대응한다. 이러한 과정에서 눈에 보이지 않는 비용이 발생한다는 점도 참고로 알아두자. 그래도 환율 변동에 따른 위험을 고민하지 않고 투자 성과에만 집중할수 있는 역내 펀드가 가장 편하고 쉬운 해외 투자 방법이다.

2008년 금융위기 전에는 증권사나 은행에서 역외 펀드를 많이 판매했다. 하지만 당시 환헷지로 인한 문제가 발생한 후 지금은 대부분 역내 펀드를 판매한다. 일부 해외 펀드는 환헷지를 한 것과 안 한 것을 선택해서 가입할 수 있도록 해놓은 경우도 있다. 만약 환헷지를 원하지 않을 경우 이런 종류의 해외 펀드를 선택하면 된다. 이때는 경제가 안정되어 있는 선진국 위주로 투자하는 것이 환율에 따른 위험을 낮출 수가 있다. 신흥국가들의 경우에는 언제든 통화가치가 급격히 하락할 수 있어서 환헷지를 하는 것이 안전하다.

이와 관련된 대표적인 사례가 역외 펀드에 투자하면서 별도의 '선물환계약서'를 쓰고 환헷지를 하는 경우다. 예를 들어 미국에 투자하는 역외 펀드에 1,000만 원을 가입하고 이에 해당하는 금액을 선물환을 통해 환헷지를 했다고 가정해보자. 선물환계약을 통해 환헷지를 하는 방법은 펀드 가입시 1,000만 원어치에 해당하는 1만 달러를 미리 팔아두고 1년 후에 1만 달러를 같은 조건으로 되사는 것이다. 그런데 이때 위험이 발생한다. 1년 후에 1,100원으로 환율이 하락하면(원화가치 하락), 1만 달러를 되사기 위해 필요한 원화는 1년 전 1,000만 원에서 1,100만 원으로 늘어난다. 환율이 하락함으로 인해 1년 전에 비해 100만 원을 더 주고 달러를 사서 갚아야 하는 것이다.

펀드의 수익률과 상관없이 원금의 10%를 더 주고 선물환계약을 청산해야 하므로 결국 이만큼 손실이 발생한 것과 같다. 만약 1년 후 펀드 수익률까지 마이너스라면 선물환 손실에 펀드 손실까지 얹어져서 총손실은 더 커지게 된다. 예를 들어 역외 펀드 수익률이 −50%인데 선물환계약에서 40%의 손실이 났다면 총 90%의 손실이 발생해 원금의 대부분이 사라지게 된다. 펀드에서도 깡통계좌가 발생하는 셈이다. 금융위기 발발 전, 은행이나 증권사에서 역외 펀드를 팔 때 이런 식으로 환헷지를 해서 많은 가입자들이 큰 손해를 보았기 때문에 이후 역외 펀드의 판매는 크게 줄어들었다. 이런 위험이 있으므로 해외 펀드에 가입할 때는 자산운용사가 자체적으로 환헷지를 하는 역내 펀드를 이용하는 것이 가장 좋다.

해외 주식이나 해외 채권에 가입할 때

최근 국내 주식시장이 크게 오르지 못하자 미국이나 유럽의 증권거래소에 상장되어 있는 해외 주식이나 해외 채권에 관심을 갖는 투자자들이 늘고 있다. 이때 환헷지를 하려면 외환시장에서 미래의 특정 시점에 상대방 통화를 정해진 조건으로 주고받는 선물환거래를 해야 한다. 실제 금융회사나 기업들은 다양한 방법을 통해 환헷지를 한다. 그런데 개인들이 직접 환헷지를 하기는 쉽지 않다. 외환은행이나 신한은행 등 시중은행에서 가능하기는 하지만 개별적으로 은행과 선물환거래 계약을 해야 한다.

문제는 개인과 은행 간의 선물환계약이 매우 번거롭고 복잡하다는 것이다. 일단 본점의 심사를 받아야 하고 외화 딜링 부서의 협조를 받아야 한다. 그나마 모든 지점에서 가능한 것도 아니고 해당 업무를 해본 몇몇 지점에서만 취급이 가능하다. 또한 은행에 따라 다르지만 대부분 수십만 달러 또는 100만 달러 정도의 금액이 되어야 처리를 해주는 경향이 있다. 이 밖에 환율 변동이 심해져서 중간에 환차손이 발생하면 즉각 필요한 금액을 추가로 예치해야 할 수도 있다.

은행을 통하지 않고 직접 외환시장이나 선물환시장을 통해 환헷지를 하는 방법도 있다. 하지만 이 또한 만만치 않다. 예를 들어 원/달러 선물환거래는 최소 거래금액(현재 1만 달러)이 적지 않고 증거금을 납부해야 하는데, 환율 변동으로 증거금이 부족하면 언제든 추가로 돈을 계좌에 넣어야 하는 위험이 있다. 무엇보다 외환시장은 변동성이 큰 데다 실제 납입한 돈보다 훨씬 많은 금액을 거래하는 레버리지 투자(빚을 지렛대처럼 이용해 투자 수익률을 높이는 기법)여서 일반인이 참여하기에는 매우 위험하다.

또한 국내 외환시장에서는 주로 원화와 미국 달러의 거래만이 활성화되어 있어 다른 나라 통화에 대한 환헷지가 불편하다. 외환 선물환시장 외에 FX마진거래(Foreign Exchange Margin Trading)ᵒ나 상장지수펀드(Exchange Traded Funds, ETF)인 KOSEF 미국달러선물을 활용할 수도 있지만, FX마진거래는 위험부담이 매우 크고, 상장지수펀드는 투자금액과 기간을 정확히 일치시키기가 어렵다는 단점이 있다. 이런 이유로 펀드가 아닌 해외 주식이나 해외 채권에 직접 투자할 때는 그냥 환위험을 떠안고 투자하는 경우가 많다.

특히 브라질 헤알화나 인도 루피 등 신흥국 통화는 외환시장에서 거래가 되지 않아서 이들 국가의 주식이나 채권에 투자할 때 개인들

• **FX마진거래** 금융회사에 맡긴 마진(주식이나 외환을 매매할 때 약정대금의 일정 비율에 해당하는 금액을 미리 예탁하는 보증금)의 최고 수십 배까지 외환(Foreign Exchange)을 사고팔 수 있는 거래를 의미한다. 증거금률이 투자금액의 5%(2014년 1월 현재)에 불과해 증거금의 20배까지 외환을 사고팔 수 있다. 예를 들어 1억 원어치 외환을 거래하기 위해서는 이의 5%인 500만 원만 있으면 된다. 원래는 외환거래에서 발생하는 위험을 헷지하기 위해 만들어졌지만 일부 개인들이 소액으로 큰돈을 버는 재테크 방법으로 이용하면서 투기수단으로 변질되어 문제가 발생하고 있다.

이 직접 환헷지하기가 매우 힘들다. 따라서 신흥국 투자는 펀드와 같은 간접투자를 통해 위험을 줄여야 한다. 일부 증권사에서 열심히 판매한 브라질 국채도 개인이 직접 투자하는 방식이기 때문에 환율 변동에 따른 피해가 커진 것이다. 결국 환헷지를 하지 않고 해외에 투자하려면 화폐가치가 안정되어 있는 선진국 위주로 하는 것이 안전하다.

해외 투자는 결코 쉽지 않다. 굳이 하고 싶다면 조금씩 투자금액을 늘리면서 내공을 쌓아야 한다. 이런 과정을 통해 스스로 판단할 수 있는 힘을 길러야 한다.

국민연금도 불완전판매?
노후대책, 무엇이 정답인가?
가장 든든한 노후대책법

"국민연금 많이 드려요" 정부 홍보는 거짓

평균임금 4분의 1 '용돈 연금'

한 일간지에 위와 같은 국민연금 관련 기사가 떴다. 정부의 말이 거
짓이라고? 정부에서는 국민연금에 가입하면 국민연금을 낸 시기의
평균소득 대비 40%를 받을 수 있다고 말한다. 예를 들어 국민연금에
가입할 당시 월평균 소득이 300만 원이었다면 월소득의 40%인 120
만 원을 평생 국민연금으로 받는다는 것이 정부의 설명이다. 실제로
우리는 해마다 국민연금공단에서 알려주는 예상연금수령액을 우편

으로 통지받는다. 그리고 그 통지서에는 이런 기준으로 계산된 노후 연금액이 표시되어 있다.

해당 일간지가 조사해본 결과, 대부분의 국민연금 가입자들은 평균적으로 월소득 300만 원의 4분의 1 수준인 75만 원만 받기 때문에 정부가 국민연금에 대해 홍보하는 내용이 거짓이라는 것이다. 그렇다면 국민연금공단에서 알려주는 예상연금수령액도 잘못되어 있다는 의미가 된다.

노후준비라고는 국민연금이 전부인 사람들은 갑자기 뒤통수를 얻어맞은 느낌이 들 것이다. 분명 정부나 일간지 중 한쪽은 거짓말을 하고 있다. 과연 누구의 말을 믿어야 하며, 도대체 국민연금의 진실은 무엇일까? 똑같은 사실을 두고도 관점을 어떻게 달리해서 해석하느냐에 따라 그 내용은 달라질 수 있다.

의사가 큰 수술이 필요한 환자의 보호자에게 "이 수술이 성공할 확률은 70%나 되는데 수술을 할까요?"라고 물으면, 보호자들은 "살 수 있는 가능성이 높으니까 수술을 해주십시오"라고 답할 가능성이 높다. 반면 의사가 "이 수술은 실패할 확률이 30%나 돼서 세 명 중 한 명은 죽는데, 그래도 하시겠습니까?"라고 묻는다면 보호자들은 한참을 망설일 것이다. 심리학에서는 이를 '프레이밍 효과(framing effect)'라고 한다. 즉, 상대에게 특정 정보를 알려줄 때 어떤 방법을 택하느냐에 따라 받아들이는 사람은 그 의미를 다르게 느낄 수 있다는 것이다.

국민연금도 마찬가지다. 정부가 말하는 '국민연금 평균 가입기간에 대한 소득대체율(소득 대비 연금수령 비율)'은 40%가 맞다. 그런데 여기에는 중요한 전제조건이 있다. 국민연금에 40년 동안 가입해야 한다는 조건이다. 일간지는 이 부분을 문제 삼았다. 실제로 국민들의 '국민연금 평균 가입기간'은 20년이 채 안 되기 때문에 노후에 받는 연금수령액은 적을 수밖에 없다는 것이다. 결론적으로 정부나 신문사의 주장은 모두 사실이지만, 그들이 자신들의 주장을 펼치기 위해 선택한 기준은 달랐다. 실제로 직장에 다니는 기간은 채 30년도 안 된다는 점을 감안하면, 정부가 연금수령액 산출 기준의 전제를 '40년 간 가입'으로 정했음을 전면에 밝히지 않는 것은 국민연금에 대한 오해를 증폭시키는 요인으로 비판받을 만하다.

이쯤 되면 정부에게도 금융회사들처럼 '불완전판매하지 말라'는 지적을 해야 하는 게 아닌가 싶다. 중요한 사항을 정확히 알리지 않고 슬그머니 넘어가거나 작은 글씨로 표시해버리는 것은 금융회사들이 잘 써먹는 방법이기 때문이다. 금융회사 직원들은 상품을 권유할 때는 좋은 내용만 이야기하고 상품의 위험성이나 단점에 대해서는 구렁이 담 넘어가듯이 슬그머니 넘어가곤 한다.

국민연금, 과연 믿어도 될 것인가

•••

그렇다면 국민연금을 어떻게 해야 할까? 차라리 개인연금에 가입하는 것이 좋을까? 이럴 때는 한쪽의 말에 휘둘리지 말고 실속을 챙겨야 한다. 즉, 국민연금과 개인연금 중에 어느 것이 더 실질적으로

득이 되는지 따져보고 선택하면 된다.

정부가 국민연금의 조건을 정확히 전달하지 않은 것은 분명 불완전판매에 해당한다. 하지만 국민연금은 장점도 많다. 우선 낸 돈보다 많이 받고, 매년 물가상승분을 연금수령액에 반영하기 때문에 노후에 실질적인 돈의 가치가 유지된다. 그리고 아무리 오래 살아도 죽을 때까지 연금을 준다. 무엇보다 중간에 절대로 해약하지 못하기 때문에 강제적으로 노후를 준비하게 한다.

이 중에서 노후준비에 가장 유용한 장점은 무엇일까? 바로 마지막 조항인 '강제적으로 하게 하고, 중간에 절대로 해약하지 못한다'는 점이다. 노후준비에 있어 아무리 낸 돈보다 많이 받고 수익률이 좋다고 해도 중간에 해약해서 써버리거나 준비 자체를 미루고 안 한다면 아무런 소용이 없다. 그래서 국가가 강제로 납입하게 하고, 해약을 못하게 한다는 점은 국민연금의 가장 큰 장점이다. 개인연금은 돈이 필요할 때 자유롭게 해약이 가능하다는 점에서 걸림돌로 작용할 수 있다. 이런 이유로 적금이나 펀드로 노후준비를 한다면 말리고 싶다. 단, '인출 금지'나 '환매 금지' 장치를 마련한다면 괜찮다.

그럼에도 불구하고 국민연금은 연금이 고갈되거나 연금수령 시기가 늦어질 수 있다는 점 등 불안한 요소가 많은 건 사실이다. 또한 풍족한 노후자금이라고도 할 수 없다. 하지만 국민연금은 기초노후자금을 확보하는 데 있어 꼭 필요한 존재다. 앞서 언급한 대로 낸 돈보다 많이 받고, 매년 물가상승분을 연금수령액에 반영해주기 때문이다(이 말이 믿기지 않으면 뒤에 제시한 국민연금수령액을 확인해보라. 또는 국민연금공단의 홈페이지를 방문해 자료를 확인해보면 된다. 설령 국민연금이 고갈되더라도 우리나라가 망하지 않는 한 세금을 통해서라도 국민연금은 지급된다).

직장에 다니거나 소득이 있는 경우 소득의 9%를 국민연금으로 내기 때문에 선택의 여지가 없다. 하지만 주부나 학생처럼 소득이 없는 사람들은 국민연금 의무가입자가 아니므로 노후준비를 위해 개인연금과 국민연금을 비교해보고 선택할 수 있다. 소득이 없는 경우 '임의가입자'로 국민연금에 가입할 수 있는데, 만 60세 이전에 가입해야 하고, 최소한 10년 이상 불입해야 평생 연금수령이 가능하다. 임의가입자의 경우 최소 보험료는 89,100원인데 이 경우 10년 납입을 기준으로 낸 돈 대비 얼마를 받을 수 있는지는 다음의 표를 통해 살펴보자.

국민연금 임의가입자가 10년 납입시 수령 가능한 연금액

연금보험료	10년 불입시 연금액	낸 돈 대비 받는 배율 (물가를 감안한 현재가치 기준)
89,100원	165,500원	1.86배
108,000원	177,370원	1.64배
135,000원	194,340원	1.44배
162,000원	211,310원	1.30배
207,000원	239,590원	1.16배
358,200원	334,360원	0.93배

*2013년 최초 가입시 기준, 소득대체율 변경으로 2028년까지 매년 금액 조정
출처: 국민연금공단

납입한 돈 대비 받는 금액은 보험료에 따라 다르지만, 낸 돈 대비 받는 배율만 따지면 대략 10만 원 선에서 보험료를 정하는 것이 좋다. 하지만 불입금액이 많을수록 받는 금액 자체는 많아진다. 중요한 것은 국민연금수령액이 물가를 감안한 현재가치라는 점이다. 개인연금의 경우 물가를 감안해서 연금수령액을 늘려주지 않는다. 따라서 갈수록 노후가 길어진다는 점을 감안한다면 물가와 연동되는 국민연금은 안정적인 노후자금으로 든든한 역할을 하게 될 것이다.

국민연금과 개인연금, 누가 더 든든한 노후대책이 될 것인가

•••

국민연금이 개인연금보다 안정적인 노후자금이라는 사실이 믿기지 않는다면, 개인연금에 가입했을 때와 비교해보면 된다. 개인연금 상품은 종류가 매우 다양한데, 이 중 대표적인 상품인 보험사의 연금 상품을 대상으로 비교해보자.

적용금리인 공시이율이 연 3.99%이고, 가입 시기는 만 40세부터 10년 동안 납입하고 만 65세부터 평생 연금을 받는(최소 20년 지급 보증) 상품이 있다고 하자. 물론 물가상승률이나 시중금리, 그리고 생존수명 등의 변수에 따라 실제 연금수령 총액은 달라진다. 하지만 합리적인 변수를 고려해서 적용해보면 대략적인 연금수령액을 비교해볼 수 있다.

연평균 물가상승률 3%, 개인연금에 적용되는 이자율 3.99%를 전

국민연금과 개인연금 비교

구분	월 납입 보험료	월 예상연금 수령액	물가상승률을 감안한 연금액의 현재가치	보험료 대비 수령액 배율
개인연금	108,000원	121,660원	53,969원	0.50배
국민연금	108,000원	177,370원	177,370원	1.64배

* 40세 남자, 10년 불입, 65세 연금 개시 가정.
* 보험료 대비 수령액 배율: 국민연금과의 비교를 위해 물가상승률 연 3%를 감안하여 현재가치로 비교한 배율임.
* 국민연금 예상연금수령액은 매년 물가를 감안해 올려주는 현재 실질가치이며, 개인연금은 물가상승이 반영되지 않은 명목가치임.

제조건으로 매월 108,000원씩 납입하는 조건으로 비교해보면, 국민연금이 개인연금에 비해 세 배 이상 더 받을 수 있다. 물론 다양한 변수에 따라 연금수령액이 달라지기 때문에 숫자놀음에 불과할 수도 있지만, 막연히 생각했던 것과 달리 국민연금이 개인연금에 비해 경쟁력이 있다는 것만은 확인할 수 있다. 결국 매월 108,000원씩 노후를 위해 저축한다면 개인연금에 가입하기에 앞서 국민연금에 가입하는 것이 현재로서는 훨씬 더 유리하다.

설령 국민연금 수령액이 지금보다 줄더라도 앞서 밝힌 '국민연금과 개인연금 비교' 상의 물가상승(연평균 3%)을 감안한 연금액의 현재가치 기준으로 3분의 1로 줄어들지 않는 한 국민연금에 가입하는 것이 낫다(개인연금 53,969원 : 국민연금 177,370원).

노후준비에 있어서는 영리한 사람보다 우직한 사람이 훨씬 좋은 결과를 기대할 수 있다. 국민연금이 못 미덥다는 핑계로 국민연금을 안 내면서 다른 준비도 안 하는 것은 가장 어리석은 일이다. 노후준비의 핵심은 국민연금으로 최소한의 생활비를 마련하고, 나머지를 퇴직연금이나 개인연금 등 다양한 방법으로 대비해나가는 것이다.

국민연금으로 풍족한 노후준비가 불가능한 것은 진실이다. 하지만 국민연금이 낸 돈보다 적게 받는다거나, 개인연금보다 못하다는 것은 분명 거짓이다. 적어도 현재까지는 그렇다. 아울러 정부는 국민연금수령액을 가입자에게 통지할 때 다음과 같이 안내문구를 크게 적어서 알려야 한다.

위의 예상연금수령액은 현재 납입하고 있는 보험료를 40년 동안 꾸준히 납입해야 받을 수 있는 금액이며, 실제 평균 국민연금 가입기간이 22년이라는 걸 감안하면 예상연금수령액은 절반 정도로 줄어듭니다.

결국 국민연금과 개인연금의 장단점을 파악한 후, 나에게 가장 유리한 방식을 선택해 노후에 대비하는 것이 현명하다. 국민연금에 대해 정확히 모른 채 막연히 불안해한다면, 더 많은 비용을 들여서 다른 방법으로 노후를 준비해야 한다. 국민들이 국민연금을 불신할수록 노후상품을 판매하는 금융회사들은 미소를 지을 것이다.

그렇다면 국민연금과 퇴직연금을 제외하고 개인연금은 월소득의 어느 정도를 배분하는 것이 좋을까? 나이에 따라 달라지지만 대략 소득의 10~20% 정도를 배분하면 큰 무리가 없다. 개인연금 이용시 노후자금 배분비율은 연령대에 따라 달라지는데 보통 20대에 시작할 경우 소득의 10%, 30대의 경우는 소득의 15%, 40대 이후에는 소득의 20% 정도는 저축해야 실제로 도움이 되는 노후자금 마련이 가능하다. 일찍 시작할수록 '시간의 힘'을 빌릴 수 있어서 부담이 줄어드는 원리다. 하지만 연령대별 소득 대비 저축비율에 너무 부담 갖지 말고 최소한 소득의 10%를 꾸준히 저축한다는 마음으로 준비하는 것이 좋다. 단, 소득이 늘어남에 따라 저축금액을 비율에 맞게 꾸준히 늘려줘야 한다. 아울러 검소한 생활과 함께 평소에 건강관리를 철저히 해서 노후자금에 대한 부담을 줄이려는 노력도 병행해야 한다.

부자들은 왜 국민연금에 가입하는가

•••

2013년 10월, 국민연금공단이 국회에 제출한 자료에 의하면 서울 강남, 서초, 송파 등 강남 3구의 국민연금 임의가입자 수가 강북구, 성동구, 중랑구에 비해 여섯 배 이상 많았다. 이를 두고 일부 국회의원은 '국민연금이 국민들의 노후를 위한 안전판이 아니라 임의가입자들에게 고수익을 보장하는 투자상품에 불과하다'고 지적하며, 국민연금공단에 임의가입자 늘리기 정책을 제고할 필요가 있다고도 언급했다.

이 자료를 보면 대다수 국민들이 국민연금에 대해 막연히 부정적으로 생각하고 득실도 따져보지 않는 반면 부유층들은 한 푼이라도 더 받는 재테크 수단으로 국민연금을 활용하고 있음을 알 수 있다.

그렇다면 국회의원들도 생각을 바꿔야 한다. 강남 3구 부유층들이 국민연금 임의가입제도를 활용해서 이익을 본다는 것을 알았다면 그렇지 못한 지역의 서민들이 국민연금에 더 많이 가입해 혜택을 볼 수 있도록 만드는 방안을 강구해야 한다. 서민들이 국민연금보다 더 비효율적인 개인연금부터 가입하는 것은 개인적으로도 손해지만 국가적으로도 큰 손해이기 때문이다.

부자들이 국민연금을 선호하는 이유는 무엇일까? 손해 볼 일 없고 확실하게 낸 돈보다 더 받는다는 것을 알기 때문이다. 부자들은 금융상품을 이용할 때도 위험부담이 없고 안전한 수익이 보장되는지를 가장 먼저 따진다. 만약 국민연금이 주식형펀드처럼 운용이 잘 되면 연금을 많이 주지만 그렇지 못하면 낸 돈보다 덜 줄 수 있다는 조건을 달았다면 그들은 움직이지 않았을 것이다. 그들은 가진 것을 지키는 것이 중요하므로 리스크를 안고 크게 버는 것보다는 안정적이면서 확실한 수익을 좋아한다.

같은 맥락에서 부자들은 세금에 민감하다. 세금을 덜 내는 것이 수익을 더 내는 것과 같기 때문이다. 그래서 세금을 덜 내는 방법이나 상품, 즉 비과세나 분리과세(특정 소득을 종합과세에서 분리하여 별도로 과세하는 것) 상품을 선호한다. 연간 금융소득(이자와 배당 등을 합한 소득)이 1인당 2,000만 원을 넘게 되면 다른 소득과 합산해서 종합소득과세 대상이 되는데, 이렇게 되면 세율이 높아진다. 또한 종합소득과세 대상이 되면 국세청에서 어떤 소득이나 재산을 통해 돈을 벌고 세금을 내는지 자세히 살피게 된다. 그런데 부자들은 세금을 더 내는 것보다 세금을 냄으로써 자신들의 재산이나 소득원이 드러나는 것을 꺼리기 때문에 노후연금 상품으로 10년 이상 유지시 비과세가 되는 연금보험이나 즉시연금 등 절세상품을 적극적으로 활용한다.

최근에는 연말정산시 연간 400만 원 한도에서 불입금액의 12%를 세액공제받는 연금저축상품(연금저축펀드, 연금저축신탁, 연금저축보험)도 노후세테크 방법으로 부자들에게 인기가 높다. 연금저축상품은 그동안 급여생활자들의 절세상품으로 인기가 많았는데, 2014년부터 연금수령시 분리과세 한도를 연간 600만 원에서 1,200만 원으로 확대한 후에 부자들도 관심을 갖기 시작했다. 연금저축에 가입한 후 노후에 매월 100만 원 이내(연간 1,200만 원 이내)로만 연금을 수령하면 이 부분에 대해서는 다른 소득(국민연금, 공무원연금, 군인연금 등 공적연금포함)이 있더라도 종합소득과세 대상에 포함되지 않는다. 무엇보다도 연금저축의 불입 한도가 연간 1,800만 원(단, 연말정산시 세액공제 한도는 연간 400만 원)까지 늘어난 것이 부자들의 구미를 당겼다.

연금저축에서 발생하는 수익(이자나 배당수익 포함)에 대해서는 연금을 받을 때까지 세금을 내지 않음으로써 금융소득종합과세를 피할 수가 있는데, 불입 한도를 늘려줌으로써 적지 않은 노후자금을 세금 부담 없이 모아나갈 수 있기 때문이다.

국민연금이나 연금저축을 통한 절세는 어찌 보면 부자들에게 그리 큰 장점으로 보이지 않을 수도 있다. 하지만 적은 금액이라도 득이 된다면 놓치지 않는 게 부자들의 특징이다. 홍콩 최고의 부자이자 아시아 최고의 갑부인 리카싱 회장이 자신이 떨어뜨린 2달러짜리 동전이 차 밑으로 굴러들어가자 직접 그 돈을 꺼내려고 애쓴 일화는 유명하다. 당장 눈앞에 보이는 수익의 크고 작음보다는 돈에 대한 마음가짐의 차이가 부자와 빈자를 가르는 것이다.

아직도 금융회사에
부자 되는 길을 묻고 있는가?

투자의 대가들을 멘토로 삼아야 하는 이유

2008년 10월 17일 〈뉴욕타임스〉에 세계적인 투자의 대가 워런 버 핏의 기고문 '나는 지금 주식을 사고 있다(Buy American. I Am)'가 실 렸다. 2008년 10월, 당시 상황은 어떠했을까? 리먼브러더스의 파산 으로 촉발된 금융위기 여파로 미국 다우지수는 10,000포인트 선이 붕괴되었고, 코스피는 892포인트까지 하락하기도 했다. 그야말로 모 든 사람들이 불안과 공포에 휩싸인 시기였다. 그때 워런 버핏은 자신 의 개인계좌를 통해 주식을 사고 있다고 공개적으로 밝힌 것이다.

그는 이렇게 말했다. "나는 간단한 원칙에 의해 주식을 사고 있다. 그것은 바로 '다른 사람들이 탐욕을 부릴 때 두려워하고, 다른 사람들이 두려워할 때 탐욕을 부려라(Be fearful when others are greedy, but be greedy when others are fearful)'이다." 그는 지금 공포가 확산되고 있고 경험 많은 투자자들도 겁을 먹고 있지만, 금융시장에 큰 혼란이 있을 때가 기회라면서 우량한 기업의 주식을 장기적 관점으로 사고 있다고 했다.

버핏은 단기적인 시장의 움직임을 예측할 수 없지만, 주식시장은 분명 지금보다 상승할 것이라고 보았다. 그는 1932년 대공황 때 다우지수가 41포인트까지 하락했지만 그 이듬해 주식시장이 30% 상승했던 예를 들면서 지금이 기회임을 강조했다. 당시에는 조지 소로스도 최악의 공포가 조만간 끝날 것이라고 예측했다.

이 글은 국내 매체를 통해서도 소개되었지만 많은 사람들은 남의 일로 치부했다. 만약 당시 워런 버핏의 조언을 참고했다면 어떤 결과를 얻을 수 있었는지는 굳이 설명하지 않아도 짐작할 수 있을 것이다. 반면 당시 금융회사들의 생각은 어떠했을까?

금융회사는 절대 부자 되는 법을 알려주지 않는다

•••

주부 황선하 씨는 은행에서 추천한 주식형펀드에 투자한 후 40% 정도 손실이 나자 패닉 상태가 되었다. 그녀는 은행 직원에게 펀드를 어떻게 해야 할지 문의했다. 은행 직원은 시장이 불안하니까 펀드를 환매해 금리가 높은 저축성보험으로 갈아타라고 조언해주었다. 황씨는 당시 주가가 더 빠질 경우 더 큰 손해를 볼 수 있다고 생각해 속

상한 마음을 뒤로하고 저축성보험으로 갈아탔다. 이후 그녀는 펀드 소리만 들어도 몸서리를 친다.

과연 황 씨의 선택은 옳았을까? 투자한 펀드가 40% 정도로 손실이 난 상태라면, 환매해서 예금이나 저축성보험으로 갈아타기에는 이미 늦었다고 볼 수 있다. 황 씨가 손실을 만회하려면 연복리 3%의 이자를 주는 예금에 17년 정도(정확히는 208개월)를 넣어두어야 하며, 연복리 5%의 이자율이라도 10년 정도(정확히는 126개월)를 넣어두어야 한다. 금리가 낮은 상태에서는 원금 회복 시기까지 너무 오래 걸리는 것이다. 설령 원금을 회복했더라도 그동안 물가상승을 고려하면 실제로는 더 많은 손실이 발생한 것과 마찬가지다.

그렇다면 황 씨는 펀드를 환매하지 않고 17년을 기다린다고 생각하고 그냥 펀드를 유지하는 것이 더 나은 선택이 될 수 있었다. 만약 지금까지 펀드를 유지했다면 아마도 손실을 거의 회복했거나 오히려 이익이 발생했을 것이다. 반면 은행 직원이 추천해준 저축성보험에 가입한 황 씨는 아직도 손실의 절반을 회복하지 못했다.

당시 워런 버핏의 조언을 들은 많은 사람들은 그의 말대로 하기에는 리스크가 너무 크다고 생각했다. 물론 주식이나 펀드로 많은 손해를 보고 있어서 추가로 투자할 여력이 없을 것이다. 그렇더라도 금융위기의 속성을 조금만 더 공부했더라면, 금융회사 직원의 잘못된 조언만 믿고 손해를 확정짓는 행동은 하지 않았을 것이다.

캐나다의 워런 버핏이라 불리며 33년 동안 '컨딜 가치펀드'를 운용하면서 원금을 100배로 불린 전설적인 투자자 피터 컨딜은 "개인 투자자들에 대한 나의 최선의 조언은 서로 밀접한 관계가 있는 두 개의 교훈으로 요약된다. 그것은 '인내하라, 그리고 탐욕을 부리지 말라'이다"라고 말했다.

인내하고 탐욕을 부리지 않으려면 앞서 워런 버핏의 말대로 '다른 사람들이 탐욕을 부릴 때 두려워하고, 다른 사람들이 두려워할 때 탐욕을 부려라'라는 원칙을 실천하면 된다. 단, 이를 위해서는 투자에 앞서 재무목표를 분명히 세워야 한다. 즉, 3년 이내에 써야 할 단기자금들은 투자가 아닌 안전한 예금이나 채권을 이용하고, 펀드나 주식과 같은 투자상품은 가급적 10년 이상 길게 보고 묻어둘 수 있는 자금, 예를 들어 노후자금 등을 위해 사용하는 것이다. 이렇게 되면 마음의 여유가 생겨 2008년과 같이 금융시장이 요동치는 큰 위기 속에서도 마음을 다스릴 수가 있다.

만약 투자에 대한 길이 보이지 않아 금융회사에 도움을 구하고자 한다면 다음의 사항에 유념해야 한다. 금융회사 직원들은 시장 분위기에 편승하는 사람들이다. 즉, 주식시장이 좋을 때는 주식과 관련된 상품을 열심히 판매하고, 반대로 좋지 않을 때는 보험이나 예금을 권한다. 따라서 그들을 통해 현명한 조언을 듣기는 현실적으로 쉽지 않다. 그들이 능력이 없어서라기보다는 그들이 처한 현실이 그렇다.

시장이 공포에 휩싸이거나 반대로 탐욕에 휩싸일 때, 금융회사보다는 투자 대가들의 조언에 귀를 기울이는 것이 훨씬 더 현명한 방법이다. 시장이 요동을 칠 때 그들이 우리에게 들려주는 조언은 신문이나 인터넷 등을 통해 쉽게 접할 수 있다.

Chapter 4

보험금, 꼭 필요할 때
제대로 받기 위해
알아야 할 것들

도대체 내 보험료는
왜 이렇게 비쌀까?

보험의 겉과 속 제대로 파악하기

사람들이 일반적으로 보험에 대해 가장 궁금해하는 것은 무엇일까? 바로 '어떤 보험이 좋은 보험이냐'다. 그런 질문을 받을 때면 '당신이 가입한 보험사 이름과 보험상품명은 알고 있느냐'고 되물어본다. 그러면 일단 회사명부터 헷갈리기 시작한다. 삼성생명인가 삼성화재인가, 동부화재인가 동부생명인가…….

자신이 가입한 보험의 이름을 기억하지 못한다는 것은 자신의 자동차 종류와 번호를 모르고 있는 것과 같다. 만일 당신이 3,000만 원이 넘는 준중형차를 운행하는 운전자라면 차를 구입하면서 자동차회사, 연식, 기어 방식, 연비 등을 꼼꼼히 확인할 것이다. 더 나아가 비슷한 차종의 비교 견적도 받아보고, 구입한 후에는 차량의 모든 기능을 일주일 내에 습득할 것이다.

그런데 월 15만 원씩 납입하는 종신보험을 20년납으로 가입한다면 이는 3,600만 원짜리 상품인 셈인데 그런 고가의 상품을 구매하고서는 그 이름조차 기억하지 못한다는 것은 문제가 있다. 가입한 보험명조차 모르는데 좋은 보험인지 아닌지 구분할 수 있었을까?

현재 우리나라 국민의 94%가 보험에 가입해 있다. 그중 90%쯤은 자신이 가입한 상품이 무엇인지 제대로 모른다. 그렇다면 나머지 4% 는? 아마도 보험업계 종사자가 아닐까.

내가 가입한 상품의 이름과 종류가 무엇인지 아는 것이 바로 내가 무엇을 얼마나 보장받을 수 있는지 알 수 있는 이정표임을 기억하자.

내가 가입한 보험의 상품명은 알고 있나

•••

자신이 가입한 보험이 뭔지 모른다면 좋은 보험인지 아닌지 알 수가 없다. 그보다 문제는 나중에 사고를 당하거나 질병에 걸렸을 때 보험금을 제대로 챙겨받지 못한다는 것이다. 자신이 가입한 보험에 대해 알고 싶으면 일단 가입시 받은 '보험증권'을 펼쳐봐야 한다. 약관까지 이해하면 더 좋겠지만 약관은 내가 가입하지 않은 특약까지 모두 포함된 방대한 내용이므로 그것을 이해하기란 쉽지 않다. 일단은 보험증권을 보고 내가 가입한 보험의 이름과 특약 내용을 살펴보는 데서 시작해야 한다.

우선 손해보험인지 생명보험인지는 회사명을 보면 알 수 있다. 손해보험이란 보험사고(보험사가 보험금을 지급해야 할 원인이 된 사고)로 인해 피보험자에게 생긴 재산상의 '손해'를 보상하는 보험으로, 재산상 손해를 입었을 때뿐만 아니라 질병에 걸렸을 때 또는 남에게 피해를 끼쳤을 때 등 다양한 손해를 보상하는 보험도 포함된다. 화재보험, 자동차보험, 실손의료비보험 등이 대표적인 예로, 손해라는 용어에서 알 수 있듯이 실제로 손해 본 금액만큼만 보험금이 지급된다.

이에 비해 생명보험은 피보험자의 생명에 관한 보험사고가 생긴 경우에 약정한 보험금액을 지급하는 보험이다. 그러나 현재는 특약 형태로 손해보험성 상품을 생명보험사에서, 질병사망성 보험을 손해보험사에서 판매하기 때문에 가입자 입장에서는 그 차이를 구분하기 어렵다. 그렇다면 과연 내가 가입한 보험상품의 보장 내역은 상품별로 어떻게 다른 것일까?

대부분의 보험상품은 주요 보장 내역을 강조하기 위해 상품명에 보장의 주요 성격을 담는다. 손해보험은 일단 우연한 사고로 인한 손해를 보존해주는 상품이다. 상해로 인한 사망과 후유장해가 손해보험의 기본 틀이며, 보통 천만 원 단위부터 수억 원대까지 들 수 있다. 여기에 실손의료비와 질병사망, 암 보장과 함께 뇌경색, 심근경색 등의 질병담보가 특약으로 추가된다. 손해보험의 상해보험은 우연한 사고를 보장하므로 상대적으로 보험료가 저렴하지만, 질병사망에도 대비하고 싶다면 질병사망보험금을 별도의 특약으로 넣어야 한다.

따라서 사회활동이 많은 60세 이전까지는 사고위험이 높으므로 보험료가 싼 상해담보를 적절히 활용하되, 자녀가 어릴 경우에는 질병이나 질병사망 보장을 위한 별도의 특약을 넣어 설계하는 것이 바람직하다.

반면 생명보험은 주계약이 기본적으로 사망보험금으로 구성되는데, 이때 사망 원인이 상해든 질병이든 관계없이 보장해준다. 우리가 흔히 알고 있는 종신보험의 사망보험금이 여기에 속한다. 손해보험과는 사망 보장에 대한 범위가 다르므로 여유가 있다면 사망 보장을 위해 두 가지 상품에 모두 가입하면 가장 좋을 것이다. 하지만 팍팍한 살림살이에 돈을 쪼개 보험에 가입해야 한다면 비싼 생명보험만 가입하는 것은 재고해야 한다.

그들은 왜 생명보험상품 팔기에 주력하는가

•••

그런데 왜 우리는 유독 생명보험상품에 많이 가입해 있을까? 종신보험이나 CI보험, 그리고 변액종신보험 등 대표적인 생명보험사 상품들은 적립보험료의 비중이 커 환급금이 많은데, 왜 굳이 우리 주변의 보험설계사들은 이런 환급금이 많은 생명보험상품을 권할까?

답은 의외로 간단하다. 보험료가 비싸기 때문이다. 보험료가 비싸면 당연히 설계사에게 많은 수수료가 떨어진다. 그들은 이러한 상품들을 만기환급금이 있다는 이유로, 보험료가 비싼 대신 보장도 되고 저축도 되는 상품인 것처럼 오인하게 만든다. 특히 생명보험사에 속해 있는 설계사들은 더 많은 수수료를 받기 위해 이런 상품의 장점만 부각시켜 판매하는 경우가 많다. 보장도 되고, 나중에 연금으로 전환할 수도 있다는 식이다. 하지만 20~30년이 지난 후, 낸 돈의 원금만으로 연금 전환을 하면 턱없이 적은 금액에 놀라게 될 것이다. 물가를 고려하면 더욱 그렇다. 이런 함정이 숨어 있음에도 많은 생명보험사는 종신보험이나 CI보험을 마치 가장 먼저 들어야 하는 대표 보험인양 홍보한다. 하지만 CI보험이나 종신보험은 가장 마지막에 가입해도 되는 보험이다.

생명보험사에 설계사들이 몰리는 것만 봐도 그들이 어떤 상품을 선호하는지 알 수 있다. 실제로 생명보험사에 근무하는 설계사의 수가 손해보험사에 근무하는 설계사의 수보다 두 배 이상 많다. 종신보험을 한 개 팔면 손해보험 네다섯 개 또는 그 이상 파는 것만큼의 수입이 보장되니, 박리다매를 해야 하는 손해보험은 상대적으로 외면받을 수밖에 없다. 최근에는 한 명의 설계사가 생명보험상품과 손해보험상품을 모두 판매할 수 있는 교차판매가 가능하지만, 여전히 생명보험사에 소속된 설계사가 압도적으로 많다.

부유층의 경우 사망보험금이 증여세를 피할 수 있는 절세의 대상으로 간주되어 고액의 사망보험금을 받을 목적으로 종신보험에 가입하는 경우가 있다. 그런데 부자가 아닌 고객에게도 상속이나 절세를 이유로 상품을 권유하는 설계사들을 볼 때마다 안타까운 생각이 든다. 보험을 여러 개 가입할 수 있는 상황이 아니라면 설계사의 말만 믿고 비싼 종신보험에 가입하는 오류를 범하지 않도록 유의해야 한다. 가장 좋은 보험은 나의 필요와 현재 경제력에 맞는 보험이다. 그래야 오랫동안 유지할 수 있고, 적절한 보험 혜택도 받을 수 있다.

어떤 보험설계사가 내 편이 되어줄 것인가

...

내가 가입한 보험의 설계사 또한 반드시 알아두어야 한다. 담당 설계사는 그 보험에 대해 가장 많은 정보를 알고 있는 사람으로 나와 보험사와의 관계에서 중간자적 역할을 해줄 수 있기 때문이다. 그러니 담당 설계사의 이름과 연락처, 소속 회사는 물론 근무경력과 보험상품에 대한 이해 정도, 고객의 보험금 지급 처리 경험 정도도 알아두는 것이 좋다. 그 외 여타의 자격증이 있는지 여부도 참고사항으로 삼으면 더욱 좋을 것이다.

아쉽지만 모든 보험설계사가 보험상품 전반에 관한 해박한 지식을 가지고 있는 것은 아니다. 일반적으로 특정 보험사에 소속된 설계사보다는 여러 상품을 판매하는 보험대리점의 설계사가 상품 전반에 관한 지식도 풍부하고 다양한 상품을 권유할 가능성이 좀더 높다.

물론 보험설계사의 실력을 객관적으로 입증할 기준은 없다. 각종 민간자격증이 있다고 해도 보험에 대한 해박한 지식으로 계약자에게 합당한 가입설계를 해준다고 장담할 수는 없다. 보험계약은 설계사의 수입과 직접적으로 연결되는 구조로 되어 있을 뿐 아니라 보험계약 성사는 상품의 질이 아닌 영업 실력과 마케팅 전략에 의해 좌우되는 경우가 많다. 그렇다 보니 역설적으로 보험소비자에게 많이 팔리고 보험사에는 이윤을 남겨준 보험이 아니라, 보험사의 손해율이 높은 보험, 즉 보험사에 적자를 안겨준 상품이 소비자에게 좋은 보험일 수 있다.

만일 내가 보험에 대해 제대로 알지 못한 채 가입했고, 내 보험이 나의 상황과 맞지 않다면 어떻게 해야 할까? 물론 싸고 효율적인 보험으로 갈아탈 수 있으면 좋다. 하지만 이미 가입한 보험을 해지하는 것은 상당한 위험을 동반한다. 보험사들이 손해를 덜 보기 위해(보험금을 덜 주기 위해) 상품을 계속 바꾸면서 보험이 가입자들에게는 더 안 좋은 쪽으로 진화하고 있기 때문이다. 가끔은 새로운 보장을 해주는 신상품들이 출시되지만 기본적인 과거 상품이 보험료도 저렴하고 담보도 튼튼한 편이다. 그러므로 새로운 보험에 가입하기 전에 기존 보험을 정확히 파악해서 적절히 활용하는 것이 중요하다.

보험설계사들 중 가입에는 열중하지만 보험금 청구에는 소극적이고 때로는 미숙한 이들이 있다. 보험사에서 상품 판매 교육은 실시하지만 보험금 지급과 관련한 교육은 잘 해주지 않기 때문이다. 그럼에도 불구하고 무조건 상품을 많이 팔려는 설계사가 아닌 고객이 보험금을 잘 받을 수 있도록 열심히 알려주고 처리해주는 설계사도 있다. 당연히 이런 설계사는 수수료가 높은 보험보다는 고객의 상황에 맞고 도움이 되는 보험을 권할 것이다.

그러므로 겉으로 보기에 화려한 보험판매왕(그들은 보험사에서 보내

주는 세미나와 여행 스케줄로 굉장히 바쁘다)보다는 실적은 좀 모자라지만 고객이 보험금을 잘 받을 수 있도록 도와주려는 자세를 가지고 있으며, 보상에 대한 경험과 지식이 풍부한 설계사를 선택해야 한다.

요컨대 좋은 보험설계사는 앞서 설명한 대로 싸고 좋은 보험을 추천해줄 수 있는 능력을 갖추고, 보상이 필요할 때 잘 도와주는 설계사다. 그런 설계사를 찾기 위해서는 특정 회사 소속이 아닌 여러 회사 상품을 취급하면서 보상에 대한 경험이 많은 설계사인지 아닌지부터 살펴봐야 한다.

단 한 개의 보험에만
가입해야 한다면?
가장 실속 있는 보험 찾는 법

당신이 단 하나의 보험에 가입했다면, 그것이 무엇인지 체크해보라. 그것이 만약 실손의료비보험이 아닌, 그 옛날 가입한 2만 원짜리 암보험이거나 또는 20만 원 상당의 종신보험이라면, 그도 아니고 최악의 경우에 해당하는 20만 원짜리 CI보험이라면 중대한 결심이 필요하다. 기존 보험을 해약하거나 아니면 돈을 더 들여서 추가로 새로운 보험에 가입해야만 한다.

A씨는 실손의료비보험 대신 사망보험금 1억 원, 암특약 2천만 원, 뇌출혈특약 2,000만 원, 질병특약 2,000만 원을 보장하는 종신보험에 가입

했다. 이 정도 보장이라면 나이에 따라 보험료가 달라지지만, 20~40대일 경우 보험료는 대략 10~20만 원대일 것이다.

B씨는 종신보험이 아닌 실손의료비보험에 A씨와 비슷한 질병특약을 넣어 가입했다. 이럴 경우 B씨의 보험료는 A씨보다 저렴할 것이다. 실손의료비보험이 종신보험에 비해 사망보장에 대한 보험료부담이 적어 보험료가 싸기 때문이다.

이런 상태에서 만약 A씨와 B씨가 암 또는 뇌졸중에 걸렸다면 보험금 혜택은 어떻게 달라질까? 암이나 뇌졸중 특약으로 받는 일시금(암 진단비 또는 뇌졸중 진단비) 금액은 두 사람 모두 같다. 그러나 반복되는 수술과 입원 치료로 인해 많은 비용이 필요한 암과 뇌혈관질환의 특성상 A씨와 B씨가 받게 되는 보장 내용은 천지 차이가 난다.

먼저 실손의료비보험에 가입한 B씨의 경우부터 살펴보자. B씨는 암 진단비와 함께 암 치료와 관련된 본인부담금(건강보험공단에서 지원하는 금액을 제외하고 환자가 부담하는 비용)을 보험사를 통해 지급받게 되므로 자기부담금 일부를 제외하면 치료비에 대한 부담이 없다(실손의료비보험도 보상하는 치료비의 한도가 5,000만 원 정도로 정해져 있다는 단점이 있지만 그 한도 내에서라면 환자가 부담해야 하는 치료비는 거의 없다).

실손의료비보험에서 보장하는 '질병입원의료비'의 한도가 보통 5,000만 원인데(상품에 따라 한도는 다를 수 있다), 실제 암이나 뇌혈관

질환의 치료비용은 이 한도를 훨씬 뛰어넘는다. 조기에 발견된 경우가 아니라면, 과다한 치료비부담으로 인해 5,000만 원의 한도를 다 쓰게 된다. 그런데 실손의료비보험의 '질병입원의료비' 특약은 한도액을 다 쓰게 되면 90일이나 180일의 경과기간이 지나야 다시 한도가 살아난다. 따라서 일단 퇴원했다가 90일이나 180일이 지나 다시 입원을 하는 해프닝까지 벌어진다.

그래도 실손의료비보험에 가입한 B씨는 이런 방법이라도 써서 치료비를 해결할 수 있다. 만약 입원치료비가 가입 한도금액인 5,000만 원 이내라면, B씨는 실제 발생한 치료비와 그 외 특약 가입금액(진단비 등)까지 추가로 받을 수 있어 치료비를 충당하고 남는 특약 진단비는 생활비로 쓸 수도 있다. 설령 치료가 5년 또는 그 이상 길어져도 실제 부담해야 하는 치료비는 보험사가 지급하므로 보장받는 혜택은 더 늘어난다.

반면 종신보험에 가입한 A씨는 특약 가입금액이나 입원일당 정도만 보상받게 된다. 이 정도 보장금액으로는 치료비를 전부 감당할 수 없어 빚을 지게 될 것이고, 치료가 장기간 지속된다면 그 빚은 끝도 없이 불어나게 된다. 암환자 한 명이 치료 후 사망할 때까지 드는 비용이 집 한 채 값이라는 말은 빈말이 아니다. A씨의 경우 죽은 후 사망보험금 1억 원으로 치료로 인한 빚이라도 감당할 수 있다면 가족들에게는 그나마 다행이다. 남은 가족의 경제생활에 보탬은 못 되더라도 말이다.

이 두 사례를 비교해봐도 순간의 선택이 엄청난 보상금액의 차이를 가지고 온다는 것을 알 수 있다.

왜 부자들일수록 실손의료비보험 가입률이 높을까

•••

국민건강보험공단에서 발간한 『개인의료보험에 관한 정책 연구』에 따르면 실손의료비보험은 의료 이용에 있어 개인에게는 긍정적인 영향을 주는 것으로 나타났지만, 국민건강보험 재정에는 부정적인 영향을 주는 것으로 나타났다. 그만큼 실손의료비보험 가입자들이 병원에서 치료를 많이 받는다는 이야기다. 더 흥미로운 것은 소득이 높을수록 실손의료비보험 가입률이 높은 반면 소득이 낮을수록 그리고 60대 이상 고령일수록 가입률이 낮다는 점이다. 실제로 소득이 낮고 고령일수록 실손의료비보험이 필요한데, 반대 현상이 일어나고 있는 것은 안타까운 일이다.

현대 의학은 날로 발전하고 있다. 불과 5년 전에는 상상도 할 수 없었던 검사기법과 수술법, 신약이 개발되면서 질병에 대한 치료 기회는 점점 늘어나고 있다. 하지만 새로운 검사기법이나 신약으로 치료하는 경우 국민건강보험 재정상 초반에는 비급여(환자가 전액 부담해야 하는 비용. 초음파검사와 병실 차액들이 대표적)로 정해지는 경우가 많다. 그런데 실손의료비보험은 비급여치료에 대한 보상도 제공한다.

병원에 입원한 환자는 딱 두 부류로 나뉜다. 실손의료비보험에 가입한 자와 가입하지 못한 자로 말이다. 병원 의무기록 차트에는 환자가 실손의료비보험 가입자인지 아닌지를 먼저 기록한다. 가입이 되어 있는 환자에게는 병원 입장에서도 부담 없이 비급여치료에 해당되는 검사와 치료법을 소개하고 적용할 수 있으니 아무래도 좀더 대접받게 된다. 똑똑한 부자들일수록 실손의료비보험 가입률이 높은 이유가 바로 여기에 있다.

실손의료비보험 중에서도 가장 실속 있는 보험 찾는 법

•••

이처럼 유용하고 필수적인 보험인 만큼 가입할 때 꼼꼼히 따져서 최적의 선택을 해야 한다. 실손의료비보험을 선택할 때 중요하게 고려해야 할 것들을 살펴보자.

첫째, 무조건 큰 회사가 능사는 아니다. 대형 보험사들이 광고도 많이 하고 설계사 수도 많아서 대개는 대형 보험사의 상품에 가입하는 경우가 많다. 하지만 무조건 큰 보험사보다는 회사 규모와 상관없이 안정적인 자산운용 능력과 지급 여력을 확보한 보험사를 선택하는 것이 중요하다.

둘째, 보험금 청구가 쉬운 회사를 찾자. 실손의료비보험은 큰 병부터 작은 병까지 환자의 치료비를 보장해주기 때문에 보험금 청구가 잦다. 따라서 청구가 편리해야 한다. 즉, 팩스 또는 인터넷 접수 등으로 편리하게 보험금 청구를 진행할 수 있는 회사인지를 가입 전에 반드시 확인해야 한다. 보험사들은 대부분 가입 절차는 비슷하지만 청구 절차는 까다로운 경우가 많다. 팩스나 인터넷 접수가 가능한 회사가 있는 반면, 우편 접수로만 받는 회사도 있고 반드시 본인이 지점을 방문해서 청구서와 서류를 제출해야 하는 보험사도 있다. 사고나 질병에 걸려서 치료비를 청구하는 데 복잡한 절차를 거쳐야 한다면 매우 번거롭고 짜증이 날 수밖에 없다. 특히 청구시 서류가 한 번에 통과되지 못하고 여러 번 보완해서 제출해야 하는 경우가 생긴다면 그 번거로움은 스트레스까지 유발한다. 실제로 전산시스템이 오래되거나 개발 미비로 보험금 청구 시스템이 불편한 보험사가 많다.

따라서 가입 전에 보험금 청구 절차를 홈페이지나 콜센터를 통해 미리 알아보거나 담당 설계사에게 확인해야 낭패를 보지 않는다. 보험금을 청구할 일이 생긴다면 편리하고 신속하게 업무 처리를 해주는 회사가 최고의 보험사라는 것을 깨닫게 된다.

셋째, 가입시와 갱신시 보험료를 고려하자. 현재 실손의료비는 상품에 따라 매년 또는 3~5년 주기로 손해율(받은 보험료에 비해 지급하는 보험금에 대한 비율. 보험사마다 다름)에 따라 갱신하는 형태로 운영된다. 그리고 갱신시 인상률은 보험사마다 다르다. 따라서 처음에 보험료가 낮다고 해서 무조건 싼 보험이라 할 수 없으며 갱신시 인상률을 고려해야 한다.

넷째, 보험금을 잘 지급하는지도 살펴야 한다. 보험료가 가장 싸고, 갱신시 인상률도 가장 낮은 회사를 선택해도 또 다른 함정이 숨어 있을 수 있다. 갱신시 인상률이 높지 않은 것은 그만큼 손해율이 낮다는 이야기인데, 그 손해율을 낮추기 위해 보험사들은 그들만의 논리

손해보험사 실손의료비보험 갱신시 인상률

회사	2010년 갱신시 (07년 계약)	2011년 갱신시 (08년 계약)	2012.5월 갱신시 (09년 계약)
그린손보	2.8	36.9	60.8
동부화재	30.2	35.8	35.2
롯데손보	14.5	26	54.2
메리츠화재	55.9	59.6	57.3
삼성화재	41.5	36.9	48.3
ACE손보	–	–	61.2
한화손해보험	–	36.5	72.2
현대해상	48.5	48.5	48.5
흥국화재	–	–	37.4
LIG손보	11.2	52.4	71.6
평균	29.2	41.6	54.7

출처: 금융감독원

로 가입자가 청구한 보험금의 지급을 거절하거나 그만큼 삭감을 많이 하곤 한다. 이와 관련해서 보험금을 안 주기로 유명한 보험사들이 있는데 이런 보험사 상품은 피해야 한다. 단, 다수의 법칙에 의해 가입자가 많은 보험의 경우에는 손해율이 안정적이라는 강점은 분명히 있다.

다섯째, 자동차보험은 무조건 싼 것이 좋다. 자동차보험은 가입자가 혜택을 받기보다는 피해자에게 직접적인 영향을 미치는 보험이다. 그러므로 자동차보험은 서비스 혜택보다는 무조건 싼 곳을 선택하면 된다. 1년 만기로 매년 바꿀 수 있으니 그때마다 지금 가입한 보험의 보험료를 다른 보험사와 비교해볼 필요가 있다.

하지만 실손의료비보험은 자동차보험처럼 매년 갈아타기가 어렵다. 기존 청구 건이 있으면 건강상의 문제로 재가입이 안 될 가능성이 높고, 그 외 다른 특약들의 보험료도 가입 당시와 달리 인상되기 때문에 갈수록 더 불리해진다. 따라서 애초에 가입을 잘해야 한다.

실손의료비보험은 점점 더 좋아질 의료환경을 감안해 '의료 혜택 극빈자'가 되지 않기 위해 반드시 필요한 제2의 국민건강보험이다. 지금 나에게 꼭 필요한 단 한 개의 보험이 무엇인지 신중하게 검토해서 선택하길 바란다.

가입하면 어려울 때
배신당하는 CI보험

절대 가입하면 안 되는 보험 1

보험은 질병이나 사고 등 예기치 않은 어려움에 처했을 때 도움을 받기 위해 가입하는 안전장치다. 그런데 일부 보험 중에는 결정적인 순간에 오히려 배신하거나, 죽기 일보 직전에 심지어 죽어야 치료비가 나오는 보험도 있다. 이런 보험을 두고 과연 '인생의 동반자'라고 말할 수 있을까.

이처럼 소비자 입장에서는 절대 들어서는 안 되는 보험인데도 가입자 수가 많은 것은 보험사의 얄팍한 상술 탓이다. 하지만 '지인이 소개한 보험이니 믿고 가입하면 되겠지' 하고 안일하게 생각한 보험 소비자의 부주의도 짚고 넘어가야 한다. 보험을 선택하기 전에는 적어도 몇 군데 대표적인 보험사의 상품 내용을 비교해보거나 또는 여러 보험사의 상품을 취급하는 설계사에게 견적을 받아보고 충분히 설명을 들으면 치명적인 실수는 피할 수 있다.

지금 당장 해약하거나 재설계해야 하는 CI보험

•••

김현정 씨는 8년 전 CI보험(중대한 질병을 보장하는 보험)에 가입했고, 최근 유방암에 걸려 수차례의 항암치료와 방사선치료 과정을 이겨내고 보험금을 청구했다. 그런데 보험사로부터 보험금 지급을 거절당했다. 왜 이런 어처구니없는 일이 발생한 것일까?

김 씨가 보험 가입 당시, 어머니가 유방암 환자였다는 사실을 고지(보험 가입 시 보험사에 질병이나 사고 치료에 대해 알리는 것)하고 유방암에 대해서 '전기간 부담보(보험의 전기간 동안 해당 질병에 대해서는 보상해주지 않는다는 조건)' 약정을 승인했기 때문이다. 보다 명확히 말하자면 보험사가 이러한 조건이 아니면 가입이 안 된다고 해서 김 씨는 할 수 없이 이 조건(전기간 부담보 조건)으로 가입했다. 그러니 보험금 청구가 받아들여질 리 없었다.

여기서 우리가 알아둬야 할 중요한 사항이 있다. 암보험이나 실손의료비보험 등 일반 보험에 가입할 때는 묻지 않지만, CI보험에 가입할 때만 묻는 질문이 있다. 바로 '가족 중에 암이나 뇌졸중, 심혈관질환 등 중요한 질병에 걸렸거나 사망한 사람이 있느냐' 하는 것이다.

김 씨는 CI보험에 가입할 때 엄마가 암에 걸렸다는 내용을 고지 사항을 통해 보험사에 알렸고, 이 때문에 암에 대해 보장을 받을 수 없게 되었다.

그렇다면 김 씨는 애초에 유방암에 대해 '전기간 부담보'였으니 어쩔 수 없다고 포기해야 할까? 아니다. 억울한 점이 몇 가지 있다.

첫째, 김 씨가 CI보험이 아닌 다른 보험에 가입했다면 가족력에 대해 고지할 필요가 없었다. CI보험에서는 보험금을 청구조차 할 수 없게 되었지만, CI보험이 아닌 일반 암보험이나 실손의료비보험의 암 특약 상품 등에 가입했다면 전기간 부담보를 당할 일이 없었고 정상적으로 암에 대한 보장을 받을 수 있었다(다른 보험상품은 본인이 아닌 가족의 병력을 고지할 의무가 없다).

둘째, 가입을 권유한 보험설계사의 설명에 문제가 있다. 설계사는 김 씨 어머니의 친구다. 그는 친구인 김 씨 어머니가 유방암에 걸린 사실을 알고 그녀의 딸에게도 위험을 강조하면서 다른 보험사에서도 유방암에 대해서는 보장받을 수 없으니 이 보험에 가입하라고 했다. 하지만 김 씨가 다른 보험사의 암보험에 가입했다면 이런 억울한 일은 벌어지지 않았다. 결국 이 설계사는 상품을 팔기 위해 잘못된 정보를 확인도 하지 않은 채 이야기했거나 거짓말을 한 셈이다.

그 외에도 CI보험에 가입해서는 안 되는 이유는 또 있다. 최근 급증하는 암 중 하나인 갑상선암에 걸리면 보상을 받지 못하기 때문이다. 뇌종양의 경우도 CI보험에서는 약관상 병리학적으로 악성이 아닌 경우는 지급이 거절된다.

갑상선암은 특히 여성들에게 많이 발병한다. CI보험에 가입한 최유선 씨도 갑상선암에 걸려 수술했다. 그런데 보험금 지급을 거절당했다. 종양의 크기가 1.8cm로 '기준 크기'에서 0.2cm 모자랐기 때문이다. CI보험은 약관상 갑상선암의 종양이 2cm 미만이거나 림프절 전이가 없는 경우에는 지급을 하지 않는다.

최 씨의 최초 종양은 2.8cm였는데 세 번의 조직검사 후에 실시된 최종 수술시에는 종양이 2cm 이하로 줄어들어 있었다. 최 씨는 이를 근거로 보험금 청구를 할 수도 있었다. 하지만 최 씨에게 보험을 가입시킨 설계사가 다름 아닌 친동생이었기에 그녀는 보험금 지급을 거절한 보험사에 소송도 제기하지 못했다. 더 어처구니가 없는 것은 담당 설계사인 최 씨의 친동생이 자신이 판매한 CI보험에 대해 잘 모르고 있었다는 점이다.

실로 심각한 문제는 CI보험을 판매하는 설계사들의 상당수가 CI보험에서 보장하지 않는 내용을 제대로 모르고 판매한다는 점이다. 약관에 명시된 '보장하지 않는 암보험 대상'에 관한 내용이 보험설계사도 알아듣지 못할 정도로 어렵고 전문적인 탓도 있지만, 판매에 부정적인 영향을 미칠 것을 염려한 보험사에서 보장되지 않는 암에 대해서는 제대로 교육하지 않는 탓이 크다.

보험설계사들은 잘 모르니까 용감하게 팔고, 보험설계사들이 모르니까 가입자들은 제대로 된 정보도 전달받지 못한 채 무모하게 가입하는 악순환이 이어진다. 게다가 이 CI보험은 판매수수료가 보험사 상품 중 가장 높아서 보험설계사들이 가장 열심히 판매하는 상품이다.

CI보험은 생명보험사의 주력 상품이다. 보험사 입장에서는 고위험만 특화해 담보하기 때문에 고객들에게 보험금을 지급할 가능성이 적은 최고의 상품이지만, 소비자 입장에서는 없어져야 할 보험이다. 특히 의학의 발전으로 암의 조기진단 기술이 날로 진화해가고 있는 상황에서 CI보험은 '초기암이나 암의 경계선상에 있는 질병은 보장하지 않는다'고 정확하고 전문적으로 기술하고 있다. 그러므로 단 한 개의 보험상품만을 가입해야 하는 보험소비자라면 CI보험은 결코 가입해서는 안 되는 상품인 것이다. 이런 사람에게 CI보험을 권하는 설계사는 고객에게 닥칠지 모르는 불행을 모른 척한 채 무조건 팔고 보자는 심보를 가진 것이다.

CI보험의 폐해를 줄이려면 반드시 보장되지 않는 질병에 대해 보험가입자에게 더 철저하게 설명하도록 규제하는 강제적 장치가 필요하다. 혹시 지금 내가 가입한 암보험이 CI보험이라면 일반 암보험 특약을 추가로 가입하거나, 과감히 해약하고 재설계할 것을 권유한다.

게다가 CI보험은 종신보험과 마찬가지로 순수보장형이 아닌 환급형이기 때문에 보험료가 매우 비싸다. 따라서 CI보험을 해약한 후 일반 암보험에 가입한다면, 그 보험료로 일반 암보험의 보장금액보다 두 배 이상 높여서 가입할 수 있을 뿐 아니라 보장받을 확률도 훨씬 높아진다.

죽거나 죽기 직전에야 나오는 CI보험금

...

탤런트 안재욱 씨는 뇌졸중의 하나인 지주막하출혈로 응급 뇌수술을 받고, 재활치료를 받았다. 그런데 안 씨가 만약 CI보험에 가입해 있다면 뇌졸중 진단금을 받을 수 있을까? 황당하겠지만 받을 수 없다.

뇌졸중은 크게 혈전이나 동맥경화로 혈관이 막혀 뇌 부위가 손상되는 뇌경색과 뇌혈관이 터져 출혈을 일으키는 뇌출혈로 나눌 수 있다. 안 씨의 경우는 혈관이 터져 출혈이 발생한 후자의 경우다. 하지만 뇌출혈로 인한 질병의 경우 장해(25% 장해율)가 발생해야 보험금을 받을 수 있는 CI보험 약관상, 성공적인 수술 후 장해 없이 재활치료 중인 안 씨는 보험금을 받을 수 없다.

대부분의 뇌졸중은 편마비를 동반하지만 완전마비가 되는 경우는 드물다. 그리고 보행에 무리가 있더라도 팔이나 다리를 구부리고 펼수 있으며 걷는 것이 가능하다. 그러므로 실제로 보험약관상 장해로 인정받는 경우라면 침대에서 생활해야 할 정도로 심각한 상태일 것이다.

최근의 보험 분쟁 사건은 대부분 질병이 초기에 발견, 치료되는 상황에서 발생한다. 초기 심근경색이나 경미한 심근경색의 경우, 그 진단기준 중 심전도에만 나타나거나 심효소의 상승만 있는 경우도 있다. 이는 국제적 기준상으로는 심근경색으로 진단받지만 CI보험은 반드시 두 가지 검사에서 모두 양성소견이 나와야 심근경색이라는 규정을 두고 있다. 국제적 진단기준에도 없는 기준을 CI보험이 자체적으로 만들어낸 것이다.

심근경색은 심장혈관의 막힘이나 폐쇄로 인하여 심장괴사가 발생하는 매우 치명적인 질병으로, 아주 초기에 발견해 병원에서 의학적 치료를 하는 것이 중요하다. 그래서 국제적 진단기준도 심근경색증 진단에 대해서는 매우 광범위하고 한 가지 검사 결과만으로도 진단을 내려 치료에 적극적으로 대처하도록 권유하고 있다. 그런데 CI보험은 이러한 조기진단과 진단기준을 인정하지 않고 있다. 시대적 흐름에 역행하는 보험인 것이다.

이 외에도 CI보험은 중대한 수술, 말기 폐질환이나 간질환 등 각 질병에 대해 제한적인 진단기준을 제시하고 있다. 그러므로 치명적 질병만을 고액으로 담보하는 이 보험상품이 과연 필요한지 잘 판단해야 한다. CI보험에 가입하는 것보다는 차라리 그 돈으로 의료비통장에 돈을 비축해두고 만일에 대비하는 게 확률적으로 훨씬 현명한 일이다.

한 가지 더, 최근에는 CI보험인데도 일반 보험처럼 CI나 중대한 질병 보장이라는 문구를 빼고 광고하면서 소비자를 현혹하는 경우가 있으니 이 역시 철저하게 가려야 한다.

담배가 건강에 미치는 치명적인 위험을 경고하듯이 CI보험에 대해서도 다음과 같은 경고 문구를 넣으라고 금융위원회에서 보험사들에게 권고하길 기대해본다.

CI보험의 치명적 결함에 대한 경고

CI보험은 의사가 암이라는 진단서를 써줘도 암보험금을 받을 수 없으며, 뇌종양으로 암과 동일하게 수술과 치료를 받더라도 병리학적으로 악성암에 해당하지 않으면 보험금 지급을 거절합니다. 그러므로 보험소비자들은 중대한 암이나 중대한 뇌졸중 등으로 판정받기가 매우 어렵다는 것을 명확히 알고 이 보험에 가입하시길 당부합니다.

혹시 내 보험도
'무늬만 보험'인 건 아닐까?
절대 가입하면 안 되는 보험 2

최근 보험사로 출범한 농협공제회 외에도 우리나라에서는 아직까지 공제제도의 형태로 된 보험이 존재한다. 흔히 우리가 이야기하는 우체국보험, 새마을금고보험, 신협보험, 한국교직원보험 등이 여기에 속한다. 하지만 정확히는 우체국공제, 새마을금고공제, 신협공제, 한국교직원공제라고 불러야 한다. 이 보험상품들은 일반 보험사 상품과 비교해서 어떤 점이 좋고 어떤 점이 문제일까? 결론만 냉정하게 말하면, 이 상품들은 여타 보험과 비교했을 때 별로 칭찬할 만한 요소가 없다.

공제제도란 특정 목적을 가진 단체의 구성원간 상호부조를 위해

운영되는 제도다. 일단 공제 가입 대상이 불특정 다수가 아닌 조합원
이라는 점에서 일반 보험과 다르다. 그러나 일부 공제의 경우 조합원
이 아닌 일반인을 대상으로 상품 판매가 허락되면서 '유사보험'으로
불리고 있다. 공제제도의 본래 취지대로 조합원과 가입자를 대상으
로 공제를 운영하면서 남은 이익을 전부 돌려준다면 바람직한 제도
라 볼 수 있다. 하지만 실제로는 그 이익이 가입자에게 돌아가지 못하
기 때문에 문제가 발생한다.

유사보험, 저렴하지도 않고 보험금 청구도 쉽지 않다

•••

각종 유사보험사들은 자사의 보험상품의 장점으로 저렴한 보험료
를 꼽는다. 그렇다면 실제로 보험료가 저렴할까? 공제라는 이름이 붙
은 유사보험들을 보면 보장 내용이 단순한 경우가 많다. 유사보험사
들은 일반 보험사들과 달리 사고나 질병에 걸렸을 때 보험가입자에
게 지급한 보험금에 대한 자료(전문용어로는 경험률표)를 충분히 보유
하고 있지 않기 때문에 대부분 다른 보험사의 상품요율(보험사들이 질
병이나 사고로 인해 지급하는 보험금을 미리 예상해서 산출하는 보험료)이
나 약관을 그대로 베끼는 경우가 많다.

따라서 상품을 복잡하게 만들지 않고 특약을 간소화하거나 계약기
간을 짧게 한다. 즉, 담보와 특약의 내용이 적기 때문에 보험료가 저
렴해 보일 수 있다. 하지만 그것은 보이는 것에 불과하다. 일례로 국

회에 제출된 국감자료를 통해 밝혀진 바에 따르면, 2013년 교직원공제회의 보험요율은 민영 생명보험사와 별로 차이가 없는 것으로 나타났다.

그렇다면 특별히 저렴하지도 않은 유사보험에 가입하는 이유는 무엇일까? 집 근처 신협이나 우체국 등에서 비교적 손쉽게 가입할 수 있기 때문이고, 가족 중에 교직원 등 관련 직업을 가진 사람이 있는 경우 그 공제회가 믿을 만하다고 생각해 쉽게 현혹되기도 한다. 그런데 이런 유사보험사의 설계사는 일반 보험사의 설계사들처럼 일정한 자격시험을 통과하지 않고, 공제회 자체의 내부 시험만을 거친 설계사이거나 해당 회사에서 다른 업무를 하는 직원인 경우가 많다. 그만큼 보험에 대한 전문적인 지식 없이 가입을 권유할 확률이 높은 것이다. 이처럼 회사도 담당자도 모두 비전문가인 공제회 보험을 가입하고서 보험에 가입한 것으로 착각하고 안심해서는 안 된다. 제대로 보상을 받지 못할 수 있기 때문이다.

중학교 교사로 근무하는 한선규 씨는 몇 년 전 교직원공제회 보험에 가입했다. 그리고 최근 대학병원에서 급성심근경색 진단을 받고 심장혈관 스텐트삽입술까지 하는 대수술을 받았다. 이후 그는 교직원공제회에 진단비를 청구했지만 보험금 지급을 거절당했다. 대학병원 교수가 발급한 진단서까지 첨부했지만 보험심사 담당자는 병원에서 발급한 진단서를 받아들이지 않고 자체 자문의사에게 문의했는데, 해당 자문의는 급성심근경색에 해당되지 않는다는 소견을 낸 것이다. 보험심사 담당자는 한 씨에게 자신은 자문의사의 소견에 따라

보험금 지급이 불가함을 알리는 것뿐이니 이의가 있으면 소송하라고 통보한 뒤 연락을 받지도 않았다.

이런 사례도 있다. 일반 보험사 상품과 우체국보험에 동시에 가입한 전수나 씨는 지난해 커튼을 달다 의자에서 미끄러지면서 디스크 진단을 받았다. 그녀는 보험사와 우체국에 모두 보험금을 청구했다. 그런데 일반 보험사는 보험금을 지급했지만, 우체국보험은 예전부터 허리가 아팠다는 의무기록의 문구를 문제 삼아 지급을 거절했다.

보험사들은 가급적 보험금을 지급하지 않으려는 경향이 있다. 하지만 우체국이나 공제회 등 유사보험의 보험심사 담당자들은 다른 보험사보다 더 보험금을 지급하지 않으려는 경향이 강하고 심지어 무례하기까지 하다. 왜 이런 일이 발생하는 걸까? 공제회는 물론이고 우체국보험 역시 보험업법이 적용되지 않고 있으며, 금융감독원의 관리감독도 받지 않고 자체 감사만을 받기 때문이다.

일례로 우체국보험은 정보통신부의 관리감독을 받는다. 그런데 정보통신부가 과연 보험 업무에 대해 잘 알고 적절히 관리감독할 수 있을까? 보험 관련 업무에 전문성이 떨어지는 기관의 감독을 받다 보니 심사 담당자가 편파적으로 심사를 해도 이를 제도적으로 제어할 수 있는 방법이 없다. 현실이 이렇다 보니 보험소비자연맹에도 우체국보험과 관련된 민원이 끊이지 않는다고 한다.

게다가 신협, 우체국, 새마을금고, 교직원공제회 등 공제회에서 판매하는 보험에 가입한 후 한 번이라도 보험금을 청구해본 사람이라면 일반 보험사에 비해 얼마나 까다롭고 번거로운 절차를 거쳐야 하는지 알게 될 것이다. 공제회들은 낙후된 전산시설과 체계로 인하여 방문 접수만 받는 경우가 대부분이다. 이 바쁜 세상에서 인터넷이나 팩스 이용은 물론, 심지어 우편 접수도 불가능하다 보니 불편이 이만 저만한 것이 아니다. 게다가 구비 서류가 한 번에 통과된다면 몰라도 서류가 하나라도 누락되면 다시 공제회에 가서 추가로 접수해야 한 다. 보험금을 받아야 하는 상황 자체도 힘든데 이런 불편함을 겪다 보면 분노를 느끼게 된다.

국회감사에서 정의당 정진후 의원이 공개한 공제회 자료(2013년 기준)에 따르면, 교직원공제회 보험 수익률은 생명보험사의 최대 53배에 해당하는 데 반해 보험금 지급률은 33%에 불과하다고 한다. 일반 보험사는 손해율이 100%를 넘어가는 경우도 있음을 감안한다면 놀라운 결과다. 그 내용을 자세히 들여다보면 마케팅 비용이나 설계사에게 주는 수수료를 줄인 탓도 있겠지만 가장 큰 이유는 그만큼 보험금을 적게 주었기 때문이다.

일반 보험사는 보험상품 제작부터 보험금 지급까지 전문인력을 고용하도록 정부로부터 강제당한다. 즉, 상품 설계와 관련해서는 계리사, 가입 권유는 전문 보험설계사, 보험금 지급은 전문 손해사정사, 보험 소송은 전문 법무팀 등 각 분야의 전문적 지식을 갖춘 인력을 고용해 업무를 진행하도록 하고 있다.

특히 보험소비자와 직접적인 관련이 있는 보험금 청구에 있어서는 손해사정사 등의 전문적인 인력 고용이 필수다. 또 정기적인 교육과 시험을 통해 직원을 평가하고 잘못된 업무에 대해서는 수시로 금융감독원으로부터 지도와 감독을 받는다.

그러나 우체국보험을 포함해 유사보험을 취급하는 공제회에는 보험 전문가가 없을뿐더러 감독기관도 금융감독원이 아닌, 제각각 다른 상위 국가기관인 경우가 많다. 민원이나 분쟁이 발생해도 해당 국가기관의 부서는 공제나 보험에 대한 지식이 없어 공정하게 해결하기가 어렵다. 다시 말해 일반 보험사에 가입한 고객이라면 보험사로부터 불이익을 당할 경우 금융감독원에 민원을 제기할 수 있다. 하지만 공제조합에는 이런 역할을 할 만한 시스템이 없다. 이 때문에 공제금이 제대로 지급되지 않는 경우에는 묻지도 따지지도 말고 소송으로 대처하는 편이 나을 수 있다.

공제보험 차량에 사고당하면 어떻게 될까?

●●●

당신이 공제보험에 가입하지 않았더라도, 공제보험과 관련해 주의해야 할 것이 한 가지 더 있다. 바로 버스, 택시, 화물차 등 자동차공제조합에 가입한 차량들이다. 일반 차량들은 일반 보험사를 통해 자동차보험에 가입한다. 하지만 버스, 택시, 화물차 등은 자체적인 공제조합을 통해 자동차보험에 가입한다. 즉, 자동차보험 중에서도 공제제도로 운영되는 특정 차량보험이 있는 것이다. 예를 들면 택시공제(개인택시공제, 일반택시공제), 버스공제(각 버스 종류별 공제회사 별도), 화물공제(트럭 등의 화물차량) 등으로 차량의 종류와 용도에 따라 각각의 공제제도에 따르도록 되어 있다.

문제는 자동차사고를 당해도 공제보험 차량에 치이면 상대적으로 적은 보험금을 받게 된다는 점이다. 그리고 합의 과정도 일반적인 보험금 청구와는 차원이 다르다. 공제회 관련 차량과 사고가 났을 때, 공제회의 막무가내식 지급 관행에 스트레스를 받아 없던 병까지 생기는 경우가 비일비재하다.

미니밴을 운전하던 백명산 씨는 뒤에서 따라오던 개인택시와 추돌하는 사고를 당했다. 백 씨는 차를 수리하는 동안 렌트카를 신청했는데, 자동차공제조합에서는 부품 조달 기간 동안에는 렌트카 지원을 할 수 없다고 했다. 화가 난 백 씨는 국토교통부에 민원을 제기했고, 공제분쟁조정위원회에서 공제금 지급 결정을 받아냈다. 하지만 공제조합에서는 이 결정을 거부했고 국토교통부에서도 더 이상 손을 쓰지 못했다.

이처럼 자동차공제조합은 국토교통부의 지급 결정마저도 무시해버리는 무지막지한 존재다. 이런 상황이 발생하게 된 이유는 자동차공제조합도 일반 공제회와 마찬가지로 감독 당국이 존재하지 않기 때문이다. 보험전문가가 근무하지 않는 것도 마찬가지다. 그에 따라 근무하는 직원의 전문성도 낮아서 가끔 법원의 신체감정시, 공제회 보험 담당자가 담당 의사에게 무지한 소리를 해서 언성이 높아지는 경우도 종종 있다.

유명 대학병원의 한 교수는 공제회 보험 담당자와 언쟁을 벌이다가 마우스를 집어던졌는데 이 사건이 기사화되는 수모도 겪었다. 더 중요한 것은 이러한 직원의 무모한 대응 방식으로 인한 피해는 사고를 당한 피해자가 고스란히 받게 된다는 것이다. 현재로서는 공제회 보험 관련 사고의 경우 소송을 통해 정당한 보험금 지급 요청을 하는 것 외에는 별다른 방법이 없다.

보험은 보험인데 무늬만 보험인 공제회 보험으로 인해 수많은 가입자들이 피해를 보고 있다. 이들에 대한 제도적인 개선이 필요한 건 두말할 필요도 없다. 하지만 공제회 보험에 가입한 보험소비자들도 난관에 부딪혔을 때 쉽게 보험금을 포기하지 말고 보험 소송을 전문으로 하는 변호사나 관련 소비자단체를 찾아 이러한 문제에 보다 적극적으로 대처할 필요가 있다. 그래야 공제회나 우체국보험 담당자들의 태도도 달라질 것이다.

그럼에도 불구하고 이 유사보험에 관심과 호감이 있다면, 유사보험은 일반 보험상품에 비해 보상 측면에서 불리하다는 점을 이해하고, 자신이 원하는 보장을 제대로 받을 수 있는지 신중히 따져본 후에 가입해야 한다.

보험 가입시,
어떻게 묻고 어디까지 답해야 하나?

알릴 의무에 현명하게 대응하는 법

"제가 얼마 전 회사에서 건강검진을 받았는데, 자궁에 조그만 혹이 있어서 정밀검사가 필요하다고 하네요. 그런데 이 사실을 보험 가입할 때 알려야 하나요?"

"작년에 자전거 타다가 넘어져서 왼쪽 발목의 인대가 늘어나 통원치료를 받은 적이 있습니다. 이런 내용도 적어야 하나요?"

보험에 가입할 때 누구나 이런 고민에 맞닥뜨린다. 바로 '계약 전 알릴 의무사항'이라는 서류를 작성할 때 발생하는 일이다. 일명 '고지의무'라고도 불리는 내용인데, 보험에 가입하려면 반드시 여기에 적혀 있는 질문사항에 답해야 한다. 이 질문지의 내용은 대개 보험대상자의 건강상태와 과거 병력, 위험활동 여부, 직업에 관한 것이다. 청약서의 질문사항에는 반드시 성실하게 답해야 한다. 이는 여러 보험 관련 판례에서 중요성이 입증되었다. 보험사는 이를 바탕으로 보험의 가입 여부를 결정하거나 보험료를 할인, 할증 또는 보험금액을 제한하기도 한다.

그런데 가입자 입장에서는 이러한 질문에 성실하게 대답하는 것이 과연 자신에게 도움이 될지, 불이익이 될지 알 수가 없다. 어떤 내용은 곧이곧대로 고지하고, 어떤 내용은 제대로 알리지 않아도 될지 고민스럽다.

계약 전 알릴 의무사항에 답변할 때는 '질문'에만 답하라

•••

김희수 씨는 최근 보험에 가입하면서 '계약 전 알릴 의무사항' 중 아래와 같은 질문을 받았다.

A. 최근 3개월 이내에 의사의 진찰, 검사를 통해 진단을 받았거나 그 결과 치료, 입원, 수술, 투약을 받은 사실이 있습니까?

B. 최근 5년 이내에 다음과 같은 병명으로 의사로부터 진찰 또는 검사를 통하여 진단을 받았거나 치료, 투약, 입원, 수술, 정밀검사를 받은 적이 있습니까?

(병명: 백혈병, 고혈압, 협심증, 심근경색, 심장판막증, 간경화증, 뇌졸중증(뇌출혈, 뇌경색), 당뇨병, 에이즈.)

김 씨는 이 질문지를 작성하면서 3개월 전에 실시한 건강검진 결과인 '자궁경부세포진 이상소견'에 대해 고지하지 않았다. 이를 밝힐 경우 불이익이 걱정되기도 했고 건강검진 이후에 특별한 검사나 치료를 받지 않았기 때문에 고지하지 않고 가입했다. 그런데 1년 후 자궁암 진단을 받았다. 김 씨는 과연 암 진단금을 받을 수 있을까? 보험사는 명백한 고지의무 위반이며, 위반 사유와 자궁암과 인과관계가 있으므로 보험금을 지급하지 않을뿐더러 보험계약을 해지한다고 했다. 이런 경우 계약자는 어디서 구제를 받아야 할까?

이 민원을 접수한 금융감독원 금융분쟁조정위원회의 의견은 어떠했을까? 가입자가 보험사에 건강검진과 관련된 내용을 알리지 않았다고 보험사의 편을 들어주었을까? 아니다. 금융분쟁조정위원회는 다음과 같은 두 가지 이유로 보험사에게 보험금을 지급하도록 결정했다. 첫째 가입자는 서류상에 나온 질문 내용에 대해서 성실히 답했으므로 고지의무를 위반하지 않았으며, 둘째 건강검진 소견을 악의적으로 알리지 않았다는 사실을 입증하는 것은 보험사의 책임인데 보험사가 이를 증명하지 못했다는 것이다.

여기서 중요한 건 첫 번째 이유다. '서류상에 나온 질문 내용'에 김 씨가 성실히 답했다는 것이다. 질문 내용을 다시 한 번 살펴보자. 먼저 첫 번째 질문인 A 항목이다.

김 씨는 의사로부터 정확한 진단을 받지 않았고 치료, 입원, 수술 또는 약을 먹지 않았기에 A 질문에 '예'라고 답할 필요가 없다. 즉, '아니요'라고 대답해도 문제가 없는 것이다. 그 다음 B 항목을 살펴보자.

B 항목에서도 앞서 A 항목의 내용과 비슷한 질문을 했지만 중요한 단서를 달았다. 질문 항목 아래에 나와 있는 병과 관련이 있는지에 대한 질문인 셈이다. 즉, 백혈병, 고혈압, 협심증, 심근경색, 심장판막증, 간경화증, 뇌졸중증, 당뇨병, 에이즈와 관련된 진찰 또는 검사를 통하여 진단을 받았거나 치료, 투약, 입원, 수술, 정밀검사를 받은 적이 있는 경우에 한해 해당사항을 알려야 한다는 의미다. 김 씨는 여기에도 해당되지 않는다.

이런 이유로 금융분쟁조정위원회는 김 씨가 서류상에 나온 질문에 대해 성실히 답했다는 의견을 내놓은 것이다. 결국 보험에 가입할 때는 보험사의 주장보다 가입자가 '질문에 성실히 답했느냐'가 핵심사항이 된다. 즉, 가입자는 묻는 대로만 답하면 된다.

이 외에 여러 판결 사례에서도 단순 건강검진에서 '의양성소견(해당 질병에 걸렸을지도 모른다는 소견)'이나 이상소견을 의사의 명확한 진단으로 보지 않는다는 판례가 있다. 따라서 추가 진단에 의해 치료의 권유나 검사가 실시되지 않은 경우까지 알릴 의무 위반으로 인정하지는 않는다.

그렇다면 거꾸로 이를 사실대로 고지했다면 보험사로부터 어떤 처분을 받게 될까? 아마 보험사는 건강검진 결과지 및 자궁경부세포진 검사결과지를 요청할 것이다. 그 결과를 보고 아직 암 단계가 아닌 환자의 경우에도 자궁암에 대해 전기간 부담보를 설정하거나 심지어 어떤 보험사는 가입조차 승인하지 않았을 것이다.

이런 사실을 우려하는 계약자라면 '계약 전 알릴 의무사항'의 질문에 답할 때 의도적으로 '아니요'라고 답하게 된다. 보험사들이 확정되지도 않은 병을 트집 잡아 문제시함으로써 가입자로 하여금 웬만하면 알리지 않는 게 좋다는 분위기를 조장한 꼴이 되는 셈이다.

> 만성 B형간염 보균자인 산모가 태아보험을 가입하려고 한다. 이때 산모는 그녀의 건강상태를 묻는 질문표에 자신의 B형간염에 대해 고지해야 하는지 고민했다. 이후 산모는 출산을 했는데 태아가 출생시에 태변을 흡입해 흡인성 폐렴으로 입원치료를 받았다.

당신이 위의 산모였다면 출산 전 태아보험을 가입할 때 어떤 결정을 했을까? 산모가 태아보험에 가입할 때 B형간염에 대해 고지를 했을 경우와 안 했을 경우 각각 어떤 결과가 나오는지 보자.

먼저 고지했을 경우, 보험사는 태아보험의 가입을 거절한다. 태아보험에 가입하지 못했기 때문에 출생시 태아가 태변을 흡입해 흡인성 폐렴으로 입원치료를 받은 것에 대해서 당연히 보장받지 못한다.

만약 고지하지 않았다면 보험사는 보험에 가입시켜줄 것이고, 보험금도 지급받게 된다. 설령 보험사가 나중에 산모가 B형간염 보균자인 사실을 알게 되더라도 B형간염과 아이의 폐렴은 아무 상관이 없으므로 보험사는 보험금을 지급할 수밖에 없다. 문제는 산모가 B형간염 보균자라는 이유만으로 보험사가 태아보험 가입을 거절한다는 것이다. 이럴 경우 의학지식이 부족한 일반인들은 산모가 만성 B형간염 보균자이기 때문에 태아에게 나쁜 영향을 줄 수 있을 거라고 막연하게 생각할 수 있다. 그리고 보험사의 조치를 그대로 받아들일 가능성이 높다.

과연 보험사의 이런 조치가 합당한 걸까? 절대 그렇지 않다. 의학적으로 산모의 B형간염 보균이 태아의 건강에 악영향을 미칠 확률이 매우 희박하기 때문이다. 엄마의 B형간염은 태아에게 선천적으로 감염되지는 않는다. 다만 출생 과정과 모유수유 과정에서는 감염이 발생할 수 있어서 최근에는 모든 신생아에게 의무적으로 B형간염 예방접종을 실시한다. 따라서 신생아가 B형간염 보균자가 되는 일은 더 희박해진다.

결국 산모 입장에서는 이런 내용을 고지하지 않고 가입하는 편이 현명한 판단이었다고 생각할 것이다. 태아보험에 가입하는 건 산모를 위해서가 아니라 태아를 위해서다. 태아의 건강과 직결되지 않는 내용까지 알릴 필요가 있는지는 신중하게 생각할 필요가 있다.

자신의 불리한 계약조건을 그대로 까발리지 마라

•••

또 다른 질문에 대해 살펴보자. 직업 관련 질문란에 '사무직'으로 적을 때와 '오토바이 퀵서비스 기사'로 적을 경우 상황은 어떻게 달라질까? 만약 해당 계약자가 주말에 친구들과 차를 타고 놀러 가다 교통사고로 사망했다면 이 경우에는 어떻게 될까? 이는 매우 예민한 문제로, 함부로 단언하기는 어렵기 때문에 일단 원론적인 부분만 짚어보자.

보통 오토바이와 같은 이륜차를 타고 다닌다거나 직업이 오토바이 퀵서비스 기사라면, 보험 가입시 이런 사항을 알려야 한다. 그런데 이런 사실을 알리면 보험사는 두 가지 중 하나를 선택한다. 첫째 보험 가입을 거절하거나, 둘째 '오토바이 사고에 대해서는 모두 보상하지 않겠다'는 조건에 가입자가 동의해야 가입시킨다. 만약 가입자가 보험 가입 전 또는 후에 오토바이를 타거나 소유한 적이 있는데 알리지 않았다면, 보험사는 알릴 의무 위반이나 통지의무 위반을 적용한다. 즉, 알릴 의무 위반으로 보험 가입을 해지시키거나 상해와 관련된 보장을 줄이게 된다. 이런 과정에서 위험등급이 올라가 보험료도 올라간다.

하지만 사무직 등에 종사하며 직업과는 무관하게 일회성 운행으로 오토바이 사고가 났다면 보상받을 가능성이 높아진다. 그럼에도 불구하고 오토바이와 관련된 보상은 워낙 예민한 사항이라 표준화된 정답을 제시하기가 어렵다. 또한 법정소송으로 가더라도 소송 결과가 일관된 답을 제시하지는 않는다는 점도 알고 있어야 한다.

위험을 여러 단위로 쪼개고 등급을 구분해 보험료를 다르게 책정하는 것은 매우 어려운 일이다. 그러다 보니 선의의 피해자가 생길 수 있다. 보험사는 자신들에게 유리한 방향, 즉 위험부담이 적은 가입자만 보험에 가입시키려고 여러 가지 방법을 사용하는 것이다. 자본주의 사회에서 보험사는 이득을 남기기 위해 노력할 수밖에 없다. 보험계약 역시 상법에 명시된 일종의 상거래다.

그러므로 평범한 계약자라면 자신에게 불리한 계약조건을 보험사에 그대로 까발리는 것이 옳은 일인지 생각해봐야 한다. 앞의 사례들처럼 제대로 고지한 경우와 그렇지 않은 경우 보험계약 여부와 보험금 청구 결과는 상당히 달라질 수 있다. 그런데 보험사는 이런 차이에 대해 계약 당사자에게 알려주지 않으므로 우리 스스로가 현명하게 대처할 수밖에 없다.

계약 후 통지의무는 어떻게 해야 하나

•••

이번에는 보험 가입 후 보험사에 알려야 할 것들에 대해 알아보자. 보험가입자 입장에서는 가입 후에도 알려야 할 것들(이를 '통지의무'라 한다)이 있다는 점이 번거롭겠지만, 제대로 보장받으려면 이 부분에 대해서도 잘 알고 있어야 한다.

가입 후 직업이 사무직에서 공장의 현장직으로 바뀐다면 어떻게 해야 할까? 이 경우에는 보험사에 해당 내용을 알려야 한다. 보험사 약관을 보면, 계약 후 주소 또는 직업을 바꾸거나 자동차를 이륜자동차로 바꾸는 등 위험 노출도가 현저히 달라질 때는 이를 즉시 보험사에 알리도록 명시되어 있기 때문이다. 손해보험사마다 직업 및 위험에 대한 판단기준이 조금씩 달라 통지해야 할 내용도 각각 다르다. 하지만 위험도 변경에 대한 알릴 의무는 대략 비슷하다. 이러한 사실을 알리지 않을 경우 어떤 불이익을 당하게 되는지 살펴보자.

주소지 변경을 알리지 않았을 경우

보험사는 가입자의 주소가 변경되었을 경우, 그 사항을 알리도록 규정하고 있다. 이를 위반할 경우는 보험료의 납입이나 연체와 관련해서 보험계약을 유지할 것인지의 여부와 계약 효력이 상실되는 실효(失效) 안내를 할 때 문제가 발생한다. 보험료 납입이 연체된 경우, 보험사는 실효되기 전 일정 기간 안에 계약자의 주소지로 등기우편 등의 방법으로 보험료 납부 요청과 보험계약이 해지될 것임을 예고 통지한다. 바뀐 주소지를 통보하지 않아 보험계약이 실효되거나 해지되는 경우 이에 대한 책임소재를 가리기 위해 보험 분쟁이 발생한다. 따라서 주소지 이전 시 반드시 보험사에 주소지 변경을 통지해야 한다.

그러나 만약 통지하지 못해서 문제가 발생했다면 어떻게 해야 할까? 주소지 변경을 통지하지 않았다 하더라도 보험사에 책임이 있는 사유라면 상황은 달라진다. 즉, 보험사가 계약자에게 보낸 등기우편이 보험사로 반송되었는데 보험사가 그대로 방치했거나 보험사가 우편물을 제대로 송부하지 않아서 보험계약이 실효될 수가 있다. 이때 보험사는 책임을 회피하면서 보험계약을 살릴 때 이를 보험계약의 '부활'로 규정하는 경우가 많다.

그러나 이 '부활'의 경우 계약의 효과가 신규 계약과 같아 처음 가입할 때처럼 보험사에 알릴 의무사항 등에 대한 서류를 제출해야 한다. 이때 그동안 아파서 치료를 받았거나 사고를 당한 경력이 있다면 이에 따른 불이익을 당할 수가 있어 오랫동안 유지해온 계약의 이익을 포기해야 한다. 그러므로 부활 청약서를 작성하기 전에는 무작정 동의하지 말고, 누구의 잘못으로 실효가 난 것인지 반드시 확인해야 한다. 보험사의 잘못이라면 기존 계약을 그대로 유지하고 밀린 보험료만 내면 된다.

상해보험 가입자의 직업이 위험군으로 바뀐 경우

2014년 1월, 금융감독원은 보도자료를 통해 상해보험 가입자의 직업·직무 변경시 알릴 의무 관련 유의사항을 배포했다. 금융감독원이 제시한 '직업 변경 통지의무 위반 사례'를 살펴보자.

A. 상해보험에 가입한 회사원 김 씨는 사무직에서 공장 생산직으로 직무가 전환된 후 작업 중 기계에 손을 다치는 사고를 당하여 보험사에 보험금을 청구하였다. 그러나 보험사는 직업 변경 통지의무를 위반했다며 보험금을 지급하지 않고 있어 A씨는 보험사를 상대로 금융감독원에 민원을 제기했다.

B. 무직자였던 강 씨는 상해보험 가입 몇 개월 후부터 생계를 위하여 택시운전기사로 일하던 중 교통사고를 당했다. 보험금을 청구하였으나 보험사는 직업급수가 변경되었다며 보험금을 삭감해서 지급했다.

금융감독원은 위와 같은 직업 변경시 반드시 보험사에 관련 사실을 통지해 불이익을 당하지 말라고 당부했다. 하지만 금융감독원이 당부한 대로 위험한 직군으로 직업이 변경되었을 때 무조건 보험사에 통지를 해야 할까? 꼭 그렇지만은 않다. 이 경우에도 '계약 전 알릴 의무' 때와 마찬가지로 득실을 따져봐야 한다.

먼저 직업 변경을 고지했다면 어떤 일이 발생할까? A 사례의 경우, 프레스 작업을 하는 고위험 직군으로 변경되었으므로 회사마다 규정이 다르겠지만 일단 김 씨의 보상금은 가입 당시보다 많이 줄어들게 된다. 더 큰 문제는 통지 이후에 줄어드는 보장금액과 비싸지는 보험료다. 직업등급이 고위험군으로 바뀔 경우 보험사는 일반적으로 상해와 관련된 보장금액을 1,000만 원 정도로 줄이거나 관련 특약을 해지할 수 있고, 최악의 경우 계약 자체를 해약하려고 할 것이다. 또한 관련 특약의 보험료도 올라간다. 중요한 것은 직업과 관련된 상해사고를 제외하고 인과관계가 없는 다른 상해사고를 당했을 때에도 상해보장 혜택이 줄거나, 아예 상해보장을 받을 수 없는 불이익을 당하게 된다는 점이다.

반면 직업 변경을 고지하지 않았다면 어떻게 될까? 직업과 관련된 일로 상해사고가 발생하면 보상금액이 줄거나 아예 못 받게 될 수도 있다. 하지만 직업과 관련 없는 사고, 예를 들면 운동을 하다가 크게 다치거나 교통사고를 당한 경우에는 애초에 가입된 상해보장을 받을 수 있다. 이 부분은 굉장히 중요한 차이다. 직업급수가 위험해졌다는 이유로 다른 상해사고에 대한 보장까지 불이익을 받게 되는 위험을 방지할 수 있기 때문이다.

 B 사례도 직업 변경을 통지한다면 보장 한도를 줄여서 소액 보장만 담보하는 보험으로 전락하게 될 것이 뻔하다.

 그런데 금융감독원이 직업급수 변경을 통지할 때 다른 상해에 대한 보장을 줄이는 보험사의 행태는 규제하지 않으면서, 일반 계약자에게 사실대로 알릴 것만 강조하는 것은 분명 형평성에 어긋난다. 매우 안타까운 부분이다.

 이처럼 금융감독원에서 보도자료까지 내면서 홍보하는 이유는 뭘까? 직업 변경 관련 사고의 경우 가입자들이 직접 관련이 있음에도 불구하고 애초 보험증권에 나와 있는 대로 보험금 지급을 주장하면서 민원을 제기하는 사례가 많기 때문일 것이다. 보험소비자도 무조건, 모든 경우에 보험금 지급을 요구할 것이 아니라 의무와 권리에 따라 지급이 달라질 수 있음을 숙지해야 한다. 그 후에 합당한 이유를 제시할 때에 보험감독원도 금융소비자의 편을 들어줄 것이다.

위험한 취미생활을 하거나 이륜자동차를 탈 경우

 계약 후 자동차를 이륜자동차로 바꾸거나, 스쿠버다이빙과 같은 위험한 취미활동을 하게 된 경우에는 이 사실을 보험사에 알려야 할까? 이와 관련해서는 수많은 법적 분쟁이 벌어져왔다. 이때 중요한 것은 '일상적이냐, 일시적이냐'다. 일상적으로 이륜자동차를 타거나 위험한 운동을 하게 된 경우는 관련 사고시 보험금이 지급되지 않지만, 일시적 또는 일회성인 경우는 보험금이 지급되는 사례가 많다.

이 경우에도 안타까운 것은, 사실대로 알리는 경우 보험 가입 자체가 거절되기 때문에 울며 겨자 먹기로 알리지 않고 가입하는 사례가 늘어나고 있다는 점이다.

계약 전과 후의 알릴 의무사항에 대해 살펴보았다. 이 부분은 보험과 관련해 가장 민감하고 조심스러운 부분 중 하나로 분쟁의 요소가 되곤 한다. 또 이러한 알릴 의무사항에 대해서는 정해진 답이 없을 정도로 사례별로 상황이 달라질 수 있다. 다시 한 번 강조하지만, 계약 전후 알릴 의무사항에 대해서는 100% 표준화된 답이 없다는 사실을 명심하고, 여기서 제시한 핵심적인 내용만이라도 숙지하여 보험사에게 일방적으로 불이익을 당하지 않길 바란다.

내가 '가해자'일 경우
보험을 제대로 활용하려면?

일상생활배상책임특약과 자동차상해특약

보험사고는 크게 두 가지로 나눌 수 있다. 하나는 내가 사고를 일으킨 경우고, 다른 하나는 내가 사고를 당한 경우다. 그런데 각각의 경우 보험의 종류도 다르지만 대처도 극명하게 달라진다.

먼저 나의 과실로 타인에게 신체적, 정신적, 재산상의 손해를 일으킨 경우에 대해 살펴보자. 이때는 내가 상대방에게 배상해야 할 의무가 발생하고, 그로 인해 자신에게 발생한 손해를 보존해주는 보험이 필요하게 된다.

분당에 사는 유미영 씨는 아이의 유치원 친구 생일파티에 갔다가 황당한 사고를 내고 말았다. 여느 때처럼 엄마들과 수다 삼매경에 빠져 있었는데, 갑자기 아이가 주스를 마시겠다고 안기는 바람에 들고 있던 주스잔을 놓치게 되었다. 주스는 옆에 앉은 다른 엄마의 명품가방에 쏟아졌고, 생일파티 분위기는 갑자기 싸늘해지고 말았다. 수백만 원을 호가하는 비싼 가방이라는 걸 유 씨도 알고 있기에 미안하다는 말로 끝낼 문제가 아님을 직감했다. 애들 생일파티 중 순간의 실수로 그 비싼 가방값을 물어주려니 날벼락 맞은 느낌이었다. 하지만 이 경우 엄마와 아이의 과실이므로 배상은 해줘야 한다.

일상생활배상책임특약을 아시나요

•••

이처럼 일상생활 속에서 배상 문제가 생길 경우, 아이 또는 본인 명의로 손해보험사나 화재보험사에 가입한 보험이 있다면 특약 중 '일상생활배상책임'에 가입되어 있는지 확인한 후, 보험사고 접수를 하면 된다. 먼저 자신의 돈으로 피해자 엄마에게 보상해준 후, 그 손해액을 보험사로부터 보상받는 것이다. 이 특약은 위의 사례처럼 보상이야기를 꺼내기 불편한 관계에서 발생한 사고를 보험사가 중재해주고 법적으로 가능한 보상 범위도 객관적으로 설명해주기 때문에 장점이 많다.

손해보험사나 화재보험사의 상품에 가입할 때 추가보험금으로 대략 월 1,000원 정도만 내면 이 특약에 가입할 수 있으므로 반드시 포함시키는 것이 좋다. 만약 기존에 가입한 손해보험사 상품에 이 특약이 없다면 보험사나 담당 설계사에게 연락해 일상생활배상책임특약을 넣어달라고 하면 된다. 이때도 역시 월 1,000원 정도의 추가보험료만 부담하면 된다. 단, 생명보험사 상품에는 이러한 특약이 없으니 손해보험사나 화재보험사를 이용해야 한다.

그 외에도 아이가 학교에서 친구들과 운동을 하거나 싸우다가 상해를 입힌 경우에도 이 특약은 유용하다. 아이들끼리의 문제로 치료비와 보상액을 지급해야 할 경우 해결이 쉽지 않다. 어린아이가 신체상의 장해를 입은 경우는 평생 동안의 향후 치료비와 위자료까지 충분히 지급되어야 하기 때문이다. 그러나 이 경우 일상생활배상책임특약에 가입되어 있다면 보험 처리는 물론 소송 대행까지 보험사의 도움을 받을 수 있다. 만약 가입되어 있지 않다면 민사소송을 직접 하거나 변호사를 고용해야 할 뿐 아니라, 법원에서 결정한 손해배상액까지 고스란히 물어야 할 것이다.

또 다른 사례를 살펴보자. 한강공원에서 자전거를 타다 핸들 조정미숙으로 반대편으로 돌진하는 바람에 상대방을 넘어뜨리는 사고를 일으켰다. 이 사고로 인해 피해자는 척추골절로 유합술(위아래 척추뼈 사이에 뼈를 이식해 두 개의 뼈를 하나로 합치는 수술)을 받게 되었다. 이 경우 손해배상액은 어느 정도가 될까? 척추골절로 나사못을 박아 골절을 고정한 경우 영구장해에 해당한다. 만약 20~30대의 젊은 사람이라면 피해자의 나이를 감안해 60세까지의 노동력 상실분으로 인한 경제적 손실, 위자료, 장해에 대한 손해, 향후 치료비 등의 손해액을 합산하면 최소 억 단위 이상의 손해배상액이 결정된다.

그래도 일본의 5분의 1 수준밖에 안 되고, 미국이나 여타 선진국과는 비교도 안 되는 수준이기는 하지만, 최근 법원의 배상책임 판결금액은 점점 커지고 있다. 그런데 일반적으로 일상생활배상책임특약은 모든 보험사를 통틀어 가입 한도가 1인당 1억 원으로 정해져 있다(손해율이 큰 보험은 팔지 않겠다는 보험사의 의도가 엿보인다). 그러니 가능하다면 손해보험사 상품에 가입할 때 이 특약에 부부가 각각 중복 가입하여 보장한도를 높이는 게 좋다.

이 특약은 손해보험사 상품에 가입할 때 부부가 각각 따로 가입할 수 있으며 남편이 가입해 있다면 부인이 보상을 받을 수 있고, 반대로 부인이 가입해 있다면 남편이 보상을 받을 수 있다. 따라서 부부가 각각 1억 원 한도로 이 특약에 가입한다면 부부의 합산 한도가 2억 원으로 늘어나 큰 사고에 대처할 수 있다.

단, 부부가 각각 가입하더라도 1억 원 미만의 피해금액은 비례보상이 적용된다는 점에 유의해야 한다. 비례보상이란 두 개 이상의 상품에 동일한 특약이 중복 가입되어 있을 경우, 실제 발생한 피해금액 이상으로 중복 보상은 안 되고 보험사들이 나누어서 비례 부담하는 걸 의미한다. 예를 들어 피해액이 1천만 원인데, 부부가 각각 A보험사와 B보험사의 이 특약에 가입했다면 A보험사에서 500만 원, B보험사에서 500만 원씩 지급하게 된다.

앞으로는 배상책임에 대한 보상이 더 광범위하게 요구될 것이다. 실제 미국에서 한인세탁소 주인이 바지를 잘못 세탁했다가 고객으로부터 상상할 수 없는 금액의 손해배상 소송을 당한 사례가 있었다. 많은 사람들이 소송을 제기한 변호사를 손가락질했지만, 이는 누구나 당할 수 있는 소송이므로 남의 일로 치부하지 말고 이에 대비해 일상생활배상책임특약에 가입해둘 필요가 있다.

보험사가 절대 먼저 권하지 않는 특약

...

내가 사고를 일으켜 가해자가 되기 쉬운 대표적인 경우가 자동차를 운전할 때이며, 이를 대비한 것이 자동차보험이다. 운전은 기본적으로 위험요소가 전제되어 있기 때문에 자동차보험은 반드시 가입해야 하는 책임보험이다. 책임보험을 가입하지 않은 차량에 대해서는 처벌을 하거나, 그 차량 피해자에게는 국가에서 배상을 해주는 경우도 있다. 참고로 뒤에 설명할 '운전자보험'과 '자동차보험'을 혼동해서는 안 된다. 자동차보험은 차를 가지고 있다면 무조건 가입해야 하는 책임보험인 반면, 운전자보험은 자동차보험에서 부족한 보장을 보완하기 위해 운전자가 추가로 선택하는 상품으로 둘은 매우 큰 차이가 있다.

자동차보험은 대개 종합보험 형식으로 가입한다. 이때 많은 사람들이 '자기신체손해특약(운전자 자신의 신체가 다쳤을 경우 보상받는 특약)'에 가입한다. 하지만 자기신체손해특약 대신 '자동차상해특약'에 가입하는 것이 좋다. 자기신체손해특약에 가입하면, 자신의 실수로 사고가 나서 본인이 많이 다치게 될 경우 일부 치료비 외에 경제적

활동을 못한 데 따르는 손해나 장해 등 후유증이 남는 경우의 보상은 전혀 받을 수 없다. 그러나 자동차상해특약으로 가입하면 타인에게 사고를 당했을 때처럼 휴업손해나 일실수익(사고가 없었을 경우 당사자가 경제활동으로 얻을 수 있었던 수입) 등의 보상을 받을 수 있는 장점이 있다. 단, 자동차상해특약이 자기신체손해특약보다는 보험료가 약간 비싸다. 사람에 따라 다르지만 연간 1만 5,000~3만 원 정도의 추가 보험료가 나온다.

이 외에 '무보험차상해특약'도 가입하는 게 좋다. 경기가 어렵고 극빈자가 늘어나면서 무보험차량이 난무해 봉변을 당할 수 있기 때문이다. 이 특약은 보험에 가입하지 않은 타인이 나를 치었을 때 보상받을 수 있는 개인보험의 형태라서 법률상 배상액이 아닌 약관상 정해진 금액에 따라 보상을 받게 된다. 보험료는 연간 3,000~4,000원 정도로 그리 비싸지 않다.

교통사고로 인한 사망사고는 주로 밤거리에서 발생한다. 이 경우 가해자가 신호위반이나 속도위반 등의 법규위반을 했을 확률도 높지만, 대개는 피해자의 무단횡단으로 인한 사고일 가능성이 크다. 가수 대성의 경우처럼 술에 취해 대로변에 누워 있는 사람을 보지 못해 사망사고를 내는 경우도 종종 발생한다. 이때 피해자의 불행만큼 가해자도 정신적·경제적으로 큰 고통을 겪는다.

자동차사고의 가해자가 되어 발생하는 경제적인 고통을 덜기 위해 필요한 것이 '운전자보험'이다. 앞서 설명한 자동차보험은 의무적으로 가입해야 하는 보험이고, 가입 목적이 주로 사고로 인한 상대방의 신체적 손해나 자동차에 생긴 손해를 보상받기 위한 것이다. 반면 운전자보험은 내가 가해자가 되었을 때 발생하는 경제적인 부담을 덜기 위해 가입하는 보험이며, 의무가입이 아닌 선택사항이다. 운전자보험이 필요한 경우를 살펴보자.

예전에는 교통사고로 타인을 사망케 한 경우는 대부분 구속수사를 했지만, 근래에는 불구속수사가 대부분이고 불구속수사 중에 피해자와 형사합의를 하는 경우가 많다. 형사합의금은 정해진 금액은 없지만 대략 2,000~3,000만 원 수준이다. 이때 운전자보험의 형사합의지원금특약에 가입되어 있다면 형사합의금을 지원받는다. 가해자가 유명인이고 영향력이 큰 경우는 1억 원 이상 지급하는 경우도 있지만, 극히 예외적인 경우라 할 수 있다. 그래서 운전자보험의 형사합의지원금이 3,000만 원 한도인 것이다.

형사합의 후에도 법원의 판결에 의해 집행유예, 벌금 등의 법 집행이 이루어진다. 좀더 가벼운 처벌을 받기 위해 변호사를 고용하면 유리한데 변호사 고용에 따른 비용을 보상해주는 보험이 운전자보험의 변호사선임비용특약이다. 형사처벌과 관련된 비용은 피해자의 민사상 손해배상액과는 별도이므로 이 특약이 없다면 상당한 경제적 부담이 가중된다. 이때 변호사선임비용특약에 가입되어 있다면 변호사 고용에 따른 비용을 지원받을 수 있다. 이후 판결로 벌금형이 떨어지는 경우에는 벌금도 내야 하는데 이 역시 운전자보험의 벌금특약으로 보상받을 수 있다.

운전자라면 혹시 모를 사고를 대비해 운전자보험에 가입하는 것이 여러모로 안심이다. 운전자보험에 가입할 때 위에 설명한 '형사합의지원금', '변호사선임비용', '벌금' 등과 관련한 중요한 특약만 넣을 경우 월 보험료는 채 1만 원도 되지 않으니 큰 부담도 없다. 운전자보험 가입 방법은 자동차보험에 가입할 때 추가로 넣을 수도 있고, 운전자보험을 별도의 상품으로 가입할 수도 있다. 또는 손해보험사나 화재보험사의 실손의료비보험에 가입되어 있다면 특약의 형태로 추가가 가능하다.

단, 만기 때 돈을 되돌려주는 환급형은 비싸므로 환급금이 없는 소멸형 운전자보험을 이용해야 월 1만 원 미만으로 이용이 가능하다. 참고로 보험사에서는 비싼 환급형에 가입하도록 유도할 수도 있다. 환급형이 수수료 수입이 많아 보험사 입장에서는 더 득이 되기 때문이다. 하지만 운전자보험에 가입할 때는 보험료 부담이 없는 소멸형에 가입하는 것이 보다 바람직하다.

내가 '피해자'일 경우
보험금을 제대로 청구하려면?

병원 진단서 제대로 받는 법

내가 사고를 당할 경우에는 어떻게 보험사를 상대해야 할까? 이 경우 보험사를 상대해본 사람들은 그들이 얼마나 만만치 않은 상대인지 잘 안다. 그들은 어떻게든 피해자에게 보험금을 적게 주려고 갖은 방법을 동원한다. 반면 피해자는 의학지식이나 법률지식이 부족하다보니 조직력과 자본력을 앞세운 보험사에 억울한 피해를 당하기 일쑤다.

그렇다고 매번 보험사에게 당해야만 할까? 법률지식이 부족하면 변호사를 찾듯, 피해자로서 보험사와 상대하면서 역부족일 때는 어떻게 해야 할지 그 해법을 찾아보자.

보험사 자문의사의 진단 결과는 믿지 마라

•••

고등학생 김정우 군은 친구가 뒤에서 미는 바람에 앞으로 넘어져 무릎의 후방십자인대가 파열되는 사고를 당했다. 정우 군의 부모는 가해 학생의 부모에게 치료비와 손해배상을 요구했다. 가해 학생의 부모는 처음에는 충분한 보상을 약속했다. 하지만 보험사와 원만히 합의가 이루어지지 않자 입장이 난처했는지 피해자의 연락조차 받지 않았다.

피해자인 정우 군은 무릎의 후방십자인대 파열로 무릎관절의 동요(다리가 고정되지 못하는 정도)가 영구히 남게 되어 수술을 해도 평생 재활치료를 하며 살아가야 한다. 그런데 보험사가 피해자의 동의도 없이 자체 의료자문을 실시하면서 일이 꼬이기 시작했다. 보험사의 의료자문단은 정우 군의 장해가 이번 사고 이전에 발생한 사고로 인해 생긴 것이고, 영구장해도 인정할 수 없기 때문에 보상액으로 500만 원만 지급하겠다는 의견을 낸 것이다.

피해자의 부모는 억울함을 호소할 길이 없어 전문가인 법률사무소의 손해사정사를 찾았다. 이 경우는 이전 치료 경력이 있어야 하는데 당연히 없었을뿐더러 의료자문을 실시해도 좋다는 피해자의 동의도 없었다. 과연 보험사가 제시한 손해배상액인 500만 원은 타당한 것일까?

일단 법률상 손해배상액 계산 방법은 다음과 같다.

- 위자료 : 8,000만 원×후방십자인대 장해율×과실률
- 휴업손해 : 평균소득×입원일수×과실률
- 상실수익액 : 평균소득×장해율×취업 가능 개월 수에 따른 호프만 계수×과실률
- 성형비 및 향후 치료비, 기타 손해배상금

이 경우 사고 당시 MRI 사진상 사고로 생긴 골타박과 출혈의 징후가 관찰되었다. 따라서 보험사의 주장과는 달리 예전의 사고가 아닌 이번 사고로 발생한 상해임이 밝혀졌다. 이 사례에서 가장 문제인 것은 피해자의 동의 없이 의료자문을 받았다는 것이다. 의사가 의료자문을 하려면 먼저 피해자로부터 개인정보 활용에 대한 동의 또는 의료자문에 대한 동의를 받은 후 실시해야 한다. 그리고 의료자문을 하려면 당연히 환자를 진찰한 후에 소견을 내야 한다.

이러한 절차는 너무나 상식적인 일이다. 하지만 보험사로부터 돈을 받고 자문해준 의사는 개인정보 활용이나 의료자문에 대한 동의도 없이, 더구나 환자를 진찰하지도 않은 채 소견을 냈다. 이는 분명 개인정보법 위반으로 별도의 형사처벌 대상일 뿐 아니라 손해배상 청구도 가능하다. 따라서 누구든 이런 어이없는 일을 보험사로부터 당한다면 금융감독원에 이 사실을 알리거나 법률자문을 받는 것이 좋다. 또는 보험사에 소속되어 있지 않은 독립적인 손해사정사를 통해 적극적으로 대응해야 한다.

피해자인 정우 군의 부모는 손해사정사의 도움으로 보험사와 상관

없는 의사와 병원의 진단을 받았다. 그 결과 정우 군의 장해는 영구장해(29% 장해)로 진단되었다. 단순히 법원의 계산식으로 한다면 1억 원이 훨씬 넘는 금액이 산정된다. 하지만 이는 법원에서 신체감정 후 판결이 난 경우이면서 영구장해가 온전히 인정될 수 있을 때 가능하다. 또한 해당 병원 의사의 신체감정 결과에 따라 그 결과가 달라질 수도 있는 등 몇 가지 변수가 있으므로 일반적으로는 예상되는 소송액의 80~90% 선에서 합의하는 경우가 대부분이다.

결국 이 사고는 피해자와 보험사가 9,000만 원 정도에 합의했다. 피해자의 부모는 다행히 손해사정사를 통해 억울함을 해소하고 보상액도 제대로 받았지만, 이런 정보에 무지했다면 보험사가 제시하는 대로 울며 겨자 먹기로 합의했을 것이다.

위의 사례처럼 피해자가 보험사를 직접 상대해서 제대로 보상받을 확률은 거의 없다. 특히 보험사의 자문의사가 장해진단을 알아서 해 줄 것이라고 생각한다면 그건 큰 오산이다. 보험사로부터 돈을 받고 자문해주는 의사가 보험사의 편을 들어주는 건 너무 당연하지 않은가. 물론 그들도 있는 장해를 없다고 하지는 않을 것이다. 하지만 의사의 판단만으로 보험약관 기준에 해당이 되냐 안 되냐를 다뤄야 하는 보험가입자 입장에서는 의사의 잘못된 소견으로 인해 보상금이 엄청나게 달라질 수 있음에 유의해야 한다. 즉, 보험사 측 자문의사의 소견과 객관적인 입장에서 조언해줄 수 있는 의사의 소견에는 엄청난 차이가 있을 수 있음을 알아야 한다.

장해진단 제대로 받는 법

...

다음 사례도 의사의 장해진단이 얼마나 큰 결과의 차이를 낳는지 잘 보여준다. 이 사례는 보험사의 횡포보다는 병원에서 발급받는 진단서를 맹목적으로 믿었을 때의 문제점을 잘 보여주고 있다.

김옥란 씨는 목욕탕에서 미끄러지는 사고로 척추골절이 발생해 척추성형술을 받았다. 그런데 그 후 대소변 장해가 발생해 병원에 장해진단을 받으러 갔다. 그녀는 병원에서 척추골절로 인한 장해 발생은 보험약관에 적혀 있는 장해율(30%)에 해당한다는 진단서를 받았다. 하지만 그녀의 상태는 '일상생활기본동작장해'와 '흉복부장기장해' 등의 추가 장해도 보장받을 수 있는 정도였다. 김 씨가 전문가의 의견에 따라 담당 의사에게 장해약관을 설명하고 다시 진단을 받았더니 고도후유장해로 인해 김 씨가 받을 수 있는 보상금액이 20배나 상승했다(물론 보상금액은 본인이 가입한 보험의 후유장해 가입금액에 따라 달라진다).

만약 김 씨가 전문가의 의견을 묻지 않고 단순히 병원에서 받은 진단서만을 가지고 보험금을 청구했다면, 보험사는 환자에게 추가로 장해진단을 받을 수 있다고 설명하면서 그 방법을 가르쳐주었을까? 아니다. 보험사는 자발적으로 가입자에게 추가로 보상금을 더 받을 수 있다는 설명을 하지 않을뿐더러 그 방법 또한 절대 알려주지 않는다. 보험사뿐만이 아니다. 병원에서 발급해주는 의사의 장해진단도 무조건 믿어서는 안 된다.

앞의 사례를 통해 사고로 인한 치료비 외에 후유증으로 후유장해가 남아 장해진단을 받는 경우 그 보상금액은 훨씬 커진다는 사실을 알았다. 그런데 이 장해진단은 누구에게 받아야 할까? 대부분 자신을 치료해준 의사에게 의견을 물을 것이다. 그런데 안타깝게도 치료한 의사는 환자에게 장해가 남지 않는다고 말하는 경우가 대부분이다. 의사 입장에서는 자신이 환자를 완벽하게 치료했기 때문에 장해가 남는다고 하는 것 자체가 오점이 되기 때문에 장해진단을 해주지 않으려는 경향이 있다. 따라서 자신을 치료해 준 의사에게 보험금을 받기 위한 진단서를 받는 것은 오히려 불리할 수 있다. 이는 의사의 고의적인 잘못이라기보다 현실적인 한계다.

또한 이해관계를 떠나 모든 의사가 정확히 장해진단을 할 수는 없다. 왜냐하면 이런 진단방법을 의사들에게 가르쳐주지 않기 때문이다. 학교에서 가르쳐주지도 않고 정규수업 과목조차 없다. 물론 경험이 많은 의사나 보험의학 또는 배상의학에 대해 책임감과 관심을 갖고 정확한 진단을 해주려는 의사도 간혹 있다. 하지만 대부분의 의사들은 보험을 분쟁의 대상으로 생각하거나 어느 한쪽 편을 들어주는 것을 마치 상업적으로 휘둘리는 것으로 여겨 정확한 진단이나 의견을 피하는 경우가 많다. 의사들은 대개 치료의학에만 집중하기 때문에 보상이나 배상과 관련한 문제에 대해서는 매우 소극적이며, 심한 경우는 이에 대해 부정적 견해를 피력한다.

따라서 보험 가입과 청구를 제대로 하기 위해서는 병원의 진단서만 믿지 말고 스스로 내가 받을 수 있는 적절한 장해 상태에 대해 확인해봐야 한다. 이때 보험전문가의 의견이나 보험사 소속이 아닌 독립 손해사정사의 도움을 받아 장해진단서를 받는다면 좀더 유리할 수 있다. 보험사의 보험금 지급부서는 개개인의 손해율 절감, 보험금 지급액, 민원처리율로 직원의 능력을 평가한다. 그러므로 보험사 직원들이 가입자에게 보험금을 더 많이 주도록 안내하는 일은 절대 있을 수 없는 일이다.

자동차사고시 보험사의 꼼수에
어떻게 대처해야 하는가?

교통사고 합의금 제대로 받는 법

보험금 청구를 한 번이라도 해본 사람이라면, 가입 권유를 받을 때
와 사고가 나 도움을 청했을 때 보험사의 태도 차이를 절감했을 것이
다. 과연 보험사는 보험금 청구 안내부터 지급까지 철저히 고객의 편
에서 도움을 주고 있을까? 실상은 내가 가입한 보험으로 어떤 도움
을 받을 수 있는지조차 제대로 듣기 어렵다.

이제는 보험 가입보다 보험금을 제대로 활용하고 받는 법을 알아
야 할 때다. 그것이 추가 보험이나 특약에 가입하는 일보다 효율적이
고 비용 대비 효과도 높기 때문이다.

보험금 청구권은 일반적으로 보험사고 발생일로부터 2년까지 유효

하다. 즉, 질병이나 사고가 발생한 날로부터 2년 이내에만 보상을 청구하면 보험금을 받을 수 있다. 문제는 본인에게 발생한 사고가 보험금 청구가 가능한 사고인지조차 모른다는 것이다. 그리고 우연한 기회에 보험 혜택에 대해 알게 되어도 청구 시기를 놓치는 경우가 부지기수다.

앞서도 말했지만 보험사는 고객이 청구한 보험금을 최대한 적게 주는 직원을 능력 있다고 평가하지, 고객의 편에서 보험금 잘 찾아주는 직원을 능력 있다고 평가하지 않는다. 그러므로 이제는 보험소비자 스스로 똑똑하게 가입하고, 제대로 청구하는 법을 알아야 한다.

자동차사고시 보험금 잘 청구하는 7가지 방법

•••

자동차사고시 어떻게 하면 보험사로부터 제대로 보상받을 수 있는지는 책 한 권에 담아도 모자랄 정도로 그 내용이 방대하다. 그중 가장 핵심적인 주의사항 7가지를 살펴보자.

❶ 교통사고 났을 때 합의금 많이 받는 법은?

경미한 교통사고의 경우 대부분 단순 합의로 끝내는 경우가 많다. 며칠간의 입원치료 후 퇴원하기 전에 합의해야 한다고 생각한다. 하지만 보험사와 합의하는 것은 법률상 손해배상금 일체에 대해 합의하는 것이며, 향후 치료비도 모두 합의금에 포함되므로 앞으로 발생할 치료비까지 모두 그 합의금으로 충당해야 한다. 따라서 조기 합의보다는 교통사고 후 나타나는 증상에 따라 충분히 검사를 시행하고, 그 결과에 따라 상해의 정도에 대한 정확한 평가를 받아야 위자료, 장해, 휴업손해, 향후 치료비 등 손해배상금을 빠짐없이 청구해서 받을 수 있다.

예를 들어, 단순 염좌(인대 또는 근육이 외부 충격 등에 의해서 늘어나거나 일부 찢어지는 것)의 경우도 2주 진단을 받고 짧은 기간 동안이지만 입원과 통원치료를 받았다면, 소득이나 나이에 따라 다르긴 하지만, 보통 보험사는 100만 원 내외의 합의금을 제시한다. 그러나 실제 소송의 경우에는 그 이상의 판결이 내려지는 경우도 있다.

교통사고로 인한 손해배상의 소멸시효(권리자가 일정 기간 동안 권리를 행사하지 않아 그 권리가 소멸되는 것)는 보통 3년이고, 상황에 따라 그 시효가 중단되거나 늘어날 수 있으므로 조급해할 필요가 전혀 없다. 단순 염좌 진단으로 착각하고 조기 합의했다가 향후에 디스크 진단이나 숨겨진 골절, 인대파열 등의 진단을 받을 수도 있다. 따라서 당장의 합의금에 연연하지 말고 증상이 없을 때까지 충분한 치료를 하고, 정확한 검사로 진단을 확실히 해두는 것이 좋다. 추가 진단이 나오는 경우 합의금도 그에 따라 두 배 이상 올라갈 수 있음을 기억하자.

② 합의금이나 위자료를 적게 주기 위한 보험사의 대표적인 꼼수는?

가장 일반적인 꼼수는 조기에 합의하면 합의금이 많고, 합의가 늦어지면 그만큼 합의금이 줄어든다고 피해자에게 엄포를 놓는 것이다. 하지만 피해자 입장에서는 치료가 완료될 때까지 충분한 검사와 치료를 받는 게 우선이고, 후유장해는 6개월이 지난 시점에서야 평가할 수 있다. 그러므로 장해가 예상되는 골절이나 인대파열 등의 진단은 그 이후까지 충분히 치료를 한 후 합의하는 것이 훨씬 유리하다.

보험사가 조기 합의를 강요하는 이유는 지속적으로 치료할 경우 치료비가 더 늘어나고 추가 진단으로 손해배상금이 더 올라갈 가능성이 높기 때문이다. 표면적으로는 피해자를 위하는 척하지만 환자의 상태를 꼼꼼히 체크해서 검사를 권유하거나 치료를 유도하는 보험사는 단 한 군데도 없음을 기억하자.

3 특인 합의는 하는 게 좋을까?

'특인'이란 보험사의 내부적 제도인데, 피해자의 소송 제기가 예상될 경우, 예상 판결금액의 80~90% 정도에서 피해자와의 합의를 승인해주는 것이다. 이는 긴 소송기간과 변호사 선임비용 등 소송비용의 불필요한 지출을 막고 원만한 합의를 이끌어내자는 취지로 만든 제도다. 그러나 보험사가 이 특인을 모든 피해자에게 적용하는 것은 아니며, 실제로 장해가 예상되는 의학적 검사 결과나 치료 과정을 피해자가 제시하는 경우에 한해서만 인정해주는 경향이 있다. 즉, 피해자가 손해사정사나 법률사무소 등 전문가의 도움을 받아 관련 자료를 제출하는 경우에 한해 보험사가 피해자와 합의하는 제도라고 이해하면 된다.

소송으로 손해배상금을 정하는 방식은 보험사가 가장 기피하는 방식이다. 물론 보험사가 자신들이 확실하게 유리하다고 판단되는 경우에는 먼저 소송을 제기하기도 한다. 하지만 가해자의 손해배상 책임이 명백해서 보험사가 피해자에게 보험금을 지급해야 하는 경우에는 보험사가 먼저 소송을 제기하지 않을뿐더러 피해자가 소송을 제기하는 것도 달가워하지 않는다. 그 이유는 보험사가 약관에 의해 지급하는 보험금(보상금)과 소송 결과에 의해 지급해야 하는 보상금과의 차액이 배 이상 차이가 나는 경우가 많기 때문이다. 이런 이유로 보험사 입장에서는 비용을 들여가면서 소송해봐야 손해 볼 것이 뻔하기 때문에 소송 대신 특인제도를 이용한다고 보면 된다.

결국 특인제도란 보험사가 소송으로 갈 경우 불리해질 것을 예상해 꼬리를 내리고 피해자와 합의하기 위해 활용하는 제도다. 따라서 보험사가 특인 합의를 제의해올 경우 섣불리 응하지 말고 손해사정사 또는 보험에 정통한 법률사무소 등의 도움을 받아 득실을 따져보고 소송으로 갈 것인지 특인에 응할 것인지를 결정해야 한다.

4 보험사 직원과 자문의사를 대처하는 요령은?

사고가 난 직후 경황이 없는 피해자와 보호자를 찾아온 보험사 직원은 절대 피해자의 조력자가 아니다. 그러므로 손해배상을 제대로 받을 수 있느냐 없느냐에만 집중해야지 그 직원이 성심성의껏 친절하게 나를 도와주는지 아닌지에 중점을 두면 안 된다.

이들이 피해자를 방문해서 제일 먼저 하는 일은 개인정보 활용 동의를 받는 일이다. 예를 들어 한 장의 서류에 여러 번 사인을 하라고 하거나, 여러 장의 종이에 의무기록이나 개인정보를 제3자가 활용할 수 있도록 허락해달라고 하는 것이다. 이때 조심해야 할 것이 있다. 그들이 들이대는 서류상의 내용이 너무 방대하고 전문적이어서 이해하기가 쉽지 않고, 그들이 요청하는 대로 해주지 않으면 보상을 안 해줄 것 같은 불안감에 시키는 대로 사인을 해주는 경우가 많은데, 절대 그러면 안 된다. 필요하다면 각각의 경우에 대하여 설명을 듣고 개별적으로 동의하는 방식을 택해야 한다.

최근에는 개인정보법 강화로 이를 위반할 경우, 특히 건강과 관련한 민감한 정보에 대해서는 더더욱 그 처벌 수위가 높기 때문에 보험사는 반드시 이 요식 행위를 거친다. 사고가 나면 어떻게든 보상금(보험금)을 덜 주려고 온갖 방법을 다 쓰는 보험사들에게 내 정보를 쉽게 알릴 의무가 없다. 내 피해를 증명하기 위한 자료를 내가 유리한 때에 유리한 만큼만 허락하면 된다.

그리고 대부분의 피해자들은 부상의 정도를 판단하기 위해 보험사의 자문의사가 자문하는 것을 허락해주면서 개인정보 활용 동의나 위임장을 작성해주는 경우가 있다. 하지만 이때 보험사의 자문의사는 피해를 축소하려는 경향이 있고, 환자를 직접 진찰하지 않고 보험사의 일방적인 질문에만 답해서 피해자에게 불리한 영향을 미치기도 한다.

그러므로 보험사에 이의를 제기하고자 할 때는 보험사의 자문의사가 아닌 제3의 병원에서 의견을 구하거나, 나를 위한 전문가(독립적인 손해사정사나 법률사무소 등)의 도움을 받아 소송을 통해 객관적 신체감정을 받는 것이 더 유리하다. 의사의 소견서는 한 번 불리하게 작성되면 실제 소송에서도 뒤집기가 매우 어렵다. 따라서 반드시 제3의 의사를 통해 객관적인 소견서를 확보해서 제출해야 한다.

이처럼 사고 직후 보험사 직원을 대할 때는 종속적인 관계가 아닌 대등한 관계로 설정해놓고 필요에 따라서는 별도의 전문가로부터 도움도 받으면서 해결해나가야 한다.

5 교통사고 손해배상, 반드시 소송이 필요한가?

교통사고의 경우 보험사가 제시한 금액보다 소송을 통한 보상금액이 훨씬 더 커지는 경우가 대부분이다. 두 배 이상은 물론 100배씩이나 차이가 나기도 한다. 왜냐하면 법원의 기준이 되는 위자료뿐 아니라 소득인정금액도 달라지고 장해판정도 신체감정을 통해 공정하게 이루어지기 때문에 부상의 정도가 경미하지 않다면 소송을 통해 예상되는 판결금액을 추정해 반드시 그 배상액을 비교해볼 필요가 있다.

예를 들어, 단순 늑골골절(갈비뼈골절)이나 견갑골골절의 경우 운동장해가 발생하지 않는다는 이유로 보험사는 염좌 진단과 동일하게 100만 원 내외의 합의금을 제시하는 경우가 다반사다. 하지만 소송을 거치면 그 금액보다 6~7배나 많은 손해배상 판결이 내려질 가능성이 있다.

그렇다고 무턱대고 소송을 고집해서는 안 된다. 소송으로 인한 시간적, 금전적 손실 등을 고려해서 전문가를 통하여 적정한 합의를 이끌어내는 것이 바람직하다.

6 보험금을 제대로 받기 위해 어떤 전문가를 찾아야 할까?

간혹 병실에 명함을 돌리며 영업하는 손해사정사 보조인(이들 대부분은 자격증이 없는 1인 손해사정사 사무실에 근무하는 영업자들이다. 손해사정사는 명함에 반드시 손해사정사 자격자임이 명시되어 있다)들이 있다. 이들은 손해사정사가 아니라 보조인에 불과하므로 이들에게 섣불리 도움을 요청해서는 안 된다. 이들을 거치지 말고 손해사정사를 직접 찾아가서 도움을 받아야 한다.

손해사정사는 피해자의 손해액 및 보험금을 산정하는 업무를 하는 전문가다. 손해사정사 제도는 영리를 목적으로 하는 보험사가 보험상품을 판매하고 피해액을 스스로 계산하는 모순을 바로잡아 객관적인 손해액을 산정하기 위해 도입된 제도다(실제로는 보험사 스스로 손해사정을 해도 문제가 없도록 법제화되어 있다). 그렇더라도 손해사정사가 직접 보험사와 손해배상액이나 보험금을 합의할 수는 없다. 직접 합의하게 되면 변호사법 위반에 해당되기 때문이다. 즉, 손해사정사는 피해자가 보험사와 유리한 합의를 볼 수 있도록 도와주는 일을 한다.

이런 이유로 피해자는 손해사정사가 산정한 손해액과 보험사가 계산한 손해사정서를 비교해서 직접 보험사와 합의해야 하는 번거로움이 있다. 그렇더라도 손해사정사를 통하면 소송비보다 저렴한 수수료로 빠른 시간 내에 보상금을 받을 수 있다. 또한 보험에 대한 실무적인 지식, 장해나 의학 관련 경험이 많은 손해사정사의 도움을 받으면 보험사로부터 억울한 일을 당하지 않을 수 있다.

반면 변호사를 통하면 수수료는 비싸지만 최대한의 보상금을 받을 수 있다. 대신 주의할 점도 있는데, 보상금 지급까지 항소를 거듭하다 보면 길게는 2~3년이 걸릴 수도 있고, 손해배상 전문 변호사가 아닌 경우 손해배상이나 보험의 원리를 이해하지 못해 손해배상액을 제대로 산정하지 못할 수도 있다.

어떤 방법을 선택하든 전문가를 찾는 것은 피해자가 결정할 사항이다. 하지만 제일 좋은 방법은 자격을 갖춘 경험 많은 손해사정사나 의료전문가가 함께 근무하는 변호사 사무실을 찾는 것이다. 일반 보험 보상과 달리 자동차사고나 기타 손해배상은 법원의 판결금액이 손해사정사가 산정하는 약관의 배상액보다 훨씬 커질 수 있다. 따라서 보상금을 받는 데 시간이 다소 걸리고 비용이 들더라도 변호사를 통하여 소송 또는 소송외 특인 합의를 이끌어내는 것이 바람직하다. 이렇게 하면 다소 늦어지더라도 이자와 소송비용도 일부 받을 수 있다.

"이 정도면 보상금을 많이 드리는 겁니다"라고 말하는 보험사 직원의 말은 진실이 아닌 경우가 많다. 또한 그들은 피해자가 전문가(손해사정사 또는 법률사무소 등)와 함께 대응한다는 것을 알게 되면, 조금 더 많은 합의금을 제시하면서 전문가와의 위임계약을 파기하도록 하는 꼼수를 쓰기도 한다. 이런 사실만 봐도 그 합의금의 차이가 클 것임을 쉽게 짐작할 수 있다.

7 내가 사고를 내서 다친 경우 제대로 보상받으려면?

자동차보험 가입시 자기신체사고특약이 아니라 자동차상해특약으로 가입하면 자신이 사고를 낸 경우에도 대인보상과 같은 기준으로 보상을 받을 수 있다. 자기신체사고특약은 단순 치료비만 보상하지만 자동차상해특약은 위자료, 휴업손해, 상실수익, 향후 치료비까지 청구 가능하다.

자기신체사고특약의 경우, 본인이 사고를 냈을 때 자신의 치료비를 보상해주는 보험으로, 타인에게 받는 손해배상과 달라 약관상 정해진 금액으로 지급된다. 그러므로 자동차상해특약이 아닌 자기신체사고특약에 가입한 뒤 사고가 났다면 비싼 소송비용을 들여 변호사를 고용하는 것보다 손해사정사를 통해 장해등급을 적정하게 평가받는 것이 훨씬 유리하다.

마지막으로 꼭 알아두어야 할 것이 있다. 한 번의 사고로 인한 보험기록은 영원히 보험사들이 공유하는 전산망에 남는다는 사실이다. 따라서 내가 다친 부위에 대해 제대로 보상을 받았든 안 받았든 일단 보험사의 보상을 받았다면, 이 기록으로 인해(이를 기왕증이라고 부른다) 추후에 보상금을 받을 때 불이익을 받을 수 있다. 또한 새로운 보험에 가입하기도 어렵다. 결국 보상을 받을 때는 그 당시에 철저한 보상금 산정을 통해 제대로 보상을 받는 것이 가장 중요하다.

내 보험금 제대로
챙겨받기 위해 알아야 할 모든 것
보험금 청구법 A-Z

보험은 간단히 가입할 수 있지만, 보험금 청구는 매우 까다롭다. 특히 사고나 질병으로 몸이 불편한 상태에서 이런 일련의 과정을 거치다 보면 정신적으로나 육체적으로 적잖은 고통을 받게 된다. 그렇더라도 보험금 청구는 보험가입자로서 정당한 권리를 행사하는 일이므로 중요한 사항들을 꼼꼼히 확인하고 제대로 청구해야 한다. 그래야 병원비로 인한 비용뿐 아니라, 이와 관련되어 발생한 다른 피해도 보상받아 가정경제에 보탬이 될 수 있다.

보험사마다 보험금을 청구하는 방식은 조금씩 다르다. 팩스 청구가 가능한 경우도 있지만 방문 접수만 가능한 곳도 있다. 특히 보험금이 고액인 경우는 반드시 원본서류를 요청하는 회사도 있다. 따라서 가입한 보험사의 홈페이지나 콜센터에 문의해서 어떻게 보험금을 청구해야 하는지부터 확인해야 한다.

근래에는 병원과 연계된 곳 중 보험금 청구를 도와주는 회사도 생겼는데, 이런 보험금 청구 대행회사를 잘 이용하면 누락될 수 있는 보험금도 챙겨받을 수 있다. 하지만 대부분의 경우 보험사에 직접 서류를 제출하고 보험금을 청구한다. 앞서도 강조했듯이 보험사는 고객이 청구하지 않은 보험금까지 알아서 챙겨준다든가 보상을 잘 받기 위한 청구방법까지 친절하게 알려주지는 않는다. 따라서 보험금을 청구하면 보험사가 다 알아서 챙겨줄 것이라는 생각은 일찌감치 버려야 한다.

보험금 청구서에 있는 개인정보 활용 동의에 주의하자

•••

보험금을 청구할 때 보험사는 보험청구 사유, 사고일자 등은 물론이고 개인정보 활용 동의도 요청한다. 이중 우리가 주의할 것이 바로 개인정보 활용 동의서에 관한 사항이다. 청구서 양식에 있는 개인정보 활용 동의 범위에는 개인 식별에 관한 간단한 사항부터 보험사고와 관련한 의무기록, 경찰기록, 보험기록까지 열람하고 활용하는 걸 허락하는 내용까지 포함되기 때문이다.

이렇게 개인정보 활용의 범위가 너무 광범위하다 보니, 나의 병원

치료 기록이 다양한 용도로 쓰일 수 있게 된다는 점을 명심해야 한다. 이런 이유로 반드시 필요한 것이 아니라면 개인정보 동의는 보험금 청구심사 과정 중에 개별적으로 해주어도 무방하다. 즉, 그때그때 정보를 어디에 활용하는지 확인하고 용도별로 다시 동의서를 작성해주면 된다.

그렇지 않으면 나도 모르는 사이에 나의 정보를 보험사가 함부로 활용하고 조사하는 데 이용해서 모든 과정이 끝난 후 보험사로부터 황당한 결과를 통보받을 수도 있다. 예를 들어 본인은 별것 아니라고 치부했던 병원진료 기록이 보험사에 다른 빌미를 제공해서 불리한 결과로 이어지는 사례가 많다. 그러므로 포괄적 정보 활용 동의에는 매우 신중해야 하며, 앞서 언급한 대로 꼭 필요한 사항만 순차적으로 동의해주어야 한다.

보험사에서 보낸 조사자에 대응하는 법

•••

1 보험사에서 위탁한 손해사정사가 나왔을 때

보험사에 보험금을 청구하면 보험사 직원이 직접 심사하기도 한다. 하지만 대부분의 보험사는 손해사정을 하는 자회사를 두거나 외부 아웃소싱 형태의 손해사정사에 청구 업무를 위탁한다. 보험사 소속 직원인지 보험사에서 아웃소싱한 손해사정사인지는 찾아온 사람에게 직접 물어보면 쉽게 확인할 수 있다.

일반적으로 손해사정사는 자기손해사정, 즉 자신과 관련된 손해를 산정하는 일은 못하도록 규정되어 있다. 하지만 유독 보험사에는 예외규정을 두어 자신들이 판매한 상품에 대해 스스로 손해사정을 하도록 허락했는데 이는 매우 불공정한 처사다. 보험사가 자신들에게 유리하게 손해사정을 해서 고객들에게는 최소한의 보상만 하려고 하기 때문이다. 반드시 개선되어야 할 문제다.

2 보험사 소속의 조사자가 나왔을 때

보험사에서 직접 조사자를 보낼 때는 보험금을 안 주거나 적게 주거나, 최악의 경우 보험계약을 해지하려는 의도가 숨어 있다. 절대로 보험금을 많이 주려고 직접 비용을 들여서 조사자를 내보내지는 않는다.

일단 그들은 당신의 청구서류가 부족하다고 말할 것이다. 그리고 질문지를 잔뜩 내밀며 일종의 진술서를 작성하게 하는데, 여기에는 보험사고의 사실관계나 과거 병력과의 관계 등에 관한 질문들이 포함되어 있다. 이때 이번 청구 건과 관련없는 질문도 함께 한다는 점에 유의해야 한다. 이런 질문에 아무 생각 없이 답했다가는 보험금도 못 받고 보험계약도 해지당할 수 있다. 또한 추가적인 조사를 한다며, 동의서와 위임장을 4~5장까지 작성하도록 요구하는 경우가 있다. 이는 병원기록을 열람하거나 복사하기 위함이라는 점을 알고 주의해야 한다.

이렇게 써준 위임장을 가지고 보험사는 나의 모든 병원기록을 열람할 수 있을 뿐 아니라 내 주치의를 만나 보험사에 유리한 소견서를 받을 수 있고, 심지어는 보험사를 위해 일하는 자문의사에게 내 정보를 보여주면서 의견을 묻기도 한다. 따라서 보험사에서 조사를 요청하거나 추가적인 서류를 요청할 때는 그 자리에서 즉답해서는 안 된다. 그들에게 답을 주기 전에 전문가의 도움을 받고 대응하는 것이 바람직하다. 요즘은 손해사정사를 중심으로 무료로 보험금 청구에 관한 상담을 해주는 업체들도 있으니 이들에게라도 조언을 구한 후 행동요령이나 대처요령에 따라 과정을 진행하는 것이 좋다.

필요하다면 병원의 서류는 요구하는 범위 내에서 내가 직접 방문해 필요한 부분만 읽어보고 제출하거나, 조사자와 함께 병원에 가는 것도 좋은 방법이 될 수 있다. 특히 청구금액이 고액일수록 더욱 신중해야 한다. 보험사들은 사소한 청구금액은 잘 주지만 청구금액이 클 경우 온갖 트집을 잡는 경향이 있다. 소송이 진행되는 경우, 초반에 보험사에 제공한 기초정보에서 승패가 갈리는 경우가 많으므로 서류를 제공할 때는 특히 신중해야 한다.

보험금 청구시 마지막까지 점검해야 할 사항

•••

1 병원에 가기 전에 보험증권을 먼저 확인하자

병원에 진료를 받으러 가기 전 미리 증권이나 약관을 보고 어떤 보장을 받을 수 있는지 확인하자. 예를 들면 입원실은 몇 인실까지 얼마를 보장받는다든가, 통원의료비는 하루 한도가 얼마인지 미리 확인한다면 진료시에 입원실, 검사비용, 수술방법 등에 관한 의사결정을 할 때 상당히 도움이 된다.

예를 들어 통원의료비가 30만 원 한도라면 하루에 30만 원 이내로만 검사를 실시하면 되고, 10만 원이 한도인데 검사비가 100만 원을 넘는 경우라면 검사를 나누어 실시하거나, 입원을 고려할 수도 있다. 만약 병원에 가기 전 보장받을 수 있는 보험이 없다면 가입 후에 가는 것도 고려해볼 만하다.

2 단순 건강검진에서 발견된 질병도 보험금 청구가 가능하다

건강검진에서 내시경으로 용종이나 다른 질환들이 발견되는 경우가 있다. 이 경우 즉시 치료를 실시하거나 추후 정밀검사를 시행하기도 하는데, 건강검진 이후에 실시하는 검사와 치료에 대해서도 실손의료비보험에 가입되어 있다면 청구가 가능하다. 또한 내시경으로 간단히 떼어낸 용종의 경우에는 수술비특약에 가입되어 있는 경우 수술비 청구도 가능하다.

3 누락된 보험금은 없는지 확인하자

보험증권에는 기본적인 실손의료비 외에 여러 가지 특약이 가입되어 있다. 각종 진단비, 수술비, 11대 질병, 여성 특정 질병 등 종류도 다양하고 보장하는 질환도 제각각이라 어디에 해당하는지 쉽게 구분하기 어렵다. 그래서 병원에서 진단서를 발행할 때는 '질병분류코드'

를 작성하는데 이것을 기준으로 보험금이 지급된다. 그런데 분류코드라는 것이 한 가지 진단에도 여러 코드가 부여될 수 있으나 병원에서는 주요한 한 가지만 부여하기도 한다. 그러므로 내가 가입한 약관의 분류코드와 비교한 후 누락된 사항이 있다면 병원에 수정을 요청하여 보험금을 꼼꼼히 청구하면 추가 지급도 가능하다.

또는 내가 청구한 보험금 외 특약 지급을 보험사가 종종 누락시키는 경우가 많으니 반드시 확인해야 한다. 그러나 그 과정이 귀찮고 복잡할 수 있다. 이때는 누락된 보험금을 찾아주는 '숨은 보험금 찾아주기 재능기부센터'나 '보험금 검증연구소' 등 관련 단체의 도움을 받는 것도 방법이다.

4 장해보험금 청구를 확인하자

상해로 치료를 받을 때는 주의할 점이 있다. 예를 들어 뼈가 부러지거나 인대를 다치거나 디스크(추간판탈출증) 등의 진단을 받고 수술하게 되면 우리는 보통 수술비나 관련 치료비만 청구하는 경우가 많다. 그러나 보험에는 후유장해특약이나 재해장해특약이라는 것이 있어서 가입금액에 따라 장해진단서를 제출하면 추가 보험금 지급이 가능하다. 장해가 발생하면 장해율에 따라 정해진 장해진단금이 지급되는데, 장해진단을 받는 데 드는 비용이 15~20만 원임을 감안해서 그보다 보상금이 크다면 장해진단을 받고 청구하는 것을 고려해야 한다.

그런데 장해진단금은 가입자들이 대부분 놓치기 쉬운 보험금이다.

치료 종결 후 6개월(180일)이 경과해야 보통 장해진단서 발급이 가능하고 병원에서는 환자가 해당 진단서를 직접 요구하는 경우가 아니면 통상적으로 발급해주지 않기 때문이다. 또한 보험사도 관련한 내용에 대해서는 자세히 설명해주지 않기 때문에 모르고 지나가는 경우가 많다. 모든 경우에 치료 후 장해가 남는 것은 아니지만 특정 부위는 추후에 문제가 생길 수도 있으니 장해진단이 가능한지 여부를 병원에 문의해서 보험금 누락이 없도록 체크하자.

스스로 체크해볼 수 있는 장해진단 가능 사례

- ☑ 허리나 목을 삐끗하여 디스크 진단을 받고 수술이나 치료를 받은 경우
- ☑ 어깨나 무릎, 발목의 인대파열이나 건(힘줄) 손상으로 관절내시경 수술이나 치료를 받은 경우
- ☑ 손가락, 발가락 관절의 뼈골절이나 팔과 다리의 관절과 가까운 부위 골절로 치료 후 구부리고 펴는 데 불편함이 있는 경우
- ☑ 외모에 흉터가 남은 경우
- ☑ 외상성 뇌손상으로 치매나 정신적 이상 상태인 경우
- ☑ 외상으로 복부 장기의 일부를 잘라낸 경우(특히 비장 절제나 장 절제)

5 질병으로도 장해 청구가 가능하다

보험의 특약들을 살펴보면 질병으로 장해가 발생한 경우에도 다양한 보상을 받을 수 있음을 알 수 있다. 예를 들어 특정한 질병으로 장

해가 발생할 경우 보험사가 장해등급에 따라 일정 금액을 지급하거나 또는 매월 일정 금액을 지급해주는 소득 보상을 해주거나, 아니면 보험금은 지급하지 않지만 장해율이 높은 경우 보험료 납입을 면제해주는 특약들이 있다. 납입면제의 경우 직접 돈을 받는 것은 아니지만 낼 보험료는 면제되면서 보험보장은 그대로 가져가는 것이다. 이럴 경우 실제 남은 기간의 보험료를 합산해 계산해보면 1,000만 원이 넘는 경우도 있다. 이런 특약에 가입해 있다면 아래의 예시표를 참고해 자신이 고도후유장해에 해당하는지 여부를 체크해볼 필요가 있다.

고도후유장해에 해당되는 항목들

- ☑ 당뇨병으로 인한 발 절단, 시력장해, 신장투석
- ☑ 뇌졸중으로 인한 마비나 운동장해, 치매
- ☑ 여성의 난소 절제, 남성의 고환 절제
- ☑ 관절염으로 인한 인공관절치환술
- ☑ 암으로 인한 위, 대장, 간, 췌장 절제를 시행한 경우나 이식수술을 시행한 경우
- ☑ 난청으로 인한 청력 상실

위에 해당된다면 장해율이 상당히 높으므로 해당 특약에 가입되어 있다면 반드시 고도후유장해나 납입면제를 청구하자.

보험금 분쟁시 현명하게 대처하는 법

•••

아무리 주의사항을 꼼꼼히 체크한 후 청구해도 보험금을 지급받기까지는 쉽지 않다. 이런 어려움을 도와주는 보험금 청구 전문인이 손해사정사다. 그런데 손해사정사의 90%는 보험사를 위해 일하고 있다. 나머지 손해사정사들만이 보험소비자를 위해 일하고 있는데, 이들 중에는 실무경력이 많지 않은 초보거나 무자격자인 손해사정사 보조인들이 많으니 유의해야 한다.

한편 로스쿨을 졸업한 변호사들로 인해 변호사 수가 급증하다 보니 보험금 청구 업무를 하는 변호사들도 생겨나고 있다. 이와 관련해서 저렴한 비용으로 전문적으로 보험금 청구를 도와주는 변호사와 관련 업체도 늘어나고 있으므로 이들을 활용하는 것도 좋은 방법이다. 특히 고액의 청구 건일수록 전문가의 도움을 받는 것이 바람직하다.

금융감독원에서는 최근 금융소비자들이 주의해야 할 정보들을 보도자료나 공지사항 형식으로 게시해 일반인들에게 도움을 주려고 노력하고 있다. 그만큼 금융소비자의 욕구가 높아졌음을 방증하는 것이다. 금융감독원의 보험 관련 자료들이 꽤 쓸 만하니 홈페이지를 방문해 보도자료나 공지사항 등을 확인하면 좋은 정보를 얻을 수 있을 것이다.

민원이나 소송을 제대로 제기하는 법

•••

최근에는 보험금 지급 관련 문제로 보험사와 고객 간 분쟁이 심하다. 금융감독원에서도 이를 개선하기 위해 노력하고 있지만 분쟁은 점점 늘어나는 추세다. 다만 보험사를 협박하려는 의도로 무조건 금융감독원에 민원을 넣는 방법은 가급적 말리고 싶다. 민원을 제기하더라도 블랙컨슈머처럼 일방적으로 보험금을 달라고 주장하기보다는 정당한 근거자료와 소신을 가지고 민원을 제기해야 한다. 모든 금융감독원 직원들이 보험금 심사와 관련해 전문지식을 가지고 있는 게 아니기 때문이다. 또한 보험소비자와 보험사의 의견을 모두 듣고 판단해야 하는 금융감독원 입장에서는 무조건 보험소비자 편에만 설 수도 없다.

따라서 정당한 자료를 제출한 다음 구제를 요청해야 금융감독원도 공정하게 감독해 의미 있는 결과를 도출할 수 있고, 필요한 경우 금융분쟁심의위원회를 통해 심도 있는 판정을 내리려고 애쓸 수 있다.

금융감독원을 통해서도 문제가 해결되지 않는다면 변호사를 통해 소송을 제기해야 한다.

반대로 보험사에서 소비자에게 '보험금을 지급할 의무가 없다'는 소송(채무부존재 소송이라고 부른다)을 걸어오는 경우도 있다. 이때는 좋든 싫든 대응해야만 한다. 대응할 때는 주변에서 소개해주는 변호사를 함부로 찾아가기보다는 보험 관련 소송 경험이 많은 변호사인지를 확인하고 일을 맡겨야 한다. 경험이 많은 변호사인지는 변호사

사무실을 여러 곳 들러서 상담을 받아보면 느낌으로 알 수가 있다. 보험소송에는 법률관계뿐 아니라 의학적인 부분도 많이 포함되어 있기 때문에 보험적·의학적 경험이 없는 변호사에게 맡기면 승소 확률이 많이 떨어진다.

최근 일각에서 의료분쟁조정위원회와 같은 역할을 하는 보험조정위원회를 구성하려는 움직임도 있다. 이는 보험과 관련된 분쟁이 많아지면서 갈수록 증가하고 있는 소송으로 인한 사회적·경제적 비용을 줄이기 위함이다. 하지만 의료분쟁조정위원회와 마찬가지로 이런 조직이 객관적인 구속력과 강제력을 가지게 될지는 의문이다. 결국 막강한 보험사에 비해 정보력과 자본력이 열악한 보험소비자 입장에서는 보험과 관련된 중요한 지식을 습득해 정당한 보험금을 받도록 노력하는 것이 가장 현실적인 방법이라고 할 수 있다.

내 인생에 보탬이 되는
보험 사용법은 따로 있습니다

며칠 전, 지인으로부터 상담 메일을 한 통 받았습니다. 아들이 성홍열을 앓고 있는데 병원에서 이런저런 이유를 대면서 확진코드를 부여해주지 않는다며, 이럴 경우는 보험금을 포기해야 되느냐는 것이었습니다. 또 그날 한 고객은 분명히 암보험에 가입했고 암에 걸렸는데, 보험사가 특약 내용상 초기암은 보험금 지급이 안 된다고 해 화병까지 날 것 같다며 찾아왔습니다. 그는 "아플 때 제대로 보호받기 위해 가입하는 게 보험인데, 정작 필요할 때는 외면당하고 억울해서 없던 병까지 얻게 되니 보험은 필요악도 아닌 것 같다"며 하소연했습니다.

이처럼 보험은 대한민국 모든 사람들의 '골칫거리' 중 하나입니다. 그렇다고 아예 쳐다보지도 않아야 할까요? 수많은 보험사고 사정을 의뢰받으면서 매번 느끼는 것이지만, 보험만큼 복잡하고 미묘한 것도 없는 것 같습니다. 종합병원 간호사 경력 10년, 보험심사과 손해사정사 경력 7년, 그동안 의료지식과 보험 관련 법률지식만큼은 누구보다 체계적으로 쌓아왔다고 자부하지만, 고객들이 의뢰해오는 보험사건들을 접할 때마다 보험회사들의 꼼수가 날로 진화해가고 있음을 느낍니다.

손해사정사로서 저는 그동안 보험금을 공정하게 지급해야 한다는 입장에 있었지만, 솔직히 보험회사에 근무하는 동안은 고객이 청구하지 않은 보험금까지 지급하진 않았습니다. 그리고 실제로 그렇게 일하도록 규정되어 있지도 않고, 그렇게 하는 사람도 없는 것이 사실입니다. 그러던 중 고객의 입장에서 보험회사를 상대하다 보니 억울하게 받지 못하는 보험금이 너무 많다는 사실을 알게 되었습니다.

물론 보험회사에도 보험금을 산정하는 손해사정사들이 많습니다. 그러나 현실적으로 이들은 모두 보험회사의 입장에서, 즉 보험금을 줄이고 손해율을 낮추는 등 회사를 위해서만 일합니다. 전적으로 고객 입장에서 일하는 손해사정사는 드문 것이 현실입니다. 그러므로 대부분의 보험소비자들은 자신이 가입한 보험에 불만이 있거나 문제가 생겨도 도움을 얻을 만한 기관이나 전문가를 찾기가 쉽지 않습니다. 이런 상황을 누구보다 잘 알기에 책으로라도 도움을 드리고 싶어 선뜻 동참하게 되었습니다. 물론 이 책 속 정보만으로는 부족할지도 모릅니다. 너무나 많은 보험상품이 다양한 형태로 판매되고 있기 때문입니다. 하지만 내게 맞는 보험을 가입할 때 제일 중요하게 고려해야 할 것들, 그리고 사고 후 보험금을 청구할 때 반드시 알아야 할 것들만은 충실히 담아내려고 노력했습니다.

최근 개인정보 유출 사건이 빈번하게 발생하고 있습니다. 보험 분야도 예외는 아닙니다. 보험금을 청구하려면 수많은 기관이 나의 정보를 열람할 수 있도록 하는 동의서를 반드시 작성해야 합니다. 그래야만 보험금을 준다고 설명하는데, 실제로는 이것이 보험심사 과정에서 나에게 상당히 불리하게 작용할 때가 많습니다. 따라서 보험금 청구시에 개인정보 열람이나 활용에 대해서는 꼼꼼히 체크하고, 각 과정에 대해 정확한 설명을 요구하는 것이 최소한의 방어벽이 될 수 있음을 강조하고 싶습니다.

보험설계사 생활을 10년 이상 한 사람도 '보상 부분'은 어렵다고 합니다. 하물며 일반 보험소비자들은 어떻겠습니까? 하지만 정답을 찾을 수는 없어도 최소한 알아야 할 것들이라도 챙겨서 대처한다면 내 보험금을 제대로 보상받는 데 도움이 되리라 확신합니다. 이 책이 그런 도움을 줄 수 있기를 바랍니다. 이는 제가 하고 있는 일 중 하나인 '내가 받은 보험금이 정당한지 검증하는 시스템 개발'의 일환이기도 합니다.

2014년 3월
이영희

돈의 관점에서 인생을 재설계해주고,
억울하게 못 받은 내 보험금 찾아줄

재무설계 & 보험금 청구
상담권

상담 신청 방법

1 희망재무설계 홈페이지(www.hee-mang.com) 또는 전화(02-3787-2720)를 통
   해 재무설계와 보험금 청구 상담을 예약하세요.

2 재무설계 상담은 희망재무설계의 송승용 이사 및 동료 컨설턴트들과, 보험
   금 청구 상담은 법무법인 미담의 이영희 손해사정사와 진행됩니다.

3 상담시 이 쿠폰을 제시하면 무료로 상담받으실 수 있습니다.

이름 : _____

나이 : _____

연락처/이메일 : _____

금융상품에
사인하기 전에
알아야 할
모든 것